Innovative Stadt-Logistik

Alexander Goudz · Raoul Pieszek

Innovative Stadt-Logistik

Bewertung nachhaltiger Konzepte
zur Entlastung des
Wirtschaftsverkehrs

Alexander Goudz
Universität Duisburg-Essen
Duisburg, Deutschland

Raoul Pieszek
Universität Duisburg-Essen
Duisburg, Deutschland

ISBN 978-3-658-44135-7   ISBN 978-3-658-44136-4   (eBook)
https://doi.org/10.1007/978-3-658-44136-4

Die Deutsche Nationalbibliothek verzeichnet diese Publikation in der Deutschen Nationalbibliografie; detaillierte bibliografische Daten sind im Internet über http://portal.dnb.de abrufbar.

Planung/Lektorat: Susanne Kramer
Springer Gabler ist ein Imprint der eingetragenen Gesellschaft Springer Fachmedien Wiesbaden GmbH und ist ein Teil von Springer Nature.
Die Anschrift der Gesellschaft ist: Abraham-Lincoln-Str. 46, 65189 Wiesbaden, Germany

Das Papier dieses Produkts ist recycelbar.

About this book

Dieses Buch bewertet einige ausgewählte City-Logistik Konzepte hinsichtlich ihrer Eignung, den urbanen Wirtschaftsverkehr zu entlasten und damit die nachhaltige Entwicklung von Städten, unter Verwendung der multikriteriellen Entscheidungsanalyse zu fördern. Das Buch vermittelt dafür zunächst einen Überblick über die Notwendigkeit der Reorganisation der Güterdistribution im urbanen Raum. Aufbauend darauf werden die Grundidee von City-Logistik sowie ausgewählte City-Logistik Konzepte und ihre Funktionalität in der Praxis vorgestellt. Im Anschluss an die Bewertung werden sowohl die Erfolgsfaktoren des bestbewerteten Konzeptes als auch seine Realisierbarkeit in deutschen Städten thematisiert und ein kurzer Ausblick für mögliche, anwendungsorientierte Forschungsprojekte gegeben.

Dieses Buch und die daraus hervorgehenden Erkenntnisse über die City-Logistik Konzepte können den kommunalen Entscheidungsträgern als Hilfestellung für die Umsetzung wirkungsvoller Maßnahmen für eine nachhaltige Stadtentwicklung dienen. Darüber hinaus kann es als Hilfsmittel für die Durchführung einer multikriteriellen Entscheidungsanalyse verwendet werden.

Inhaltsverzeichnis

Abkürzungsverzeichnis

3PL	Third-Party-Logistics-Provider
B2B	Business-to-Business
BBSR	Bundesinstitut für Bau-, Stadt- und Raumforschung
BIP	Bruttoinlandsprodukt
BMZ	Bundesministerium für wirtschaftliche Zusammenarbeit und Entwicklung
BVL	Bundesvereinigung Logistik
CO_2	Kohlenstoffdioxid
CST	Cargo Sous Terrain
DESTATIS	Statistisches Bundesamt
F1/2/3	Forschungsfrage 1/2/3
FE	Effizienz der Fahrzeuge
FV	Flächenverbrauch
GAIA	Geometrical Analysis for Interactive Assistance
GeNaLog	Geräuscharme Nachtlogistik
GVZ	Güterverkehrszentrum
HGV	Heavy Goods Vehicle (dt. schwere Nutzfahrzeuge/LKW)
IV	Investitionskosten
KBA	Kraftfahrt-Bundesamt
KEP	Kurier, -Express- und Paketdienst
LDL	Logistikdienstleister
LGV	Light Goods Vehicle (dt. leichte Nutzfahrzeuge)
MCDA	Multi-Criteria Decision Analysis
NO_x	Stickstoffoxid
OECD	Organization for Economic Co-operation and Development
P	Profitabilität

PM   Particulate matter (dt. Feinstaub)
PROMETHEE   Preference Ranking Organisation Method for Enrichment
                Evaluations
SDG   Sustainable Development Goal
SL   Service-Level
UCC   Urban Consolidation Center
ULS   Unterirdisches Logistiksystem
UN   United Nations
UNCED   United Nations Conference on Environment and Development

Einleitung

1

Weltweit sind Menschen vom Klimawandel betroffen. Auch Städte müssen ihren Beitrag zum Klimaschutz leisten, um das Ziel von 1,5°C bei der Erderwärmung einzuhalten und somit ein lebenswertes Klima sicherzustellen.[1] Um die Erderwärmung zu begrenzen, wurden im Zuge der 26. UN-Klimakonferenz in Glasgow weitreichende Beschlüsse unter den 197 teilnehmenden Staaten getroffen. Das Ziel für Deutschland ist, bis zum Jahr 2030 den Treibhausausstoss um mindestens 65% zu senken und bis 2045 gar klimaneutral zu werden.[2] Um sowohl dieses Vorhaben einzuhalten als auch um ihre Attraktivität, Wirtschaftlichkeit und Funktionsfähigkeit auch in Zukunft zu gewährleisten, müssen Städte, in denen in Deutschland ca. 77,5 % der Bevölkerung leben, ihren Beitrag zur Nachhaltigkeit leisten.[3]

Auf dem Weg zu nachhaltigen Städten gibt es jedoch noch einige Hindernisse zu bewältigen, bei denen vor allem die innerstädtische Logistik neue Wege und Konzepte verfolgen muss. Denn während die mit Städten verbundenen Verkehrsströme ansteigen, sind die Wachstumsmöglichkeiten ihrer Verkehrsinfrastruktur limitiert. Dies bedingt, dass Städte eine starke Belastung durch den Verkehrs- und Transportsektor erfahren. Diese Belastung besteht dabei aus Treibhausgas-, Luftschadstoff-, Lärmemissionen sowie stockenden Verkehrsflüssen.[4]

---

[1] Vgl. United Nations (2021).

[2] Vgl. Bundesregierung (2021).

[3] Vgl. World Bank (2021).

[4] Vgl. Bundesministerium für Umwelt, Naturschutz und nukleare Sicherheit (BMU), Umweltbundesamt (UBA) (2019, S. 8).

A. Goudz und R. Pieszek, *Innovative Stadt-Logistik*, https://doi.org/10.1007/978-3-658-44136-4_1

Darunter leiden sowohl die Attraktivität als auch die Funktionalität der Stadt, einerseits als Lebensraum für ihre Bewohner und andererseits als Wirtschaftsstandort für den Handel. Um beides auch in Zukunft gewährleisten zu können, müssen technologische, wirtschaftliche, gesellschaftliche, politische und individuelle Veränderungen im Verkehr- und Transportsektor erfolgen.[5] Um diese notwendigen Veränderungen zu realisieren, existieren bereits viele unterschiedliche Maßnahmen und Konzepte, welche zu Teilen auch schon im „Reallabor Stadt" getestet wurden.

Dieses Buch gibt einen Einblick in den komplexen Begriff der „nachhaltigen Entwicklung" und zeigt die Notwendigkeit der Reorganisation der urbanen Güterdistribution in seinem Kontext auf. Es werden weiterhin die Grundidee von „City-Logistik" sowie ausgewählte City-LogistikKonzepte und ihre Funktionalität in der Praxis vorgestellt. Zentrales Ziel ist eine Bewertung der Konzepte hinsichtlich ihrer Eignung, eine nachhaltige Entwicklung von Städten zu fördern. Die Bewertung ist in drei Forschungsfragen eingeteilt. Forschungsfrage F1 berücksichtigt bei der Bewertung der Eignung alle drei Nachhaltigkeitsdimensionen Ökologie, Ökonomie und Soziales gleichwertig. Im Anschluss wird mittels Forschungsfrage F2 überprüft, welches der Konzepte die nachhaltige Entwicklung von Städten bestmöglich fördert, wenn die ökonomische Nachhaltigkeit priorisiert wird. Forschungsfrage F3 bewertet die Konzepte hinsichtlich ihrer Eignung bei Fokus auf der Gewährleistung der sozialen und ökologischen Nachhaltigkeit der Stadt. wobei zunächst alle Nachhaltigkeitsdimensionen gleichwertig berücksichtigt werden und dann primär einerseits die ökonomische, andererseits die sozial-ökologische Nachhaltigkeit gewährleistet werden soll. Abschließend werden die Ergebnisse der Evaluation aufbereitet dargestellt, die Realisierbarkeit des bestbewerteten Konzepts in deutschen Städten thematisiert und ein kurzer Ausblick für aufbauende Forschungsprojekte gegeben.

---

[5] Vgl. Initiative Logistikimmobilien Logix GmbH (Hrsg.) (2021).

Die Stadt und die Nachhaltigkeit

2

Städte stehen besonders im Fokus, wenn es um die Erreichung von Klimazielen sowie Nachhaltigkeit geht. Dabei sollen City-LogistikKonzepte behilflich sein. Bevor jedoch eine Beschreibung und Analyse dieser Konzepte hinsichtlich ihres Nutzens stattfinden kann, ist es erforderlich, zwei Begrifflichkeiten genauer zu thematisieren: Stadt und Nachhaltigkeit. Im Folgenden findet zunächst eine ausführliche Erläuterung des Nachhaltigkeitsbegriffes statt. Dies umfasst unter anderem seine Historie samt Nachhaltigkeitszielen der UN, seine Aufteilung in die drei Dimensionen Ökologie, Ökonomie und Soziales sowie deren konzeptionelle Darstellung. Im Anschluss an die Thematisierung des Nachhaltigkeitsbegriffes wird genau erläutert, welche Charakteristika Städte zu solchen machen, welche Verkehrsströme innerhalb ihrer Grenzen existieren und welche (negativen) Auswirkungen diese auf Städte und die mit ihr verbundenen Interessensgruppen haben. Besonders die beiden letztgenannten Punkte werden detailliert beschrieben, da diese die Grundlage für die Existenz und Umsetzung von City-LogistikKonzepten darstellen.

2.1 Das Leitbild der nachhaltigen Entwicklung

Nachhaltigkeit sowie das Leitbild der nachhaltigen Entwicklung sind in der heutigen Zeit omnipräsent. Dies führt teils auch zu einer inflationären Verwendung der beiden Termini. Hieraus resultiert jedoch, dass die Bedeutung dieser beiden Begriffe abgeschwächt oder gar verloren geht und es dementsprechend bei der Interpretation zu Unstimmigkeiten kommt.[1] Um dies zu vermeiden, muss zunächst bekannt sein, dass beide Begriffe zwar miteinander verknüpft sind, jedoch Nachhaltigkeit erst durch eine nachhaltige Entwicklung entstehen kann. Somit beschreibt der Terminus „Nachhaltigkeit" den dauerhaften Zustand, während „nachhaltige Entwicklung" den Prozess beschreibt, aus dem diese entstehen kann und soll.[2]

Im Folgenden wird auf die wichtigsten Ereignisse in der komplexen Entstehungsgeschichte des Leitbilds „Nachhaltige Entwicklung" eingegangen, um den Begriff und das, was ihn umfasst, für die weitere Verwendung in diesem Buch abzugrenzen. Beginnend mit der Verwendung des Begriffes durch einen Oberberghauptmann im 18. Jahrhundert, Prognosen und Dokumente von Wissenschaftlern sowie Klimakonferenzen und deren Abkommen, die das heute bekannte Leitbild „Nachhaltige Entwicklung" prägen.

2.1.1 Carlowitz' Nachhaltigkeitsprinzip

Der Begriff der Nachhaltigkeit wurde erstmalig von Hans Carl von Carlowitz bereits im 18. Jahrhundert (1713) erwähnt. In Bezug auf die Forstwirtschaft forderte er eine „continuierliche und beständig nachhaltende Nutzung"[3] der bewirtschafteten Wälder. Der Kern seines Gedankens war, dass nicht mehr Holz geschlagen werden sollte als nachwachsen kann. Diese Denkweise wird heute als „ressourcenökonomisches Prinzip" bezeichnet, bei dem das ökonomische Ziel der maximalen Nutzung der Ressource mit ihrer ökologischen Beziehung in Einklang gebracht wird. Von Carlowitz' Gedanken umfassen somit bereits die Grundlagen der heutigen ökologischen Nachhaltigkeit, welche die dauerhafte sowie Ertrag bringende Nutzung eines ökologischen Systems anstrebt, ohne dass dieses Schaden nimmt.[4] Dieser Einklang zwischen Ökonomie und Ökologie fand jedoch im Zuge der Ideen der Gewinnmaximierung und freien Marktwirtschaft Mitte des 19. Jhd. ein Ende. Eine Ressource sollte dahingehend schnellstmöglich einen maximalen finanziellen Ertrag erbringen.[5]

---

[1] Vgl. Rink (2018, S. 293).
[2] Vgl. Pufé (2017, S. 43).
[3] Carlowitz (1732, S. 105 f.).
[4] Vgl. Pufé (2017, S. 100); Vgl. Hauff (2014, S. 3).
[5] Vgl. Pufé (2017, S. 39).

2.1.2 Die Grenzen des Wachstums

Im Jahr 1972 erfolgte die Veröffentlichung des Berichts „The Limits to Growth" (dt. „Die Grenzen des Wachstums") von Dennis Meadows[6]. Bereits in den Jahren vor der Veröffentlichung warnten diverse Ökonomen vor wachsenden Umweltproblemen. Erst dieser Bericht führte jedoch zu intensiven Debatten über die Zusammenhänge zwischen dem fortschreitenden Bevölkerungs- und Wirtschaftswachstum sowie der Verwendung nicht-erneuerbarer Rohstoffe.[7] Mittels Computersimulation erzeugten Meadow und weitere beteiligte Wissenschaftler mehrere Szenarien, in denen unter anderem die Wechselwirkungen zwischen Bevölkerungswachstum, Nahrungsmittelressourcen, Energie, Material und Kapital, Umweltverschmutzung sowie Landnutzung ihre Berücksichtigung fanden.[8] Jedes der Szenarien prognostizierte einen starken Rückgang in der Weltbevölkerung sowie des Lebensstandards innerhalb der nächsten 100 Jahre unter der Voraussetzung, dass die exponentiellen Trends bei den genannten korrelierenden Aspekten beibehalten werden.[9] Um diesem Trend entgegenzuwirken, sprachen sich die Wissenschaftler für die Schaffung eines weltweiten Gleichgewichtszustandes aus, in welchem über die Stabilität ökologischer und ökonomischer Aspekte der Nachhaltigkeit auch die Aspekte sozialer Nachhaltigkeit dauerhaft erfüllt werden. Erreicht werden kann dieser Zustand nur durch weltweite Maßnahmen.[10]

2.1.3 Brundlandt-Bericht

Im Jahr 1987 erfolgte die Publizierung des Brundlandt- bzw. „Our Common Future" Berichts (dt. „Unsere gemeinsame Zukunft")[11] durch die World Commission on Environment and Development (WCED) inmitten zunehmender ökologischer, ökonomischer sowie sozialer Krisen und Probleme. Als wichtige Einflussfaktoren für ihn galten sowohl Meadows Erkenntnisse als auch der „Ecodevelopment"-Ansatz des HammarskjöldProjekts aus dem Jahr 1975, dessen Leitlinien sich auch im heutigen Leitbild der nachhaltigen Entwicklung

---

[6] Meadows et al. (1972)

[7] Vgl. Hauff (2014, S. 6)

[8] Vgl. Meadows et al. (1972, S. 23 ff.; S. 45-104; S. 122 f.)

[9] Vgl. Meadows et al. (1972, S. 23; S. 123-140)

[10] Vgl. Meadows et al. (1972, S. 24; S. 180 ff.); Vgl. Pufé (2017, S. 40).

[11] WCED (1987)

widerspiegeln. Der BrundlandtBericht gilt als eine der bedeutendsten Veröffentlichungen in der Entstehung und Abgrenzung des Leitbilds der nachhaltigen
Entwicklung.[12] Seine Bedeutung liegt zum einen darin, dass er den Begriff
„Nachhaltige Entwicklung" erstmals als globales Leitbild der Entwicklung ins
allgemeine Bewusstsein trug. Zum anderen sorgte er für die Zusammenführung
der zuvor separierten Politikbereiche: Wirtschafts- und Umweltpolitik.[13] In der
deutschen Fassung des Berichts wird die nachhaltige Entwicklung definiert als

> „...Entwicklung, die die Bedürfnisse der Gegenwart befriedigt, ohne zu riskieren,
> dass künftige Generationen ihre eigenen Bedürfnisse nicht befriedigen können [ ]"[14]

Diese Definition gilt auch heute noch als am weitesten anerkannt.[15] Mit dem
Fokus auf den Menschen und seine Bedürfnisse, sowohl der gegenwärtigen
als auch der zukünftigen Generation(en), ist die Position des Berichts als
anthropozentrisch zu charakterisieren. Die Natur wird als Dienstleistungssystem
betrachtet, das für die Erfüllung der Bedürfnisse des Menschen zuständig ist.
Zugleich darf jedoch nicht die Tragekapazität der Umwelt überschritten werden.[16]
Demzufolge liegt der Fokus zu diesem Zeitpunkt mehr auf den Grundlagen der
ökologischen Nachhaltigkeit.

2.1.4   Rio und Folgekonferenzen

Initiiert durch die WCED fand 1992 die United Nations Conference on Environment and Development (UNCED) in Rio de Janeiro statt, auf der sich
die Teilnehmer dem obig genannten Leitbild nachhaltiger Entwicklung ver-
pflichteten.[17] Die weiteren im Zuge der Konferenz geschlossenen Abkommen
berücksichtigten zudem nun alle drei von Meadow bereits 1972 geforderten
Aspekte der Nachhaltigkeit: Ökologie, Ökonomie und Soziales. Einer weiteren
Verschlechterung des menschlichen Lebenssituation sowie der Zerstörung seiner

---

[12] Vgl. Hauff (2014, S. 6 ff.).

[13] Vgl. Hauf (2014, S. 8 f.).

[14] Hauff (1987, S. 46).

[15] Vgl. Pufé (2017, S. 42).

[16] Vgl. Hauff (2014, S. 9 f.).

[17] Vgl. ebd.: S. 10.

Grundlagen sollte damit entgegengesteuert und der langfristige Erhalt wirtschaftlicher Ressourcen gesichert werden.[18] Das bekannteste der Abkommen ist die „Agenda 21". Sie legt fest, dass die unterzeichnenden Staaten selbst verantwortlich für die Umsetzung des Leitbilds auf nationaler Ebene sind.[19] Für den Erfolg der Maßnahmen ist die Beteiligung der Bevölkerung essentiell. Dementsprechend sollten auch die Kommunen der Länder die Verantwortung übernehmen. In Absprache mit Bürgern sollten sie eine lokale Agenda 21 in Form eines nachhaltigkeitsorientierten Handlungsprogramms erstellen, die auf die lokalen Gegebenheiten der Kommune abgestimmt ist.[20] Damit erfolgt die erstmalige Einbindung der Städte in den Kontext nachhaltiger Entwicklung. Von den 1972 in Rio de Janeiro getroffenen Abkommen umfasst allerdings keines quantifizierbare und somit überprüfbare Obligationen. Dementsprechend waren weitere Zusammenkünfte der Weltgemeinschaft von Nöten, um bezüglich Nachhaltigkeit und Umweltschutz rechtlich verbindliche Ziele zu definieren. Dazu zählt unter anderem das Kyoto-Protokoll aus dem Jahr 1997, das für die Industrieländer verpflichtende Emissionsgrenzen definiert. Allerdings sollte jeder der Staaten, die beim „Rio-Gipfel" teilgenommen hatten, eine nationale Nachhaltigkeitsstrategie bis zur Folgekonferenz im Jahr 2002 in Johannesburg entwickeln. Dies erfolgte jedoch nur durch wenige Länder, weshalb die Forderung in Johannesburg nochmals erneuert wurde.[21]

2012 wurde erneut in Rio getagt, mit dem Ergebnis, bis zum Jahr 2015 quantifizierbare Ziele für eine nachhaltige Entwicklung zu verhandeln. Diesmal sollten die Ziele aber für alle Staaten ihre Gültigkeit haben. Weiterhin bestand die Einigkeit darüber, dass Wohlstand fortan nicht mehr nur über das Bruttoinlandsprodukt (BIP) bemessen werden darf. Trotz der daraus folgenden Komplexität des Leitbilds nachhaltiger Entwicklung stand daraufhin fest, dass bei dieser alle drei Nachhaltigkeitsdimensionen Ökologie, Ökonomie und Soziales sowie alle Anspruchsgruppen stets einbezogen werden müssen. Ob eine der Dimensionen Vorrang vor den anderen beiden haben sollte, darüber gibt es jedoch bis heute noch Debatten.[22] Dies wird in Abschn. 2.2.2 genauer thematisiert.

---

[18] Vgl. Pufé (2017, S. 52).

[19] Vgl. ebd.: S. 50.

[20] Vgl. Pufé (2017, S. 52).

[21] Vgl. Hauff (2014, S. 11 f.).

[22] Vgl. ebd.: S. 11 f.

2.1.5   Agenda 2030 – Indikatoren für nachhaltige Entwicklung

Gegen Ende 2015 fand auf einer UN Konferenz die geplante Formulierung quantifizierbarer Ziele der nachhaltigen Entwicklung statt. Dabei wurden sie in der „Agenda 2030" festgeschrieben. Die Agenda umfasste primär die 17 SDGs, Sustainable Development Goals (dt. „Nachhaltige Entwicklungsziele"). Gültigkeit haben diese Ziele für alle Staaten der Welt bis zum Jahr 2030.[23] Erstmalig wurden mit diesem internationalen Abkommen alle drei Nachhaltigkeitsdimensionen miteinander verknüpft und abgedeckt, damit zukünftig die gesamte Weltbevölkerung in Würde, Wohlstand und einer dauerhaft stabilen Umwelt werden leben können.[24] Der anthropozentrischer Ansatz des BrundlandtBerichts wird somit mit den SDGs durch die UN fortgeführt.[25]

Zudem wurde mit der „Agenda 2030" vom BIP pro Kopf als alleinigen Wohlstandsindikator abgerückt. Ihr Fokus liegt mittlerweile auf der nachhaltigen Entwicklung von Volkswirtschaften hinsichtlich des Konsums und der Produktion bzw. regenerativen Energien und der Bekämpfung von Armut.

Neben den 17 SDGs formuliert die „Agenda 2030" ebenfalls die fünf Kernbotschaften, die den Zielen übergeordnet sind. Das sind die „5 Ps: People, Planet, Prosperity, Peace und Partnership (dt. „Mensch, Planet, Wohlstand, Frieden und Partnerschaft").[26] Eine detaillierte Beschreibung der Botschaften und der damit einhergehenden Vision der UN ist dargestellt in Tab. 2.1.

Allen Zielen der „Agenda 2030" und den damit einhergehenden Handlungen zu ihrer Erfüllung sind diese fünf Themengebiete vorangestellt. Dies verdeutlicht, dass die SDGs eng miteinander verknüpft sind und korrelieren. Die Erfüllung der 17 Ziele soll dann konkret zur Verwirklichung der Vision der UN führen.[27]

---

[23] Vgl. Pufé (2017, S. 55 f.).

[24] Vgl. BMZ (2022a, Unterpunkt: „Agenda 2030 für nachhaltige Entwicklung").

[25] Vgl. Grunwald & Kopfmüller (2022, S. 39).

[26] Pufé (2017, S. 56).

[27] DAAD (2022).

Tab. 2.1 Kernbotschaften der SDGs – die „5 Ps" (in Anlehnung an Pufé, 2017, S. 56; Grunwald & Kopfmüller, 2022, S. 39)

Themengebiet	People	Planet	Prosperity	Peace	Partnership
Zielsetzung	Die Würde des Menschen im Mittelpunkt	Den Planeten schützen	Wohlstand für alle fördern	Frieden fördern	Globale Partnerschaften aufbauen
Vision	Eine Welt ohne Armut und Hunger ist möglich	Klimawandel begrenzen, natürliche Lebensgrundlagen bewahren	Globalisierung gerecht gestalten	Menschenrechte und gute Regierungsführung	Global gemeinsam voranschreiten

2.2   Die drei Dimensionen der Nachhaltigkeit

Wie bereits an der Geschichte des Leitbilds „Nachhaltige Entwicklung" deutlich wird, umfasst diese Thematik viele unterschiedliche Aspekte, die es bei
der Umsetzung allesamt zu berücksichtigen gilt. Neben den drei bereits genannten Dimensionen der Ökologie, Ökonomie und Soziales wurden im Verlauf der
Diskussionen auch noch zwei weitere thematisiert: die politisch-institutionelle
sowie die kulturelle Dimension.[28] Sie werden jedoch in der Praxis der heutigen
Nachhaltigkeitsansätze und -konzepte so gut wie gar nicht mehr einbezogen.[29]
Die politisch-institutionelle Dimension findet ihre Anwendung, wenn überhaupt,
nur indirekt über die soziale Dimension.[30] Der Vollständigkeit halber seien sie
an dieser Stelle erwähnt, werden aber im weiteren Verlauf dieser Ausarbeitung
nicht weiter beachtet. Stattdessen wird der Fokus auf den Dimensionen Ökologie,
Ökonomie und Soziales liegen.

Bezüglich ihrer Gewichtung gab es im Laufe der Jahre verschiedene Ansätze.
Eine Gewichtung scheint notwendig zu sein, wenn entweder aufgrund der Gegebenheiten einer der drei Dimensionen den Vorrang gegeben werden muss oder
aber aufgrund von diversen Zielkonflikten. Für eine lange Zeit hatte die Ökonomie Vorrang („schwache Nachhaltigkeit") bis diese im Zuge der Entwicklung
der ersten Nachhaltigkeitskonzepte durch eine Dominanz der ökologischen Nachhaltigkeit („starke Nachhaltigkeit") abgelöst wurde.[31] Die Natur und ihr Erhalt
als Lebens- und Wirtschaftsgrundlage der Menschen, sowohl gegenwärtiger
Generation als auch der folgenden, rückte in den Vordergrund. Die Gestal-
tung des Umweltschutzes sollte somit ökonomie- und sozialverträglich erfolgen.
Die Einhaltung der Grenzen ökologischer Systeme gilt auch heute noch als
Grundbedingung, auch wenn inzwischen alle Dimensionen im gleichen Maße
berücksichtigt werden sollen.[32]

Mitte der 1990er Jahre setzte sich die Dreidimensionalität von Ökologie,
Ökonomie und Soziales durch, die seitdem vielen Nachhaltigkeitsstrategien und
-konzepten als Basis dient.[33] Dies ist auf die geltende Definition nachhaltiger Entwicklung aus dem BrundlandtBericht und dessen anthropozentrische Sichtweise
zurückzuführen. Nur bei gleichberechtigter Berücksichtigung aller Dimensionen

---

[28] Vgl. Grunwald & Kopfmüller (2022, S. 85).

[29] Vgl. ebd.: S. 88 f.

[30] Vgl. ebd.: S. 91.

[31] Vgl. Grunwald & Kopfmüller (2022, S. 85).

[32] Vgl. Hauff (2014, S. 12) sowie Pufé (2017, S. 99).

[33] Vgl. Hauff (2014, S. 32).

ist es möglich, einerseits allen Menschen auf der Erde gegenüber gerecht zu handeln sowie Verantwortung zu übernehmen. Andererseits ist es ebenso nur dann möglich, die zukünftigen Generationen nicht in ihrer Bedürfnisbefriedigung zu beschneiden, denn diese erfordert neben ökologischen auch ökonomische und soziale Ressourcen.[34] Der Dreiklang von Ökologie, Ökonomie und Soziales wurde auf EU-Ebene im EUV (EU-Vertrag) festgehalten.[35] In Deutschland geschah die Festlegung durch die Enquete-Kommission des Deutschen Bundestags in ihrem Abschlussbericht im Jahr 1998.[36] Die Gleichberechtigung der drei Dimensionen wird zudem heute in der Definition von Nachhaltigkeit und nachhaltiger Entwicklung des BMZ betont.[37] Dementsprechend kann festgestellt werden, dass sich die Dreidimensionalität weltweit und auch in Deutschland geltend gemacht hat.[38] Trotzdem gibt es jedoch auch noch Kritik an der Mehrdimensionalität. Darauf wird später in Abschn. 2.2.2 eingegangen. Vorerst soll jedoch im Folgenden die Klarheit darüber geschaffen werden, was denn genau eine ökologische, ökonomische und soziale Nachhaltigkeit umfasst.

2.2.1 Ökologische, ökonomische und soziale Nachhaltigkeit

Da vor der heute angestrebten Gleichberechtigung der drei Dimensionen das Primat der Ökologie vorherrschte, wird mit der Beschreibung der ökologischen Nachhaltigkeit begonnen.

Ökologische Nachhaltigkeit
Um die Existenz menschlichen Lebens auf dem Planet Erde zu gewährleisten, muss eine dauerhafte Funktionalität ihrer Ökosysteme, bei gleichzeitiger Nutzung durch den Menschen, gesichert werden. Deren Fortbestand hat sich die ökologische Nachhaltigkeit zum Ziel gesetzt, denn die Systeme sind in mannigfaltiger Hinsicht wichtig für das Überleben der Menschheit. Ökosysteme nehmen Emissionen auf und liefern zugleich Rohstoffe, die durch den Menschen genutzt werden können. Dahingehend werden Ökosysteme auch als ökologisches Kapital bzw. Naturkapital bezeichnet.

---

[34] Vgl. Hauff (2014, S. 9) sowie Grunwald & Kopfmüller (2022, S. 88).
[35] Vgl. Frenz & Unnerstall (1999, S. 173).
[36] Vgl. Hauff (2014, S. 13) sowie Grunwald & Kopfmüller (2022, S. 90 f.).
[37] Vgl. BMZ (2022b).
[38] Vgl. Hauff (2014, S. 13).

Wenn die Qualität und die Quantität der Systeme abnehmen, ist das menschliche Überleben gefährdet. Dies geschieht vor allem im Zuge ihrer Übernutzung, die bereits heute vermehrt zu beobachten ist.[39] Um den Erhalt der Systeme und damit den des Naturkapitals zu gewährleisten, streben Vertreter der ökologischen Nachhaltigkeit danach, ihre Belastbarkeitsgrenzen, auch als „Tragekapazität" oder „ökologische Stabilität" bekannt, einzuhalten. Diese Grenzen können jedoch nur auf Basis des Vorsorgeprinzips und des verfügbaren Wissens gesetzt werden, da man erst bei ihrem Überschreiten sicher weiß, wo diese sich befinden. Da letzteres jedoch vermieden werden muss, gibt es häufig Diskussionen darüber, wo diese Grenzen liegen sollten.[40]

Ökonomische Nachhaltigkeit
Bei der ökonomischen Nachhaltigkeit wird zwar ebenfalls der dauerhafte Erhalt eines Systems angestrebt, allerdings liegt hierbei der Fokus auf ihrer gleichzeitigen wirtschaftlichen Nutzung. Sie sollen im Sinne der Wirtschaft fortbestehen und zu ihrer Stärkung beitragen, um schließlich eine für den Menschen befriedigende Lebensqualität zu schaffen und diese dann aufrecht zu erhalten. Dafür ist ökonomisches Kapital von besonderer Bedeutung. Wenn dieses sich positiv entwickelt und daraufhin Ausgaben für Forschung und Entwicklung erfolgen, führt dies zu einer stärkeren Wirtschaft. Die Lebensqualität definiert sich jedoch nicht mehr nur über den ökonomischen Wohlstand mit dem steigenden Bruttoinlandsprodukt als alleinigen Indikator. Stattdessen findet dies immer mehr über weitere Aspekte statt, die materieller sowie immaterieller Art sein können. Materielle Aspekte der Lebensqualität sind eher auf das Individuum zentriert, wie eine vorhandene Arbeitsstelle, ein Einkommen und Bedürfnisbefriedigung mithilfe von Gütern. Immaterielle Aspekte dagegen umfassen soziale Fragen wie soziale Gerechtigkeit und Freiheit.[41]

Grundsätzlich gilt in der klassischen Wirtschaft die Wachstumstheorie, die besagt, dass ein langfristiges Wachstum der Wirtschaftsleistung lediglich mittels technischen Fortschritts erreicht werden kann. Sollte dies jedoch dazu führen, dass sich Kapital sowie Arbeit auf Dauer vermehren, während die Produktivität des natürlichen Kapitals nicht das gleiche Wachstum aufweist, erfolgt eine Übernutzung des Systems. Es werden mehr Ressourcen verwendet als sie sich regenerieren oder mehr Schadstoffe produziert als die Natur aufnehmen kann. Ergo ist der Wirtschaftsprozess nicht mehr nachhaltig.[42] Bei der Frage nach der ökonomischen Nachhaltigkeit

---

[39] Vgl. Hauff (2014, S. 33 f.) sowie Pufé (2017, S. 100 f.).
[40] Vgl. Grunwald & Kopfmüller (2022, S. 87 f.).
[41] Vgl. Hauff (2014, S. 34 f.) sowie Pufé (2017, S. 101).
[42] Vgl. Hauff (2014, S. 34 f.) sowie Pufé (2017, S. 102).

steht also im Vordergrund die Frage, welcher Anteil des ökologischen Kapitals beim Einsatz der Produktionsfaktoren, dem ökonomischen Kapital, verwendet wird, ohne dass dem Naturkapital dauerhaft geschadet wird.[43]

Um die Ökonomie und damit die Lebensqualität nachhaltig zu gestalten, muss daher ein Umdenken im Wirtschaftsprozess stattfinden.[44] Vertreter der ökonomischen Nachhaltigkeit streben deshalb danach, den Wohlstand nicht nur durch exponentielles Wachstum steigern zu lassen. Stattdessen wird mit umwelt- und sozialverträglichen Wirtschaftsprozessen die Lebensqualität erhöht und nicht nur der Besitz. Trotzdem ist auch bei dieser eher stationären Wirtschaft ein Wachstum des Bestands an Erzeugnissen möglich, aber nur dann, wenn ein umweltorientierter technischer Fortschritt erfolgt.[45]

Soziale Nachhaltigkeit
Bei der sozialen Nachhaltigkeit ist die Nutzung eines Systems darauf ausgerichtet, dass es in seiner Funktionalität dauerhaft für die Gesellschaft fortbesteht. Es wird sowohl der soziale als auch der gesellschaftliche Zusammenhalt angestrebt. Dahingehend soll jedes Individuum gerecht behandelt werden und die gleichen Chancen erhalten. Erforderlich dafür ist der Aufbau und Erhalt von einem Sozialkapital.[46] Die Basis für das Sozialkapital stellt die Beziehung und die Interaktion zwischen den Menschen einer Gesellschaft dar. Ein hoher Bestand am Sozialkapital sorgt langfristig für sozialen Frieden. Aufgebaut wird er durch die langfristige Einhaltung sozialer Werte und Normen sowie der Schaffung eines gewissen Vertrauensniveaus zwischen den Mitgliedern einer Gesellschaft.[47] Der Bestandteil des Sozialkapitals ist ebenso der Zugriff auf soziale Grundgüter, welche die Selbstverwirklichung eines Individuums sowie die Selbstgestaltung seines Lebens ermöglichen. Sie lassen sich in verschiedene Kategorien aufteilen: Zum einen umfassen sie individuelle Güter (z. B. Gesundheit, Grundversorgung, Bildung) und politische Partizipation. Zum anderen wird dies durch die sozialen Ressourcen ergänzt, die von Relevanz für den Aufbau von Werten, Normen und einer Vertrauensbasis innerhalb einer sozialen Gruppe sind (z. B. Toleranz, Solidarität, Integrationsfähigkeit). Die Nachhaltigkeit bei all diesen Gütern bezieht sich dabei sowohl auf ihre Weiterentwicklung als auch

---

[43] Vgl. Pufé (2017, S. 96).
[44] Vgl. Grunwald & Kopfmüller (2022, S. 89).
[45] Vgl. Hauff (2014, S. 35 f.) sowie Pufé (2017, S. 102).
[46] Vgl. Hauff (2014, S. 36 f.) sowie Pufé (2017, S. 102).
[47] Vgl. Hauff (2014, S. 37 f.) sowie Pufé (2017, S. 97).

auf die anschließende Weitergabe an die künftigen Generationen, damit auch diese in sozialem Frieden leben können.[48]

2.2.2 Neoklassische Ökonomie versus Ökologische Ökonomie

Trotz der angestrebten Gleichrangigkeit kommt es bis heute noch zu Kontroversen zwischen den Dimensionen Ökologie und Ökonomie, wenn es um die Verwendung der der Menschheit zur Verfügung stehenden Ressourcen geht.[49] Je nach Priorisierung der ökonomischen oder ökologischen Dimension ist die Rede entweder von einer schwachen Nachhaltigkeit (Neoklassische Ökonomie) oder von einer starken Nachhaltigkeit (Ökologische Ökonomie). Der Streitpunkt zwischen Vertretern beider Positionen liegt darin, in welchem Zustand die Ressourcen an die zukünftigen Generationen weitergegeben werden sollen: Als Kapital in ihrem natürlichen Ursprung oder bereits bearbeitet durch den Menschen. Diese Priorisierung kann bis ins Extrem gehen, ist aber bei beiden Positionierungen de facto nicht sinnvoll, da dies zur Eindimensionalität führen würde. Dies widerspräche dem mehrdimensionalen Leitbild der Nachhaltigkeit.[50]

Neoklassische Ökonomie
Bei der auch als „schwache Nachhaltigkeit" bekannten neoklassischen Ökonomie ist die Basis die menschliche Bedürfnisbefriedigung, welche durch den Konsum materieller Güter erreicht wird.[51] Ihre Vertreter definieren diesen Konsum als Nutzen, der sowohl für die gegenwärtige Generation als auch für die Nachfolgenden jederzeit im gleichen Umfang zur Verfügung stehen und dementsprechend gesichert werden muss.[52] Erreicht werden kann dies über zwei Wege: Zunächst sollen die ökonomischen Aktivitäten möglichst effizient gestaltet werden, also den höchsten Kosten-Nutzen-Faktor aufweisen. Ein Prozess soll mit möglichst wenig Ressourcen zum maximalen Nutzen führen. Die langfristige Sicherung der Effizienz des eingesetzten ökonomischen Kapitals wird letztlich durch den technischen Fortschritt

---

[48] Vgl. Hauff (2014, S. 36) sowie Grunwald & Kopfmüller (2022, S. 89 f.).
[49] Vgl. Grunwald & Kopfmüller (2022, S. 97 f.).
[50] Vgl. Grunwald & Kopfmüller (2022, S. 97 ff.) sowie Pufé (2017, S. 105 ff.).
[51] Vgl. Hauff (2014, S. 44) sowie Pufé (2017, S. 105).
[52] Vgl. Hauff (2014, S. 47).

erreicht.[53] Je weniger Ressourcen also verbraucht werden, desto länger kann das Nutzenniveau für die nachfolgenden Generationen gesichert werden.

Zugleich sind einige Vertreter der neoklassischen Ökonomie der Ansicht, dass das Sachkapital, welches bei der menschlichen Verarbeitung des Naturkapitals entsteht, dieses eben ersetzen kann. Der Kapitalstock, der aus beiden Kapitalarten summiert wird, bliebe demnach für die zukünftigen Generationen also im gleichen Maße vorhanden.[54] In seiner Extremform würde dies bedeuten, dass jegliches Naturkapital eins zu eins durch das Sachkapital substituiert werden könnte, bis es gar nicht mehr vorhanden ist. Das ist jedoch aus den folgenden Gründen eine abwegige Ansicht. Zum einen ist durch Recycling nicht möglich, die bereits verwendeten natürlichen Ressourcen vollumfänglich wieder zurückzugewinnen. Zugleich wird die Produktion von Konsumgütern aber auch zukünftig auf diesen basieren müssen. Zum anderen kann das Sachkapital nicht die Funktion des Naturkapitals in den lebenswichtigen Ökosystemen übernehmen. Ein synthetischer Ersatz ist vereinzelt, aber nicht überall, möglich.[55] Außer Acht gelassen wird bei dieser Ansicht zudem, dass zukünftige Generationen ein Interesse an immateriellen Gütern haben könnten, die nur durch den Erhalt von Naturkapital vorhanden blieben.[56]

Ökologische Ökonomie
Die als „starke Nachhaltigkeit" bezeichnete ökologische Ökonomie strebt dagegen nach dem Erhalt von sowohl Natur- als auch Sachkapital. Deshalb wird die Substituierbarkeit strikt abgelehnt und Limitierungen in der Ökonomie, falls notwendig, in Kauf genommen.[57] Der Schutz der Natur und ihrer ökologischen Systeme steht im Vordergrund, auch wenn dies dazu führen sollte, dass ein Wirtschaftsprozess nur noch eingeschränkt nutzbar ist. Ein weiteres Argument der Vertreter einer starken Nachhaltigkeit ist, wie bereits obig thematisiert, dass das Sachkapital nie in der Lage sein wird, den Verlust lebenswichtiger Ökosysteme auszugleichen.[58] Die Position der ökologischen Ökonomie bedeutet dahingehend, dass erneuerbare Ressourcen nur in der Menge verwendet werden dürfen, die ihrer Regeneration entspricht. Nicht-erneuerbares Naturkapital soll zudem nur für die Verwendung freigegeben werden, wenn nachfolgend Investitionen als Kompensation in die zukünftige Vermeidung bzw. Verringerung ihres Verbrauchs erfolgen. Der letzte wichtige Aspekt

---

[53] Vgl. Hauff (2014, S. 47) sowie Pufé (2017, S. 105).
[54] Vgl. Grunwald & Kopfmüller (2022, S. 97).
[55] Vgl. ebd.: S. 99.
[56] Vgl. Hauff (2014, S. 50).
[57] Vgl. ebd.: S. 53 f.
[58] Vgl. Hauff (2014, S. 54 f.) sowie Pufé (2017, S. 107).

Abb. 2.1
Drei-Säulen-Modell (in
Anlehnung an Hauff
(2024), S. 163)

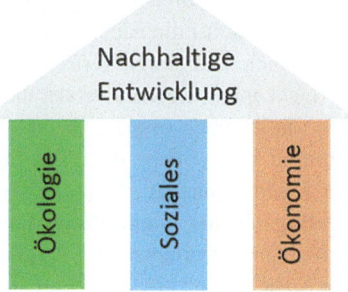

ist die Beachtung der Aufnahmegrenze von Emissionen durch die Natur.[59] In seiner Extremform würde die starke Nachhaltigkeit bedeuten, dass nicht-erneuerbare
Ressourcen weder für heutige noch für zukünftige Generationen zur Verfügung
stehen würden. Ansonsten wären sie unwiederbringlich verloren. Da dies jedoch
der gültigen Definition einer nachhaltigen Entwicklung aus dem BrundlandtBericht
widerspricht, ist eine praktische Umsetzung davon nicht haltbar.[60]

In der Praxis sollte jedoch weder komplett die eine noch die andere Position
einseitig berücksichtig werden. Eine Einseitigkeit sollte, wie zu Beginn dieses
Kapitels erwähnt, vermieden werden. Stattdessen sollte je nach betroffener ökologischer Ressourcenlage entschieden werden, innerhalb welcher Grenzen ihre Nutzung
stattfinden darf, ohne den kommenden Generationen einen Schaden zu zufügen. [61]

2.2.3   Modellierung von Nachhaltigkeit – Vom Drei-Säulen-Modell zum Nachhaltigkeitsdreieck

Um die Gleichrangigkeit zwischen den drei Dimensionen und ihrer untrennbaren
Korrelation zu verdeutlichen, kann ein visuelles Modell hilfreich sein.[62] Zunächst
bildete dafür das sogenannte „Drei-Säulen-Modell" (siehe Abb. 2.1) die Basis, bei
dem jede Dimension als Säule dargestellt wird, welche nebeneinander angeordnet
das Dach der nachhaltigen Entwicklung tragen.

---

[59] Vgl. Hauff (2014, S. 54 f.) sowie Grunwald & Kopfmüller (2022, S. 97 f.).

[60] Vgl. Grunwald & Kopfmüller (2022, S. 99).

[61] Vgl. ebd.: S. 99 f.

[62] Vgl. Pufé (2017, S. 110).

Abb. 2.2
Schnittmengen-Modell (in
Anlehnung an Hauff
(2024), S. 165)

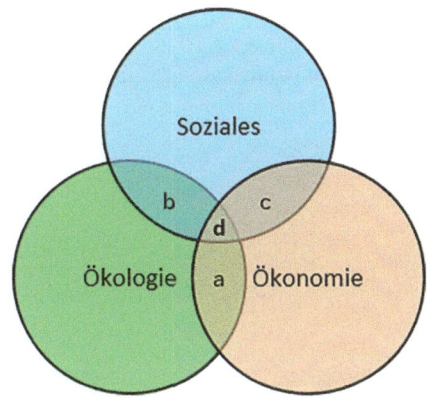

Dem Vorteil dieser Darstellungsweise, dass nun erstmals statt einer alle drei Dimensionen miteinander verknüpft werden, steht jedoch ein schwerwiegender Nachteil gegenüber. Es ist nämlich möglich, je eine beliebige Säule oder sogar beide außen liegenden ganz zu entfernen, ohne einen Zusammenbruch des Gebäudes zu verursachen.[63] Diese Möglichkeit sorgt allerdings für Kritik an dieser Art der Darstellung, denn dadurch wird die Unzertrennlichkeit der Dimensionen ad absurdum geführt. Zwar wird sie heute nichtsdestotrotz in der breiten Masse verwendet[64], soll aber aus diesem Grund keine Rolle im weiteren Verlauf des Buches spielen.

Ein Versuch, diese Problematik zu beheben, ist das „Schnittmengen-Modell". Die Säulen werden durch Kreise ersetzt, welche sich gegenseitig überlappen. Hierdurch entstehen die vier namensgebenden Schnittmengen a-d, welche die gegenseitige Beeinflussbarkeit der Dimensionen aufeinander verdeutlichen (siehe Abb. 2.2). Zugleich bleibt jedoch neben diesen Schnittmengen in den jeweiligen Kreisen eine große Fläche unbedeckt, die somit im Kontext der nachhaltigen Entwicklung nicht berücksichtigt wird.[65] Die Kombination beider Ansätze und der damit einhergehende Verlust ihrer Nachteile erfolgte dann im „Nachhaltigkeitsdreieck" (siehe Abb. 2.3).

Diese Art der Darstellung verdeutlicht einerseits durch das Dreieck, dass alle drei Dimensionen untrennbar miteinander verbunden sind und sich gegenseitig

---

[63] Vgl. Hauff (2014, S. 163 f.) sowie Pufé (2017, S. 110 ff.).

[64] Vgl. Hauff (2014, S. 162).

[65] Vgl. Hauff (2014, S. 164 f.) sowie Pufé (2017, S. 112).

Abb. 2.3
Nachhaltigkeitsdreieck (in
Anlehnung an Hauff
(2014), S. 165)

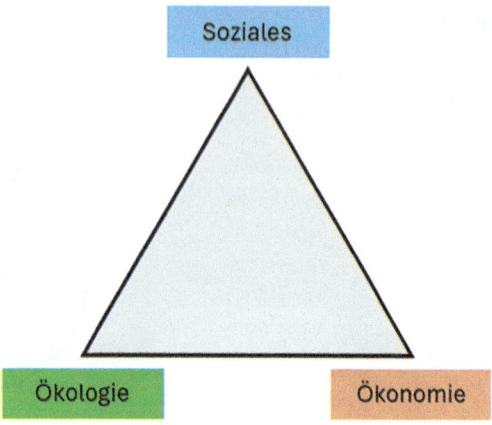

beeinflussen, andererseits wird durch die Gleichseitigkeit klar, dass keine Dimension einer anderen übergeordnet ist.[66] Trotzdem gab es immer noch Kritiker an der Dreidimensionalität, die vor allem die Rückkehr zur Priorisierung der ökologischen Dimension verlangten. Die Kritik bezog sich einerseits darauf, dass alle drei Dimensionen bei Nachhaltigkeitskonzepten stets zusammen betrachtet und auch umgesetzt werden müssen. Sollte dies jedoch nicht möglich sein, müssen entweder bei allen Dimensionen im gleichen Maße Abstriche oder eine Priorisierung vorgenommen werden. Dafür seien mehrdimensionale Konzepte jedoch nicht geeignet. Andererseits wird befürchtet, die Komplexität des Leitbilds der Nachhaltigkeit könnte zu stark zunehmen, sodass die Realisierung einer nachhaltigen Entwicklung für alle Generationen in zu geringer Intensität vonstattengeht.[67] Abhilfe gegenüber diesen Kritikpunkten sollen integrative Konzepte schaffen.[68] Diese existieren unter anderem durch eine Erweiterung des letzten erwähnten Modells durch die Nutzung der Innenfläche des Dreiecks. Hierdurch entsteht das „integrierende Nachhaltigkeitsdreieck" (siehe Abb. 2.4), welches die Gelegenheit einer differenzierteren Analyse von Nachhaltigkeitskonzepten bietet.

Die Innenfläche wird dafür in mehrere Felder aufgeteilt. Anschließend erfolgt die relationale Zuordnung der betrachteten Aspekte eines Konzepts zu allen drei Dimensionen. Sollte beispielsweise ein Aspekt jeder Dimension in ähnlichem Maße zugeordnet werden können, würde er genau in das mittlere Feld

---

[66] Vgl. Hauff (2014, S. 165 f.) sowie Pufé (2017, S. 112 f.).

[67] Vgl. Grunwald & Kopfmüller (2022, S. 91).

[68] Vgl. ebd.: S. 91.

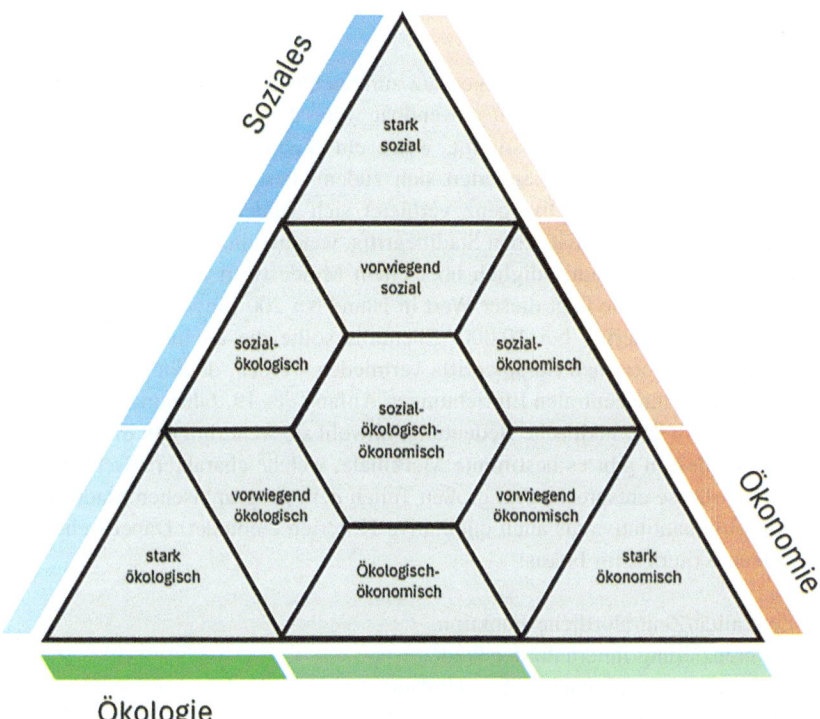

Abb. 2.4 Integrierendes Nachhaltigkeitsdreieck (in Anlehnung an Hauff (2014), S. 170)

des Dreiecks eingeordnet werden. Somit wäre das betrachtete Element zu gleichen Teilen ökologisch, ökonomisch und sozial nachhaltig. Bei einer nahezu
gleichen Zuordnung zu lediglich zwei der drei Dimensionen, wäre der Aspekt
im außen liegenden mittlerem Feld zwischen diesen zwei Dimensionen richtig aufgehoben und der betrachtete Aspekt in dieser Hinsicht nachhaltig (z. B.
sozial-ökologisch).[69] Durch diese Konzeption wird es möglich sein, die Aspekte
von Nachhaltigkeitskonzepten unter Berücksichtigung aller Dimensionen richtig
zuzuordnen und eine Priorisierung zu vermeiden.[70]

---

[69] Vgl. Hauff (2014, S. 169 ff.) sowie Pufé (2017, S. 115).
[70] Vgl. Grunwald & Kopfmüller (2022, S. 91).

2.3   Stadtbegriff

Der Begriff „Stadt" besitzt im Gegensatz zur Nachhaltigkeit keine eigene Definition, welche einheitlich weltweit anwendbar wäre. Jede Nation hat ihre eigenen Kriterien, nach denen sie bestimmt, wann ein Siedlungsraum eine Stadt darstellt. In manchen Ländern änderten sich zudem diese Kriterien im Laufe der Zeit.[71] Aufgrund dieser Divergenz verbietet sich länderübergreifend die alleinige Anwendung des statistischen Stadtbegriffs, welcher die Unterscheidung einer Siedlung von einer Stadt lediglich über einen Mindestwert an Einwohnern vornimmt. Beispielsweise liegt dieser Wert in Island bei 200 Einwohnern und in den Niederlanden wiederum bei 10.000. Ebenfalls sollte die alleinige Verwendung des rechtlich-historischen Stadtbegriffs vermieden werden, da einige Gemeinden in Deutschland ihre zentralen Einrichtungen Anfang des 19. Jahrhunderts verloren und damit auch ihre städtische Bedeutung, obwohl sie weiterhin den Stadttitel tragen.[72] Stattdessen gibt es bestimmte Merkmale, welche charakteristisch für eine Stadt sind. Diese entsprechen zu großen Teilen dem geographischen Stadtbegriff, der sowohl quantitative als auch qualitative Kriterien einbindet. Dabei stehen die folgenden Kriterien im Fokus:

• Zentralität/Zentralörtliche Funktion,
• Differenzierung innerhalb der Stadt,
• Differenzierung gegenüber dem Umland,
• Größe der Siedlung.[73]

Das deutlichste und wesentlichste Merkmal der Stadt ist ihre Zentralität. Sie bietet dem Um- und Hinterland eine Vielzahl von Funktionen, konzentriert auf einer geringen Fläche. Dazu zählen Versorgung-, Kultur- und Bildungseinrichtungen. Zugleich stellt sie eine hohe Anzahl an Arbeitsplätzen und Wohnstätten zur Verfügung. All dies resultiert in einer hohen Bebauungs- und Bevölkerungsdichte und benötigt eine entsprechende (Verkehrs-) Infrastruktur. Diese Zentrierung und Dichte bedingt eine geschlossene Siedlungsform. Zugleich geht damit jedoch

---

[71] Vgl. UN (2015, S. 4).
[72] Vgl. Korby (2005, S. 14).
[73] Vgl. Korby (2005, S. 15 f.) sowie Deckert (2016, S. 32 f.).

auch, vor allem in Großstädten, eine starke Belastung des Raumes und der Infrastruktur einher, wie beispielsweise einem hohen Verkehrsaufkommen und dem
damit verbunden Lärm.[74]

Ein weiteres Merkmal der Stadt ist ihre Differenzierung, die in zweierlei Hinsicht existiert: innerhalb ihrer Grenzen und gegenüber dem Umland. In der Stadt
selbst bilden sich verschiedene Stadtviertel. Dies geschieht auf Basis gleichartiger
Funktionalität bei der Gebäudenutzung, anhand des gleichen sozio-ökonomischen
Status der Bewohner oder anhand ihrer Ethnie.[75] Gegenüber dem Umland differenziert sich die Stadt ebenfalls. Die Arbeitsplätze der Stadt zeichnen sich
dadurch aus, dass sie nicht im primären Sektor (Urproduktionssektor) beheimatet
sind, sondern im sekundären (industrieller Sektor) und tertiärem (Dienstleistungs-
sektor).[76] Dies bedingt, dass Städte gleichzeitig auch Innovationszentren sind,
da technische und wirtschaftliche Neuerungen dort getestet und realisiert werden. Zugleich macht sich die Stadt dadurch jedoch abhängig vom Umland, da
sie auf die ländlichen Ressourcen (z. B. Nahrungsmittel) angewiesen ist. Zudem
sehen städtische Bewohner das Umland als Naherholungsraum, der ökologische
Funktionen bietet, welche die Stadt nicht aufweist.[77]

Das letzte charakteristische Merkmal von Städten ist ihre Größe. Sie weisen
stets eine Mindestanzahl an Einwohnern auf. Dabei unterscheidet sich kulturell
bzw. regional nur die Untergrenze an Einwohnern, ab welcher der beobachtete
Raum als Stadt gilt.[78]

2.4 Die deutschen Gemeinden und Städte

In Deutschland existieren zum Stand 31.12.2021 laut des Gemeindeverzeichnis-
Informationssystems (GV-ISys) des Statistischem Bundesamtes (DESTATIS)
insgesamt 10.787 Gemeinden. Diese können in 4606 Gemeindeverbände zusammengeführt werden.[79] Ein Gemeindeverband ist die Bezeichnung für den Zusammenschluss mehrerer Gemeinden. Solch ein Zusammenschluss findet in allen

---

[74] Vgl. Korby (2005, S. 15 ff.) sowie Deckert (2016, S. 32 f.) sowie Lampen & Schmidt
(2014).
[75] Vgl. Vgl. Korby (2005, S. 14 ff.).
[76] Vgl. Vgl. Korby (2005, S. 14 ff.) sowie Schubert & Klein (2020).
[77] Vgl. Korby (2005, S. 14 ff.).
[78] Vgl. ebd.: S. 14 ff.
[79] Vgl. DESTATIS (2022a).

Bundesländern statt, abgesehen von Nordrhein-Westfalen, Hessen und dem Saar-
land.[80] Die Gemeinden dieser drei Bundesländer werden zur Vereinfachung als
ein aus einer Gemeinde bestehender Gemeindeverband dennoch mit unter diesem
Begriff aufgenommen.

In Deutschland grenzt das Bundesinstitut für Bau-, Stadt- und Raumforschung
(BBSR) eine einfache Gemeinde vom kleinsten Stadttypus der „Kleinstadt" über
zwei Kriterien ab: Die Einwohnerzahl der Gemeinde muss mindestens 5000
Menschen betragen oder sie muss mindestens grundzentrale Funktionen für das
Umland aufweisen. Sollte eine Gemeinde beide Kriterien nicht erfüllen, wird
diese als Landgemeinde bezeichnet.[81] Per Definition des BBSR geht die Kleinstadt ab 20.000 Einwohnern in den Typus der Mittelstadt über.[82] Während es
bei dieser Obergrenze für Kleinstädte keine Diskussion gibt, ist der Mindestwert von 5000 Einwohnern diskutabel.[83] Kleinstädte unterscheiden sich stark,
sowohl in ihrer Fläche als auch in ihrer Einwohnerzahl. Vor allem kleine Kleinstädte, von 5000 bis 9999 Einwohnern, weisen häufig funktional eine größere
Ähnlichkeit zu Landgemeinden auf, als dass sie das charakteristische Stadtmerk-
mal des Versorgungszentrums für ihr Umland besitzen. Erst größere Kleinstädte,
von 10.000 bis 20.000 Einwohnern, nehmen diese Rolle wahr, vor allem in
wenig besiedelten Gebieten.[84] Auch einige Bundesländer, welche für die Vergabe
des Stadtrechts an die Gemeinden ihres Zuständigkeitsbereiches verantwortlich
sind, geben vom BBSR abweichende Kriterien für eine Stadt vor. Sie grenzen eine einfache Gemeinde von einer Gemeinde mit dem Titel „Stadt" über
drei Kriterien ab: eine Mindestzahl an Einwohnern, die Siedlungsform sowie die
kulturellen und wirtschaftlichen Verhältnisse. Diese Kriterien müssen allesamt
städtischen Charakter aufweisen.[85] Die Länder Baden-Württemberg, Brandenburg
und Schleswig-Holstein definieren diesen Charakter in ihren Gemeindeordnungen
genauer. In Bezug auf die Siedlungsform sowie die wirtschaftlichen und kulturellen Verhältnisse entspricht die Definition dem obig detailliert erläuterten Merkmal
der Zentralität des geographischen Stadtbegriffes. Es werden besonders das
geschlossene Siedlungsgebiet und die zentralörtliche Versorgungsfunktion – im

---

[80] Vgl. BBSR (o. J.a).

[81] Vgl. Porsche et al.(2019, S. 6.) sowie BBSR (o. J.b).

[82] Vgl. BBSR (o. J.b).

[83] Vgl. Porsche et al. (2019, S. 9).

[84] Vgl. Porsche et al. (2019, S. 11 f.).

[85] Vgl. Landesregierung Brandenburg (2007, § 9 Abs. 2.) sowie Bayrische Staatskanzlei
(1998, § 3 Abs. 1) sowie Ministerium des Inneren, für Digitalisierung und Kommunen
Baden-Württemberg (2020, § 5 Abs. 1) sowie Landesregierung Schleswig-Holstein (2003,
§ 59 Abs. 3).

Tab. 2.2 Stadttypen nach Einwohnerzahl in Deutschland. (Eigene Darstellung nach BBSR (o. J.b))	Stadttypus	Einwohnerzahl
	Größere Kleinstadt	10.000–19.999
	Mittelstadt	20.000–99.999
	Kleinere Großstadt	100.000–499.999
	Große Großstadt	>500.000

Sinne von Arbeit, Gesundheit, Kultur und Bildung – für das Umland betont. Die Anzahl an Einwohnern der Gemeinde soll jedoch mindestens 10.000 betragen, um zur Stadt aufgewertet werden zu können.[86] Lediglich Brandenburg ermöglicht eine Ausnahme von 5000 Einwohnern, sollte sich die Gemeinde in kaum besiedeltem Gebiet befinden. Sie muss dann jedoch mehr als nur Grundfunktionen für das Umland aufweisen.[87]

Da die Bundesländer für die Vergabe und den Entzug des Stadtrechts verantwortlich sind, wird sich bei der Abgrenzung zwischen Landgemeinde und Kleinstadt an der Mindestzahl von 10.000 Einwohnern orientieren. Ebenso macht dies im Hinblick auf die Zielsetzung dieses Buches Sinn, da die Versorgungsfunktion für das Umland stärkere Verkehrsströme verursacht, welche im Zuge von City-Logistik Konzepten thematisiert werden. Aufgrund der Thematik der Stadtrechtsvergabe durch die Länder sind die Gemeinden mit anerkanntem Stadtrecht zum Stichtag des 31.12.2021 die Basis für Zahlen und Grafiken bezüglich der Stadttypen Klein-, Mittel- und Großstadt. Die Differenzierung zwischen diesen einzelnen Typen findet anhand der Werte des BBSR statt, welche sie zudem nochmal unterkategorisieren (siehe Tab. 2.2).

Innerhalb der 4606 Gemeindeverbände tragen 2057 Gemeinden den Titel Stadt.[88] Einige dieser Städte besitzen ihr Stadtrecht noch auf rechtlich-historischer Basis, welches ihnen die Länder auch weiterhin gewähren, während sie jedoch nicht den oben gestellten Grenzwert von mindestens 10.000 Einwohnern einhalten können.[89] Da sie damit jedoch kein Versorgungszentrum darstellen, reduziert sich die Anzahl der für dieses Buch relevanten Gemeinden

---

[86] Vgl. Staatsministerium Baden-Württemberg (2022), sowie Landesregierung Brandenburg (1998), sowie Landesregierung Schleswig-Holstein (2003, § 59 Abs. 3).

[87] Vgl. Landesregierung Brandenburg (1998).

[88] Vgl. DESTATIS (2022a).

[89] Vgl. Landesregierung Brandenburg (2007, § 9 Abs. 2) sowie Bayrische Staatskanzlei (1998, Art. 3 Abs. 1) sowie Ministerium des Inneren, für Digitalisierung und Kommunen Baden-Württemberg (2020, § 5 Abs. 1) sowie Landesregierung Schleswig-Holstein (2003, § 59 Abs. 3).

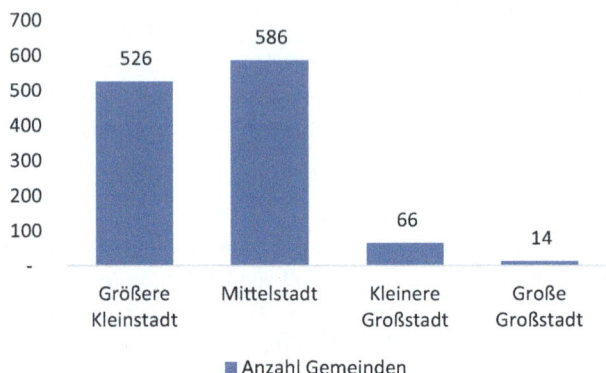

Abb. 2.5 Anzahl deutscher Gemeinden mit Stadtrecht nach Stadttypus. (Eigene Darstellung nach DESTATIS (2022a))

mit Stadtrecht auf 1192.[90] Der Großteil dieser Städte entspricht dem Stadttypus der Mittelstadt (siehe Abb. 2.5).

2.4.1 Einwohner und Grad der Verstädterung

Der Stadttypus der Mittelstadt ist zwar am häufigsten vertreten. Betrachtet man jedoch die Verteilung der Bevölkerung und der Fläche auf die jeweiligen Stadttypen, wird deutlich, dass der Großteil der deutschen urbanen Bevölkerung in Großstädten lebt (ca. 32,0 %), während diese zugleich den geringsten Anteil an der gesamten Gemeindefläche Deutschlands (ca. 3,9 %) einnehmen (siehe Abb. 2.6).

Wie bereits eingangs in Kap. 1 erwähnt, hat der Anteil der städtischen Bevölkerung in Deutschland in den vergangenen zehn Jahren stetig zugenommen. Dieser Prozess wird auch als „Verstädterung" bezeichnet.[91] Das bedeutet, die deutschen Städte werden immer größer und somit auch mehr Mittelstädte im Laufe der Zeit zu Großstädten. Während 1970 erst 65 Großstädte in Deutschland existierten, waren es Ende 2021 bereits 80.[92] Dieses Wachstum sorgt jedoch auch für Probleme in den Städten, denn mit der Größe der Stadt nehmen auch

---

[90] Vgl. DESTATIS (2022a).

[91] Vgl. Stewig (1988, S. 479 ff.).

[92] Vgl. Agora Verkehrswende (2020, S. 11).

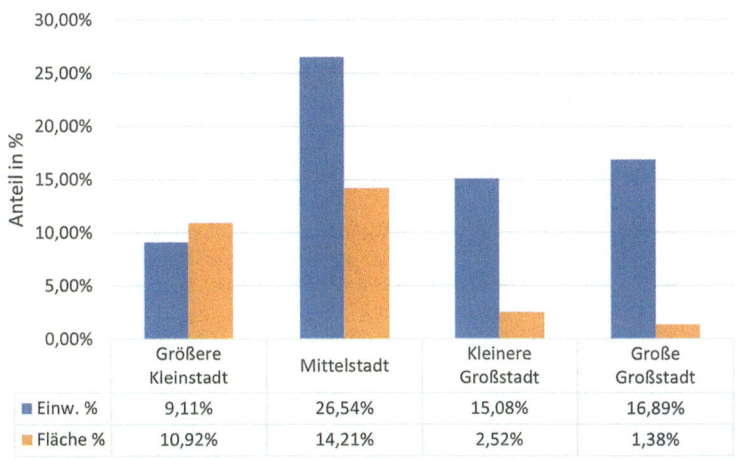

Abb. 2.6 Einwohner- und Flächenanteil der deutschen Städte an der gesamtdeutschen Einwohnerzahl und Fläche, nach Stadttypus. (Eigene Darstellung nach DESTATIS (2022a))

die mit ihr verbundenen Verkehrsströme zu. Mehr Dienstleistungen werden in Anspruch genommen und es entsteht ein erhöhter Bedarf an Konsumgütern, der gedeckt werden muss. Dies führt einerseits zu einer Belastung der städtischen Infrastruktur, da diese nicht in der Lage ist, im gleichen Maße wie die Verkehrsströme mitzuwachsen. Andererseits wird auch die in der Stadt lebende Bevölkerung durch die aus dem Verkehrsaufkommen resultierenden Umwelt-, Luft- und Lärmverschmutzungen belastet.[93] Entsprechend der wachsenden Verkehrsproblematik bei steigender Siedlungsdichte wird der Fokus der in diesem Buch thematisierten City-Logistik Konzepte auf Lösungsansätzen für Großstädte liegen.

2.5   Die städtischen Verkehrsströme

Wie bereits erwähnt, stellen Städte ein Zentrum für ihr Umland dar. Die Zentralität sorgt dafür, dass verschiedenartige Funktionen an einem Ort vereint aufzufinden sind. Damit strahlt die Stadt eine Anziehungskraft aus.[94]

---

[93] Vgl. Deckert (2016, S. 33) sowie Wolpert (2013, S. 23).
[94] Vgl. Kaupp (1997, S. 1).

Im Zuge der Wahrnehmung der städtischen Funktionen und der Sicherstellung ihrer Ver- und Entsorgung sind Ortsveränderungen von Menschen, Gütern und Nachrichten, und damit die Entstehung des (Güter)verkehrs, unvermeidbar. Der Verkehr ist also das notwendige Fundament für die Aufrechterhaltung der Zentralität und wird zugleich durch diese verursacht.[95] Kaupp (1997) fasst dementsprechend die urbanen Verkehrsströme zusammen als:

> „[…] die Gesamtheit der Vorgänge zur Veränderung des Aufenthaltsortes von Personen, Gütern und Nachrichten […], sofern sich deren ursprünglicher und/oder der angestrebte Aufenthaltsort in einer Stadt befindet."[96]

Ausgehend von dieser Beschreibung der gesamten Verkehrsbewegungen innerhalb von Städten, ist deren weitere Segmentierung hinsichtlich der in Kap. 3 vorgestellten City-LogistikKonzepte sinnvoll, da die Konzepte nicht allgemeingültig für alle urbanen Verkehrsströme als Lösung angewendet werden können. Vielmehr sind sie spezialisiert auf einzelne Verkehrssektoren. Die Aufteilung in die einzelnen Segmente findet zumeist auf Basis des Zwecks der Durchführung der Ortsveränderung und des zu transportierenden Objekts statt, weshalb dies auch hier ihre Anwendung findet.[97] Die Anwendung dieser Unterteilungskriterien auf alle materiellen Verkehrsströme innerhalb des Stadtgebiets resultiert in den in Tab. 2.3 dargestellten Segmenten.

Dem Wirtschafts- und Privatverkehr sind dabei weitere Komponenten untergeordnet. Eine genauere Betrachtung der Zusammensetzung jener beiden Segmente findet im Folgenden statt.

2.5.1 Der städtische Wirtschaftsverkehr

Rosenberger (2021) stellt fest, dass der Wirtschaftsverkehr bereits durch viele verschiedene Autoren definiert wurde. Deren Definitionen ähneln sich jedoch sehr und benutzen allesamt Schwerdtfeger (1976) als Ausgangspunkt[98], weshalb sich im Folgenden auf seine Kernaussagen gestützt wird. Eine Verkehrsleistung ist dann als Wirtschaftsverkehr zu kategorisieren, sobald ihr Ursprung ökonomischer Natur ist. Dies grenzt die private Bedürfnisbefriedigung des Verkehrsteilnehmers

---

[95] Vgl. Kaupp (1997, S. 1) sowie Rosenberger (2021, S. 27).

[96] Kaupp (1997, S. 7).

[97] Vgl. Kaupp (1997, S. 7).

[98] Vgl. Rosenberger (2021, S. 29 f.).

Tab. 2.3 Aufteilung des urbanen Verkehrs in Verkehrssegmente. (Eigene Darstellung nach Arndt, (2007), S. 171)

Verkehr im urbanen Raum			
Wirtschaftsverkehr		Privatverkehr	
Personenwirtschaftsverkehr	Dienstleistungsverkehr	Güterwirtschaftsverkehr	Personenverkehr (IV/ÖV)	Güterverkehr

als Ziel der Ortsveränderung klar aus.[99] In Bezug auf den urbanen Wirtschafts-
verkehr ist es notwendig zu ergänzen, dass sich der Ursprung und/oder das
Ziel der Tätigkeit im städtischen Gebiet befinden muss. Damit wird der reine
Transitverkehr durch die Stadt ausgeschlossen.[100]

Ebenso wie Arndt (2007) dreiteilt Schwerdtfeger (1976) den Wirtschaftsverkehr in die in Tab. 2.3 aufgelisteten Komponenten Personenwirtschafts-,
Güterwirtschafts- und Dienstleistungsverkehr. Dabei umfasst der

- *Personenwirtschaftsverkehr:* Sämtliche geschäftlichen Fahrten ohne die Beförderung von Gütern. Dazu zählen Geschäftsreisen und Dienstleistungsfahrten
  (beratende Funktion).
- *Güterwirtschaftsverkehr:* Solche Fahrten mit dem alleinigen Zweck des wirtschaftlichen Gütertransportes. Dies ist der städtische Ver- und Entsorgungs-
  verkehr, welcher der Anlieferung und Abholung von Waren dient.
- *Dienstleistungsverkehr:* Jene Verkehrsleistungen, bei denen sowohl Güter als
  auch Personen zum Zweck der Durchführung einer Dienstleistung transportiert
  werden. Dies gilt unter anderem für Kundendienste und Handwerksverkehr.[101]

Der Wirtschaftsverkehr verwendet im urbanen Raum größtenteils das durch die
Stadt zur Verfügung gestellte Straßennetz als Verkehrsweg.[102] Die Vorteile des
Verkehrsträgers Straße sind dabei die meist kurzen Entfernungen, verbunden
mit relativ niedrigen Transportzeiten, seine hohe Flexibilität sowie die optimale
Erreichbarkeit von Quelle und Senke beim Transport.[103]

2.5.2 Der städtische Privatverkehr

Der Privatverkehr lässt sich als Gegenstück zum Wirtschaftsverkehr identifizieren,
denn die durch ihn bezweckte Ortsveränderung zielt allein auf die Befriedigung
privater Bedürfnisse des Verkehrsteilnehmers selbst ab.[104] Auch hier gilt die
Ergänzung, dass sich Ursprung und/oder das Ziel der Tätigkeit im städtischen

---

[99] Vgl. Schwerdtfeger (1976, S. 6 f.) sowie Rosenberger (2021, S. 30).

[100] Vgl. Kaupp (1997, S. 8).

[101] Vgl. Schwerdtfeger (1976, S. 6) sowie Arndt (2007, S. 171) sowie Kaupp (1997, S. 7 f.).

[102] Vgl. Wolpert (2013, S. 18).

[103] Vgl. Wolpert (2013, S. 18) sowie Schulte (2013, S. 177).

[104] Vgl. Schwerdtfeger (1976, S. 6) sowie Arndt (2004, S. 171) sowie Rosenberger (2021,
S. 30).

Gebiet befinden muss, um als urbaner Privatverkehr zu gelten. Die Aufteilung des Privatverkehrs erfolgt gemäß Tab. 2.3 in den Personenverkehr und den Güterverkehr.

- Der private *Personenverkehr* beinhaltet unter anderem Verkehrsleistungen wie den Berufs-, Einkaufs-, Freizeit- sowie Urlaubsverkehr.
- Unter dem privaten *Güterverkehr* lassen sich private Umzüge und Entsorgungsverkehre zusammenfassen.[105]

2.5.3 Entwicklung der städtischen Verkehrsströme

Es wird deutlich, dass der Großteil der oben aufgeführten Verkehrskomponenten, sowohl aus dem Segment des Privatverkehrs als auch aus dem des Wirtschaftsverkehrs, die Straße als Verkehrsweg nutzt. Hierdurch entsteht eine Flächenkonkurrenz unter den einzelnen Komponenten, denn der zur Verfügung stehende Straßenraum in der Stadt ist limitiert.[106] Die Realisierung von City-LogistikKonzepten soll dem entgegensteuern und dazu beitragen, den städtischen Verkehrsraum zu entlasten. Konkret bedeutet dies, dass bei gleichbleibender Produktivität weniger Fahrten stattfinden sollen. Dafür wird zumeist eine Reorganisation der Güterdistribution der Stadt angestrebt, die sowohl die Ver- und Entsorgung der Stadt garantiert als auch die Funktionalität ihrer Verkehrswege wiederherstellt. Im Fokus von City-Logistik steht daher der Wirtschaftsverkehr, wobei dem städtischen Güterwirtschaftsverkehr eine zentrale Rolle zuteil wird.[107]
Produktivitätssteigerungen in dieser Komponente des Wirtschaftsverkehrs gehen einher mit einer verbesserten Situation der Stadt als Wirtschaftsstandort sowie einer Senkung der Belastung für die Bewohner der Stadt und die Umwelt. Die Organisation der urbanen Güterdistribution ist also sowohl unter ökologischen als auch ökonomischen und sozialen Gesichtspunkten von entscheidender Bedeutung.[108] Entsprechend diesem Fokus der City-Logistik Konzepte und der damit einhergehenden Relevanz im Sinne nachhaltiger Entwicklung entfällt im weiteren Verlauf dieses Buches die Betrachtung der Entwicklung des Privatverkehrs. Es sei an dieser Stelle jedoch kurz erwähnt, dass dieser im Bereich des Individualverkehrs ständig wächst. Als Grund dafür ist die zunehmende

---

[105] Vgl. Arndt (2007, S. 171).
[106] Vgl. Zimmermann et al. (2021, S. 14).
[107] Vgl. Wolpert (2013, S. 18).
[108] Vgl. Wolpert (2013, S. 18) sowie Allen & Browne (2007, S. 5).

Anzahl an Haushalten im Zuge der Urbanisierung zu identifizieren, die dazu führt, dass mehr Menschen ihren individuellen Bedürfnissen hinsichtlich Konsum, Alltagsgestaltung und Selbstverwirklichung nachgehen. Bedingt durch den demografischen Wandel bleibt dies auch bis ins hohe Alter so.[109] Im Zentrum stehen soll jedoch nun die quantitative Entwicklung des städtischen Wirtschaftsverkehrs, im speziellen die Entwicklung des Güterwirtschaftsverkehrs.

Im Gegensatz zum Privatverkehr gestaltet sich im urbanen Raum die Erfassung von quantitativen Daten über alle Komponenten des Wirtschaftsverkehrs hinweg jedoch als schwierig.[110] Die obig aufgeführte Abgrenzung anhand der Begriffe Verkehrszweck und Verkehrsobjekt ist zwar in der Theorie umsetzbar, bei Erhebungen in der Praxis bestehen allerdings Probleme bezüglich der eindeutigen Zuordnung einer Verkehrsleistung zu einer der Komponenten des Wirtschaftsverkehrs.[111] Nicht jeder Wirtschaftsverkehr ist direkt als solcher zu erkennen.[112] Dies stellt beispielweise in der Forschung zum Bereich des Personenwirtschafts- und Dienstleistungsverkehrs einen der beiden Gründe für einen Mangel an verwertbarer empirischer Grundlage dar. Der andere Grund ist der Unwille der für die Verkehrsleistung verantwortlichen Unternehmen, ihre sensiblen Unternehmensdaten zu teilen.[113] Selbst Erhebungen durch öffentliche und politische Institutionen der Kommunen schaffen keine Abhilfe gegenüber dem Mangel an verwertbaren Zahlen über den innerstädtischen Wirtschaftsverkehr. Dafür lassen sich die folgenden Gründe anführen.

Die Priorität städtischer Behörden liegt primär auf dem Personenverkehr, denn sie sehen die Belange privater Unternehmen nur zu einem geringen Grad in ihrem Verantwortungsbereich. Somit werden wenige Erhebungen ihrerseits durchgeführt.[114] Diese Priorisierung macht sich jedoch auch in den verfügbaren Statistiken kommunaler Behörden über den städtischen Wirtschaftsverkehr, besonders in Bezug auf die Systematik bei der Erhebung, bemerkbar. Die Daten dienen mehr dem eigenen Zweck, als dass sie die nötige Aussagekraft und Zuverlässigkeit aufweisen, die für weiterführende Analysen und Prognosen von Nöten

---

[109] Vgl. Bundesvereinigung Logistik (BVL) Österreich, Bundesvereinigung Logistik (BVL) e. V. (2014, S. 37) sowie Wolpert (2013, S. 25) sowie IHK Region Stuttgart (2020, S. 15).

[110] Vgl. Bergische Universität Wuppertal (2019) sowie Kaupp (1997, S. 9) sowie Zimmermann et al. (2021, S. 18).

[111] Vgl. Kaupp (1997, S. 9).

[112] Vgl. Wolpert (2013, S. 31).

[113] Vgl. Rosenberger (2021, S. 247 f.).

[114] Vgl. Wolpert (2013, S. 31).

wäre.[115] Die Organisation for Economic Co-operation and Development (OECD) stellte 2003 in einem Abschlussbericht bezüglich der Verringerung des städtischen Güterwirtschaftsverkehrs ähnliche Mängel fest. Das Ergebnis war, dass die öffentlichen Institutionen ihrer Mitgliedsstaaten weder genug qualitativ ausreichende Daten in Bezug auf die Komponenten des Wirtschaftsverkehrs noch Instrumente besitzen, welche ihre Erhebung sowie eine weiterführende Analyse möglich machen.[116] Die durch städtische Institutionen durchgeführten einfachen kommunalen Verkehrszählungen sind also nicht ausreichend. Sie lassen weder Rückschlüsse über Quelle und Senke der Fahrt noch über das beförderte Gut zu. Eine Unterscheidung ist dabei höchstens für PKW und LKW möglich.[117] Hinsichtlich der Tatsache, dass mannigfaltige Verkehrsmittel im Wirtschaftsverkehr genutzt werden, zum Beispiel auch PKW in Form leichter Nutzfahrzeuge für den Güterverkehr, stellt dies kein Indiz für eine eindeutige Zuordnung dar.[118]

Insofern lässt sich schlussfolgern/feststellen, dass eine detaillierte quantitative Erfassung der städtischen Wirtschaftsverkehrsleistungen und ihrer Entwicklung, aufgeteilt auf die einzelnen Komponenten dieses Verkehrssegments, nach derzeitigem Forschungsstand nicht möglich ist. Dies gilt somit auch im Rahmen dieses Buches zu beachten. Vor dem Hintergrund, dass der städtische Verkehrsraum durch die Reduzierung der Fahrten in das Stadtgebiet entlastet werden soll, kann jedoch sowohl die Entwicklung des Personenwirtschaftsverkehrs als auch die des Dienstleistungsverkehrs außer Acht gelassen werden. Begründet werden kann dies mit der primären Aufgabe der beiden Komponenten, welche den Ursprung für die Durchführung der Verkehrsbewegungen ihrerseits darstellt. Diese liegt in der Erstellung einer personengebundenen Dienstleistung zu einem definierten Zeitpunkt oder in einem definierten Zeitintervall.[119] Zwei Charakteristika der Dienstleistung müssen an dieser Stelle erwähnt werden. Zum einen können sie nur stattfinden, wenn ein externer Faktor in den Prozess eingebunden ist. Es muss also ein Nachfrager oder ein ihm gehörendes Objekt in den Dienstleistungsprozess integriert sein, an dem die Produktion stattfinden kann. Zum anderen gehört das „uno-acto"-Prinzip zu den Eigenschaften einer Dienstleistung. Dieses besagt, dass die Produktion und Leistungsübertragung synchron zueinander stattfinden müssen. Es ist also nicht möglich, die Leistung zu lagern, da sie im Moment der Erstellung bereits wieder vergangen ist. Der durch sie

---

[115] Vgl. Strauß (1997, S. 6 f.) sowie Erd (2015, S. 12).

[116] Vgl. OECD (2003, S. 9) sowie Erd (2015, S. 13 f.).

[117] Vgl. Zimmermann et al. (2021, S. 22 f.).

[118] Vgl. Kaupp (1997, S. 17).

[119] Vgl. Kaupp (1997, S. 10).

entstehende Nutzen bleibt dem Konsumenten jedoch über diesen Zeitpunkt hinaus für einen gewissen Zeitraum erhalten. Beide Merkmale resultieren darin, dass eine Dienstleistung nicht teilbar ist und an einem nicht veränderbaren Standort erbracht werden muss.[120] Dementsprechend ist die Verkehrsleistung zur Ortsveränderung nicht vermeidbar. Eine Reduzierung der Fahrten würde damit jedoch sowohl mit einer Abnahme der produzierten Dienstleistungen einhergehen als auch einer Minderung der Dienstleistungsqualität.[121]

Entwicklungstendenz des städtischen Güterwirtschaftsverkehrs in Deutschland

Die zentrale Rolle in City-LogistikKonzepten nimmt der städtische Güterwirtschaftsverkehr ein. Zwar gelten die Schwierigkeiten bezüglich einer qualitativ ausreichenden Datengrundlage im urbanen Raum ebenfalls für diese Komponente des Verkehrssegments Wirtschaftsverkehr, dennoch ist es mithilfe von Abschätzungen, unter anderem auf Basis der Entwicklung des Gesamtverkehrs, möglich, sich einen Eindruck der städtischen Güterwirtschaftsverkehrsströme hinsichtlich ihrer Entwicklungstendenzen zu verschaffen.[122]

Im Zuge dieser Abschätzungen werden zunächst die im Straßengüterverkehr verwendeten Fahrzeuge betrachtet. Bei diesen ist eine Unterteilung in zwei Typen möglich, namentlich die „Light Goods Vehicles" (LGV) und die „Heavy Goods Vehicles" (HGV). Im urbanen Bereich dominieren die LGV, mit einem zulässigen Gesamtgewicht von bis zu 3,5 t (t). Dies betrifft Lieferwagen, Kleintransporter und auch PKW.[123] Sie vereinen die Vorteile Schnelligkeit und Wendigkeit bei einem zugleich relativ großem Ladevolumen.[124] Seltener wird der Typ HGV (bzw. LKW) in der Stadt eingesetzt, welcher alle schweren Nutzfahrzeuge mit einem zulässigen Gesamtgewicht von mehr als 3,5 t umfasst.[125] Betrachtet man die Statistik über den Nutzfahrzeugbestand in Deutschland des Kraftfahrt-Bundesamtes (KBA) im Fünf-Jahres-Vergleich 2018 zu 2022, fällt nämlich auf, dass der Gesamtbestand an Fahrzeugen der Typen LGV und HGV im erwähnten Zeitraum von ca. 3,03 Mio. auf ca. 3,55 Mio. angestiegen ist (siehe Abb. 2.7).

Dabei findet diese Steigerung vor allem durch ein Wachstum von etwa 20,72 % (ca. 518.000 Fahrzeugen) im LGV-Bereich statt, der ohnehin schon dominant im

---

[120] Vgl. Haller (2010, S. 8 f.).

[121] Vgl. Kaupp (1997, S. 10).

[122] Vgl. Kaupp (1997, S. 16 f.).

[123] Vgl. Wolpert (2013, S. 35 f.).

[124] Vgl. KBA (2012).

[125] Vgl. Wolpert (2013, S. 35 f.).

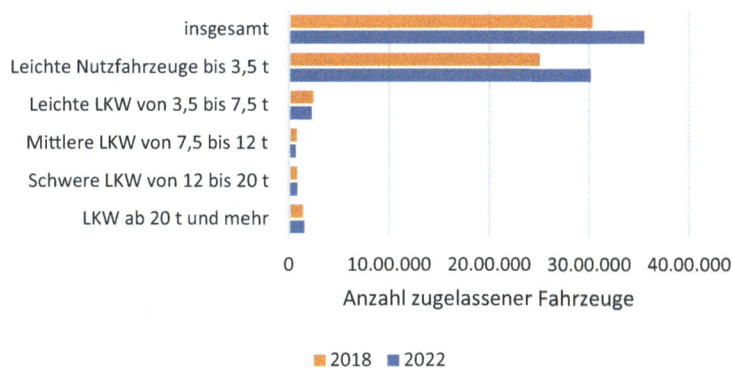

Abb. 2.7 Nutzfahrzeugbestand in Deutschland: Vergleich der Jahre 2018 und 2022. (Eigene Darstellung nach KBA (2018a/2022a))

urbanen Raum auftritt. Die Summe an zusätzlichen LGV ist nahezu äquivalent zu dem Anstieg im gesamten Nutzfahrzeugbestand von 2018 zu 2022. Zugleich ist der Bestand an HGV bei den leichten und mittleren LKW gesunken.[126] In Anbetracht der hohen Anschaffungskosten von Fahrzeugen wird davon ausgegangen, dass das Gros der vorhandenen Fahrzeuge regelmäßig, sogar täglich, eingesetzt wird.[127] Andererseits bemerkte das KBA bereits 2018, dass Kleintransporter bauartbedingt auch als PKW zugelassen werden können. Nichtsdestotrotz sind sie dann durch ihre Eigenschaften ebenso als gewerbliche Fahrzeuge geeignet, sodass nicht ausgeschlossen werden kann, dass dies zuweilen auch durch die Halter genutzt wird.[128]

Um einen Eindruck über den Güterwirtschaftsverkehr im urbanen Raum zu erlangen, kann auch die Betrachtung des gesamtdeutschen Aufkommens dieser Verkehrskomponente neben der Entwicklung des Nutzfahrzeugbestandes sinnvoll sein. Im Fokus steht dabei der Verkehrsträger Straße, da der Güterwirtschaftsverkehr in Städten, wie bereits zu Beginn von Abschn. 2.5.1 erwähnt, überwiegend auf dieser stattfindet. Für die Erhebung und Auswertung der jährlich beförderten Gütermenge innerhalb Deutschlands ist seit 2009 ebenfalls das KBA verantwortlich. Die Daten sind aufzufinden in der sogenannten amtlichen Güterkraftverkehrsstatistik. Erfasst werden für diese die Ladungs- und Leerfahrten sowie die dabei transportierten Güter,

---

[126] Vgl. KBA (2018a), sowie KBA (2022a, b).

[127] Vgl. Zimmermann et al. (2021, S. 19).

[128] Vgl. KBA (2018b).

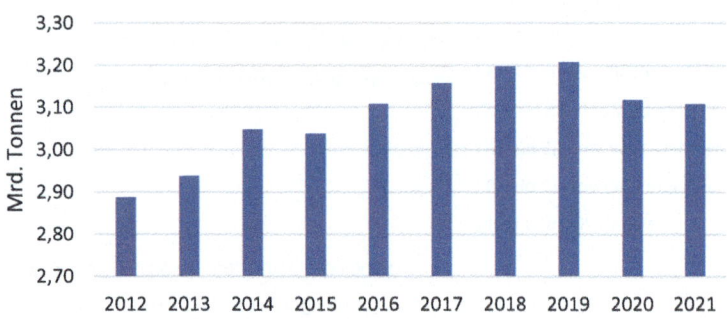

Abb. 2.8 Jährlich beförderte Gütermenge deutscher LKW (HGV) von 2012 bis 2021. (Eigene Darstellung nach KBA (2022b))

welche durch die im Zentralen Fahrzeugregister (ZFZR) aufgenommenen Lastkraft-fahrzeuge ab einer Nutzlast von 3,5 t durchgeführt wurden. Die Erhebung der Daten findet mittels einer kontinuierlichen Stichprobenbefragung über das ganze Jahr ver-teilt statt, wobei für die Halter und Fahrer der zufällig ausgewählten Fahrzeuge eine Auskunftspflicht besteht.[129] In Abb. 2.8 ist die jährlich beförderte Gütermenge der vergangenen zehn Jahre dargestellt.

Bei ihrer Betrachtung lässt sich feststellen, dass die über den Verkehrsträger Straße beförderte Gütermenge von 2012 bis 2019 nahezu kontinuierlich angestiegen ist. Im Jahr 2020 fand jedoch ein starker Einbruch statt, der auf die Corona-Pandemie und die damit einhergehenden Einschränkungen zurückzuführen ist. Dieser Ein-bruch setzte sich bis ins Jahr 2021 fort, obwohl zunächst ein Wachstum im Gegensatz zum Vorjahr erwartet wurde. Die Pandemie erschwert also eine Prognose bezüg-lich der zukünftigen Entwicklung der über die Straße transportieren Gütermenge. Doch auch die anderen Verkehrsträger Schiene, Luft und See werden negativ durch Corona beeinflusst.[130] Dies führte dazu, dass der Marktanteil des LKW-Verkehrs an der gesamten Verkehrsleistung im Güterverkehr trotz des Einbruchs in der transportierten Gütermenge, im Jahr 2021 so hoch war wie nie zuvor.[131]

Um die Aussagekraft der Entwicklung des gesamten straßengebundenen Güter-wirtschaftsverkehrs auf den urbanen Raum richtig einschätzen zu können, muss angemerkt werden, dass die Statistik des KBA lediglich Fahrzeuge über 3,5 t Gesamtgewicht berücksichtigt. Die erfassten Gütermengen gelten demnach nur für

---

[129] Vgl. BMDV (2022).

[130] Vgl. DB Cargo AG (2021).

[131] Vgl. Allianz pro Schiene e. V. (2021).

den Transport mittels HGV und die vorzugweise im städtischen Raum eingesetzten LGV finden in dieser Statistik keine Berücksichtigung. Nichtsdestotrotz kann aus den oben aufgeführten Entwicklungen hinsichtlich des Nutzfahrzeugbestandes sowie des gesamten straßengebundenen Güterwirtschaftsverkehrs geschlussfolgert werden, dass der Güterwirtschaftsverkehr in den Städten zunimmt. Der Bestand und damit auch der Einsatz an LGV, welche überwiegend im Güterwirtschaftsverkehr des städtischen Raums eingesetzt werden, hat deutlich zugenommen. Visser et al. (2018) sieht die Begründung dafür unter anderem in den geringeren Regulationen denen LGV unterliegen, den niedrigeren Unterhaltskosten und den nicht nötigen Erwerb eines speziellen Führerscheins zur Bewegung von Fahrzeugen über 3,5 t zulässigem Gesamtgewicht.[132] Bei einem gleichzeitigen Rückgang von kleineren HGV sorgt die Zunahme von LGV einerseits für eine Verringerung der durch das KBA erfassten Gütermengen, da letztgenannte in dieser nicht berücksichtigt werden. Andererseits bewirkt ein verstärkter Einsatz von Fahrzeugen mit geringerem Ladevolumen bei gleichbleibender Sendungsmenge eine Erhöhung der Fahrtenanzahl. Damit nimmt der Verkehr ebenso wie Staus zu.[133] Somit sorgt auch der pandemiebedingte leichte Rückgang in der Sendungsmenge nicht für einen solchen bei den mit der Stadt verbundenen Güterverkehrsströmen.

2.5.4   Zunahme städtischer Güterwirtschaftsverkehrsströme – Wirtschaftliche Probleme und sozial-ökologische Immissionen

Auch die folgenden aufgeführten Entwicklungstendenzen inklusive der damit verbundenen Probleme bestätigen die Annahme, dass die Güterwirtschaftsverkehrsströme im urbanen Raum zunehmen. Dabei fällt auf, dass einige der aufgeführten Probleme sich gegenseitig beeinflussen und dadurch verschärfen.

Im Handel ist festzustellen, dass sich dieser immer mehr vom stationären in den Onlinebereich verschiebt. Im Business-to-Consumer Bereich (B2C) werden die Produkte somit nicht mehr direkt im Geschäft gekauft, sondern im Zuge des E-Commerce direkt zum Endkunden nach Hause geliefert. Dies betrifft logistisch anspruchsvollere Warengruppen (FMCG[134], Haushaltswaren, Möbel,

---

[132] Vgl. Visser et al. (2018, S. 42).

[133] Vgl. Kaupp (1997, S. 17) sowie Visser et al. (2018, S. 42).

[134] FMCG: Fast Moving Consumer Goods (dt. Güter des täglichen Bedarfs).

Elektrogeräte) ebenso wie kleinteilige Sendungen im Kurier-, Express- und Paket-
dienstgeschäft (KEP).[135] Allein im Zeitraum von 2017 bis 2021 hat sich die Zahl
der zugestellten Pakete von 2,8 Mrd. auf 3,87 Mrd. erhöht, was einer Steigerung von 37,85 % in nur fünf Jahren entspricht. Ein Ende des Wachstums des
Onlinehandels im B2C-Segment ist dabei nicht abzusehen, vielmehr fand eine
deutliche Verstärkung dieses Trends im Zuge der Corona-Pandemie statt.[136] Dies
spiegelt sich auch im Bereich der FMCG und Haushaltswaren wider, in dem sich
in den letzten Jahren neue Lieferservices etabliert haben, welche die Supermarkt-
einkäufe in kurzer Zeit nach Hause liefern.[137] Doch der Onlinehandel intensiviert
den städtischen Güterwirtschaftsverkehr nicht nur durch die mit ihm verbundenen
Sendungsmengen. Durch ihn findet im Sinne der wirtschaftlichen Interessen des
Handels auch eine Anpassung der logistischen Prozesse und Abläufe statt, welche
sowohl den B2C als auch den Business-to-Business (B2B) Bereich beeinflussen.
Der Lieferbereitschaftsgrad gilt als Produktmerkmal, wodurch hohe Anforderun-
gen an die Warenverfügbarkeit entstehen. Um diese erfüllen zu können, erfolgt
der Einsatz von kontinuierlichen Nachschubstrategien sowie Just-in-Time (JIT).
Damit geht auch eine Änderung der Sendungsstruktur einher. Die Bestellmenge
wird verringert während zugleich die Frequenz der Bestellungen zunimmt. Neben
der hohen Warenverfügbarkeit ermöglicht diese Struktur dem Handel, seine Kapitalbindungskosten zu senken und den Lagerraum zu reduzieren. Dies gereicht ihm
in Anbetracht der hohen Mietkosten für Lagerraum, besonders in der Innenstadt,
zum Vorteil.[138] Auf die Transporteure und das Verkehrsgeschehen in der Stadt
wirkt sich diese Entwicklung jedoch negativ aus. Ihre Distributionskosten steigen an, während der Auslastungsgrad der Fahrzeuge abnimmt. Die Fahrzeuge
fahren stattdessen öfter in die Stadt, wodurch der Umfang der Güterwirtschafts-
verkehre zunimmt. Der Lieferverkehr wird demnach ineffizient. Zugleich kann
die für diese Strategien benötigte Flexibilität nur durch den Verkehrsträger Straße
gewährleistet werden, was die Flächenkonkurrenz verschärft.[139]

Auch wenn die Entwicklung der Sendungsmengen und die Änderung in der
Sendungsstruktur das Bild zeichnen, dass besonders die KEP-Dienstleister aus

---

[135] Vgl. Wolpert (2013, S. 26 f.) sowie IHK Region Stuttgart (2020, S. 11).

[136] Vgl. Bundesverband Paket & Expresslogistik e. V. (2018, S. 11 f.) sowie Bundesverband
Paket & Expresslogistik e. V. (2022, S. 11 f.).

[137] Vgl. Zimmermann et al. (2021, S. 22).

[138] Vgl. Deckert (2016, S. 33) sowie Wolpert (2013, S. 26 f.) sowie Bundesvereinigung
Logistik e. V. (2018, S. 38).

[139] Vgl. Wolpert (2013, S. 26 f.).

dem B2C-Bereich einen Großteil des städtischen Güterwirtschaftsverkehrs herbei-
führen, ist dies in der Realität jedoch anders. Zwar sind sie deutlich wahrnehmbar
im Straßenverkehr, allerdings sind die Zustellfahrzeuge lediglich in Spitzenzei-
ten zu 100 % ausgelastet. Dementsprechend sind sie meist in der Lage, die
Zuwächse durch vorhandene Kapazitäten aufzufangen. Der Großteil der LGV
in der Stadt kommt also nicht aus dem KEP-Bereich. Nichtsdestotrotz liefern
sie ihren Beitrag zur Belastung des städtischen Verkehrsraums.[140] Die Änderung
der Sendungsstruktur hat dagegen besonders im B2B-Bereich einen starken Einfluss. Die Belieferung von Supermärkten und Discountern findet vermehrt in der
obig erwähnten höheren Frequenz statt, sodass große Supermärkte mit mehreren
Nutzfahrzeugen unterschiedlicher Größe am gleichen Tag beliefert werden. Somit
trägt diese Entwicklung wesentlich zur Verkehrsbelastung in der Stadt bei.[141]

Die aus ökonomischer Sicht ineffiziente Nutzung von Lieferfahrzeugen entsteht jedoch nicht nur durch die zunehmende Fragmentierung in der Sendungsstruktur, sondern auch im B2B-Bereich bedingt durch Engpassprobleme an
der Empfängerrampe als auch durch Lieferbeschränkungen.[142] Im städtischen
Bereich ist der verfügbare Raum knapp und die Straßeninfrastruktur stößt an
ihre Grenzen. Dasselbe gilt auch für die verfügbaren Be- und Entladezonen des
Handels. Die Zunahme des Verkehrsaufkommens, sowohl im Individualverkehr
als auch im Wirtschaftsverkehr, geht mit einer Verringerung der verfügbaren
Warenübergabeflächen einher.[143] Die vorhandenen Flächen werden zudem durch
andere Verkehrsteilnehmer fehlbelegt. Häufig geschieht dies, wenn die Ladezonen
außerhalb ihres Nutzungsfensters als normale Parkfläche verwendet werden, meist
über Nacht. Dies führt zu einer Behinderung des morgendlichen Lieferverkehrs.
Die Be- und Entladezonen sind dementsprechend hinsichtlich ihrer verfügbaren
Anzahl in unzureichender Menge für den Lieferverkehr vorhanden, sodass sich
die Warenübergabe erzögert. Dies führt zu Staus an der Rampe, resultierend in
langen Wartezeiten für die Transporteure.[144]

---

[140] Vgl. Zimmermann et al. (2021, S. 21 f.) sowie Bergische Universität Wuppertal (2019).

[141] Vgl. Zimmermann et al. (2021, S. 20).

[142] Vgl. Wolpert (2013, S. 27) sowie Bundesvereinigung Logistik e. V. (2018, S. 37 f.).

[143] Vgl. Wolpert (2013, S. 27) sowie Bundesvereinigung Logistik e. V. (2018, S. 37 f.).

[144] Vgl. Bundesanstalt für Straßenwesen (BASt) (2016, S. 7) sowie LNC LogisticNetwork
Consultants GmbH, Fraunhofer-Institut für Materialfluss und Logistik IML (2020, S. 18 f.).

Wartezeit Als Wartezeit bezeichnet der Transporteur in der Regel den Zeitraum von Eintreffen des Lieferfahrzeugs beim Kunden bis zum Beginn der Be- oder Entladung an der Laderampe.[145]

Aufgrund dieses Umstands verringert sich die wirtschaftliche Effizienz der von ihnen genutzten Fahrzeuge. Das Problem langer Wartezeiten tritt besonders auf, wenn zusätzlich die Koordination der Rampenverfügbarkeit seitens des Verladers ungenügend ist.[146] Eine Erweiterung der Ladebereiche ist allerdings aufgrund der Verdichtung der Stadt häufig nicht realisierbar. In Ermangelung geeigneter Flächen sehen sich die Lieferfahrzeuge daher oft gezwungen, in zweiter Reihe oder nicht ausgewiesenen Bereichen zu halten. Der Verkehrsfluss sowie die Verkehrssicherheit werden dadurch weiter negativ beeinträchtigt.[147]

Erschwert wird die Erbringung der Transportleistung sowie die Effizienz der Fahrzeuge im Lieferverkehr zudem durch die Einführung von Beschränkungen hinsichtlich Lieferzeit und -ort. Lieferzeitfenster werden entweder durch den Handel selbst vorgegeben oder durch die öffentlichen Behörden, wobei die Lieferortbeschränkungen dagegen nur in den Verantwortungsbereich letzterer fallen. Die öffentlichen Stellen zielen mit den Beschränkungen auf eine Reduzierung der Verkehrsbelastung und von Verkehrsbehinderungen ab.[148] Beschränkungen dieser Art werden am häufigsten hinsichtlich städtischer Lieferverkehrsregulierung verwendet. Sie besitzen allein jedoch nur begrenzt das Potenzial zur Entlastung des städtischen Verkehrsraums, vielmehr bergen sie auch Nachteile und können sogar das Gegenteil des gewünschten Effekts bewirken. Anführen lassen sich dafür folgende Gründe. Durch Verzögerungen und Staus auf den Straßen kann es einerseits dazu kommen, dass die engen Lieferzeitfenster verpasst werden und eine Zustellung nicht möglich ist. Andererseits kann sich der Transporteur, um die Liefertermine einzuhalten, dazu genötigt fühlen, die Lieferortsbeschränkungen zu ignorieren und auf nicht dafür ausgewiesenen Flächen zu parken, die näher am zu beliefernden Handelsunternehmen liegen. Dafür wird durch den Lieferverkehr sogar ein Bußgeld wissentlich in Kauf genommen. Die geplante Minderung von Verkehrsbehinderungen wird durch diese Maßnahmen somit nicht erreicht.[149] Für die Transporteure ist es weiterhin häufig notwendig, eine größere

---

[145] Vgl. Wittenbrink (2015, S. 202).

[146] Vgl. Wolpert (2013, S. 27) sowie Bundesvereinigung Logistik e. V. (2018, S. 37 f.).

[147] Vgl. Bundesanstalt für Straßenwesen (BASt) (2016, S. 16).

[148] Vgl. Bundesvereinigung Logistik e. V. (2018, S. 37 f.).

[149] Vgl. Ballantyne & Lindholm (2014, S. 43) sowie LNC LogisticNetwork Consultants GmbH, Fraunhofer-Institut für Materialfluss und Logistik IML (2020, S. 19).

Anzahl an Fahrzeuge einzusetzen, damit die Versorgung aller Kunden innerhalb der Lieferzeitfenster sichergestellt werden kann. Ohne Lieferzeitfenster wäre die Belieferung mit einem Fahrzeug möglich. Dies führt wiederum dazu, dass die Fahrzeuge nicht optimal ausgelastet werden können und die Transportplanung erschwert wird. Zugleich nimmt der Lieferverkehr in der Stadt zu. Die Verkehrsbelastung steigt somit an, anstatt wie durch die Beschränkungen geplant, zu sinken.[150]

Eine weitere Problematik stellt die deutlich zeitliche Heterogenität der Verkehrsströme im urbanen Raum dar.[151] Es findet eine starke Konzentration von Verkehrsbewegungen in einem bestimmten Tageszeitraum statt, während die Straßeninfrastruktur über den Rest des Tages verteilt, weniger in Anspruch genommen wird und dann freie Kapazitäten aufweist. Dieser Belastungszeitraum liegt in etwa zwischen 8:00 Uhr und 12:00 Uhr. Seine Entstehung ist auf die zeitliche Überschneidung der überwiegend vormittags stattfindenden städtischen Versorgungsverkehre und des privaten Personenverkehrs (hauptsächlich Berufsverkehr) zurückzuführen.[152] Da bei einer zunehmenden Anzahl Menschen der Arbeitsplatz nicht mehr in unmittelbarer Nähe des Wohnorts liegt und sie im Zuge der morgendlichen Pendlerbewegungen die Hauptverkehrsachsen der Stadt verwenden, beeinflusst der private Personenverkehr den städtischen Lieferverkehr. Die Überschneidungen tragen somit wesentlich zur Überlastung des Straßenverkehrsnetzes bei, was in Verkehrsbehinderungen, zähfließendem Verkehr sowie Staus inklusive Stop-and-Go-Verkehr resultiert.[153]

Als Gründe dafür, dass der städtische Güterwirtschaftsverkehr trotz dieser bekannten Problematik in konzentrierter Form am Vormittag durchgeführt wird, können die bereits oben thematisierten Lieferzeit- und Lieferortsbeschränkungen angeführt werden.[154] Die Lieferzeitfenster werden durch den Handel häufig auf diesen frühen Zeitraum gelegt, da sie normalerweise vor Beginn der Ladenöffnungszeiten liegen. Durch einen Mangel an Ausweichoptionen bleibt dem

---

[150] Vgl. Ballantyne & Lindholm (2014, S. 43 f.).

[151] Vgl. Wolpert (2013, S. 31.).

[152] Vgl. Kaupp (1997, S. 15 f.).

[153] Vgl. LNC LogisticNetwork Consultants GmbH, Fraunhofer-Institut für Materialfluss und Logistik IML (2020, S. 20).

[154] Vgl. Kaupp (1997, S. 16).

städtischem Versorgungsverkehr keine andere Wahl, als die Güter im vormittäglichen Zeitrahmen zuzustellen, auch wenn seine Wirtschaftlichkeit durch die oben bereits erläuterten Nachteile leidet.[155]

Emissionen und Immissionen des zunehmenden Güterwirtschaftsverkehrs
Der zunehmende städtische Güterwirtschaftsverkehr hat mannigfaltige negative Auswirkungen auf die Nachhaltigkeit, die Stadt und die mit ihr verbundenen Interessensgruppen. Diese sind sowohl ökonomischer, ökologischer als auch sozialer Natur.[156] Während die Auswirkungen auf die Wirtschaft bereits in den oben aufgeführten Problemen thematisiert wurden, geschieht dies nun vor allem im Hinblick auf den ökologischen und den sozialen Aspekt. Die Einwirkungen auf Menschen, Tiere, Ökosysteme sowie auf Kulturgüter und soziale Infrastruktur werden gemäß § 3 des Bundes-Immissionsschutzgesetzes(BImSchG) als Immissionen bezeichnet. Als Emissionen definiert es die von der Quelle ausgehenden Verunreinigungen, Geräusche etc., die für den Auftritt der Immissionen verantwortlich sind. Immissionen werden als schädlich bezeichnet, sobald sie über ein bestimmtes hinzunehmendes Ausmaß hinausgehen.

Der urbane Frachtverkehr weist eine hohe Flächeninanspruchnahme der städtischen Infrastruktur auf, in Form von u.a. Straßen- und Ladeflächen. Dafür ist die Versiegelung von Bodenflächen nötig, was als Schaden an der Umwelt einzuordnen ist, denn das Naturkapital geht dabei verloren und wird durch ökonomisches Kapital ersetzt. Da die Infrastruktur jedoch unabdingbar für die Ver- und Entsorgung der Stadt ist, ist eine Vermeidung der Versiegelung für die nötige Infrastruktur nach derzeitigem Stand nicht möglich.[157]

Umweltimmissionen entstehen zudem durch die eingesetzten Fahrzeuge bei der Güterbeförderung. Der Großteil von ihnen, sowohl LGV als auch HGV, verfügt über einen Dieselantrieb.[158] Zur Erbringung der Verkehrsleistung im straßengebundenen Güterwirtschaftsverkehr werden also sowohl außerhalb als auch innerhalb von Stadtgrenzen primär fossile Brennstoffe verwendet. Diese stellen eine nichterneuerbare Ressource dar, die beim Einsatz verbraucht wird und unwiederbringlich verloren geht. Aufgrund dessen sollte ein schonender bis vermeidender Umgang

---

[155] Vgl. LNC LogisticNetwork Consultants GmbH, Fraunhofer-Institut für Materialfluss und Logistik IML (2020, S. 20.).

[156] Vgl. Quak (2010, S. 37).

[157] Vgl. Deckert (2016, S. 20 f.).

[158] Vgl. LNC LogisticNetwork Consultants GmbH, Fraunhofer-Institut für Materialfluss und Logistik IML (2020, S. 21) sowie Browne et al. (2010, S. 5915).

mit diesen Ressourcen angestrebt werden, der dann über die reine Energieeffizienz hinausreicht.[159]

Energieeffizienz Die Reduzierung des Energieeinsatzes bei gleichbleibender Leistung.[160]

Durch das Wachstum des städtischen Güterverkehrs geschieht jedoch das Gegenteil: ein als kritisch anzusehender Anstieg in der Verwendung fossiler Brennstoffe und im Verbrauch ökologischen Kapitals. Dieses Wachstum hat hinsichtlich des Ressourcenverbrauchs auch aus ökonomischer Sicht bestimmte Konsequenzen und damit ebenso einen Einfluss auf das ökonomische Kapital. Die Transporteure sehen sich stetig steigenden Energiekosten ausgesetzt, während sie mehr Fahrzeuge mit geringerer Auslastung betreiben müssen, um die urbanen Räume zu versorgen. Die Verwendung fossiler Brennstoffe für den Betrieb ihrer Fahrzeuge sorgt dahingehend für eine sinkende Kostendeckung und abnehmende Wirtschaftlichkeit ihres Betriebs.[161]

Mit dem Verbrennungsprozess von Kraftstoffen geht weiterhin die Freisetzung von Gasen und Luftschadstoffen einher. Ihre Emission hat sowohl global schädigende Auswirkungen auf die Umwelt und das Klima als auch negative lokale Konsequenzen in Form der Gesundheitsgefährdung der Bewohner und Besucher der Stadt.[162] Sie emittieren bei der Vollbringung ihrer Verkehrsleistung einerseits Treibhausgase, darunter vor allem Kohlenstoffdioxid (CO_2).[163] Der Ausstoß von CO_2 führt zu Veränderungen in der Erdatmosphäre, wodurch es wesentlich zu Klimaveränderungen beiträgt und damit den dauerhaften Erhalt des ökologischen Kapitals gefährdet (siehe Abschn. 2.2.1). LGV und HGV haben im Vergleich zu Passagierfahrzeugen zwar nur einen geringen Anteil an der gesamten Fahrleistung innerhalb von Städten, dennoch ist ihr Beitrag zu den Emissionen signifikant.[164] Verdeutlicht wird dies bei Betrachtung der gesamten CO_2-Emissionen aller EU-Mitgliedsstaaten zwischen 2012 und 2019 in Relation zu den CO_2-Emissionen aller Straßenverkehrsmittel der Staaten im gleichen Zeitraum. Zwar sind die

---

[159] Vgl. Deckert (2016, S. 18).

[160] Vgl. Deckert (2016, S. 19).

[161] Vgl. Bundesvereinigung Logistik (BVL) Österreich, Bundesvereinigung Logistik (BVL) e. V. (2014, S. 38).

[162] Vgl. Deckert (2016, S. 20).

[163] Vgl. Bundesvereinigung Logistik e. V. (2018), sowie Fraunhofer-Institut für Materialfluss und Logistik IML (2017, S. 24) sowie Deckert (2016, S. 20).

[164] Vgl. Wolpert (2013, S. 23 f.) sowie Fraunhofer-Institut für Materialfluss und Logistik IML (2017, S. 24).

Gesamtemissionen um ca. 10 % gesunken (auf 3511 Mio. t). Zugleich ist der straßenverkehrsbedingte CO_2-Ausstoß durch die Verbrennung von Kraftstoffen jedoch von 729,4 Mio. t auf 783,6 Mio. t gestiegen (ca. 7 %). Somit betrug der Anteil des Straßenverkehrs an den Gesamtemissionen der EU im Jahr 2019 ca. 25 %. Von seinen emittierten Tonnen lassen sich 293,9 Mio. (37,5 %) auf Transportleistungen von LGV und HGV zurückführen, welche individuell zwischen 2012 und 2019 ebenfalls ein Wachstum bei den CO_2-Emissionen aufweisen. Bei LGV betrug dieses 3,4 % (auf 85,4 Mio. t) und bei HGV ca. 6,1 % (auf 208,5 Mio. t).[165]

Neben CO_2 emittieren LGV und HGV bei der Kraftstoffverbrennung weitere Gase wie Stickstoffoxide (NO_x). Zudem gelangen Partikel wie Feinstaub (PM) in die Luft.[166] Feinstaub wird je nach Durchmesser der Partikel in PM10 ($\varnothing$ = 10 μm) und PM2,5 ($\varnothing$ = 2,5 μm) differenziert. Ihre Emission erfolgt in verdichteten urbanen Gebieten primär durch den Straßenverkehr. PM-Partikel entstehen dabei einerseits, wie obig bereits erwähnt, verbrennungsbedingt im Motorraum und werden anschließend in die Luft freigesetzt. Dies geschieht vorrangig bei Dieselmotoren, wodurch der Beitrag des Güterwirtschaftsverkehrs in Bezug auf den Ausstoß von Gasen und Schadstoffen verdeutlicht wird. Andererseits entstehen im Straßenverkehr nicht-verbrennungsbedingte Partikel, welche abseits der mit dem Motor in Verbindung stehenden Prozesse in die Luft gelangen. Ihre Emission erfolgt im Zuge des Abriebs von Bremsen und Reifen, aber auch durch die Aufwirbelung des auf der Straßenoberfläche befindlichen Staubs natürlichen Ursprungs (z. B. durch Bodenerosion).[167]

Sowohl NO_x als auch PM haben gesundheitsschädliche Auswirkungen, wenn sie langfristig in einer erhöhten Konzentration durch den Menschen eingeatmet werden, beispielsweise Atemwegs- und Herz-Kreislauf-Erkrankungen bis zu einem erhöhten Krebsrisiko.[168] Aufgrund dessen ist der Ausstoß von umwelt- und gesundheitsgefährdender Luftschadstoffen, bei gleichzeitiger Zunahme der Verkehrsströme sowie den damit einhergehenden Verkehrsbehinderungen und Staus, besonders kritisch zu betrachten. Denn es ist festzustellen, dass je geringer der Verkehrsfluss ist, desto höher wird die Emission der Fahrzeuge während der

---

[165] Vgl. Europäische Union (2022, S. 138).

[166] Vgl. Bundesvereinigung Logistik e. V. (2018), sowie Fraunhofer-Institut für Materialfluss und Logistik IML (2017, S. 24) sowie Deckert (2016, S. 20).

[167] Vgl. Umweltbundesamt (2022a), sowie Hinterhofer (2014, S. 2).

[168] Vgl. Fraunhofer-Institut für Materialfluss und Logistik IML (2017, S. 24) sowie Bundesvereinigung Logistik (BVL) Österreich, Bundesvereinigung Logistik (BVL) e. V. (2014, S. 39) sowie Allen et al. (2018, S. 28) sowie Umweltbundesamt (2022a).

Erbringung ihrer Verkehrsleistung. Berechnungen der Bundesvereinigung Logistik (BVL) zufolge erhöht sich der Ausstoß von CO_2, NO_x und PM bereits bei dichtem Verkehr um ca. zehn Prozent. Stop-and-Go Verkehr im Zuge von Staus führt jedoch zu einer drastischen Steigerung der Emissionen, bei CO_2 um bis zu 108 %, bei NO_x um bis zu 69 % und bei PM um bis zu 101 %.[169] Logistikverbände wie der Bundesverband Güterkraftverkehr Logistik und Entsorgung (BGL) e. V. betonen, dass die heute auf den Straßen fahrenden Nutzfahrzeuge in Bezug auf Schadstoffemissionen die saubersten sind, die es jemals gab.[170] Verantwortlich dafür sind Verbesserungen hinsichtlich Motoren und Abgastechnik, die zu einer Verringerung des Schadstoffausstoßes des einzelnen Fahrzeugs führen. Allerdings werden diese Vorteile durch den bereits erwähnten Anstieg der Fahrzeuganzahl von Nutzfahrzeugen und das generell steigende Verkehrsaufkommen mindestens egalisiert.[171] Insofern führt der zunehmende Güterwirtschaftsverkehr in der Stadt durch seine Schadstoffemissionen zu einer Beeinträchtigung der Wohn- und Lebensqualität ihrer Einwohner, wenn er mit herkömmlichen Dieselfahrzeugen durchgeführt wird. Dies wirkt sich negativ auf das Sozialkapital aus, da die Lebensqualität unter anderem auf dem Erhalt der physischen Gesundheit des Individuums basiert (siehe Abschn. 2.2.1).

Doch nicht nur die Luftschadstoffe können als Beeinträchtigung der Lebensqualität und damit des Sozialkapitals durch den urbanen Frachtverkehr angesehen werden. Ebenso emittiert er Verkehrslärm, welcher durch die Bevölkerung zumeist als unangenehm bis störend empfunden wird.[172] Er betrifft jedoch nicht nur das subjektive Wohlbefinden, vielmehr ist er auf Dauer für den gesamten menschlichen Organismus schädlich. Bereits bei niedrigen Schallpegeln kann er, je nach Empfinden des Individuums, körperlichen Stress bewirken, dessen Hormone in den Stoffwechsel des Organismus eingreifen. Ist der Mensch dem Verkehrslärm für eine längere Zeit ausgesetzt, können auf Dauer psychische und physiologische Folgen wie Schlafstörungen, Depressionen sowie Herz-Kreislauf-Erkrankungen entstehen. Ein Tagesmittelwert des Geräuschpegels von 55 Dezibel(A) ist noch als gesundheitsverträglich einzustufen. Oben

---

[169] Vgl. Bundesvereinigung Logistik e. V. (2018).

[170] Vgl. Bundesverband Güterkraftverkehr Logistik und Entsorgung (BGL) e. V. (2021, S. 6).

[171] DESTATIS (o. D.).

[172] Vgl. Bundesvereinigung Logistik (BVL) Österreich, Bundesvereinigung Logistik (BVL) e. V. (2014, S. 39).

Tab. 2.4 Immissionsrichtwerte innerhalb städtischer Flächen. (Eigene Darstellung nach TA Lärm (1998))

Gebiet	Richtwert tags	Richtwert nachts
Gewerbegebiet	65 dB(A)	50 dB(A)
Urbanes Gebiet	63 dB(A)	45 dB(A)
Kerngebiet, Dorfgebiet und Mischgebiet	60 dB(A)	45 dB(A)
Allgemeines Wohngebiet und Kleinsiedlungsgebiet	55 dB(A)	40 dB(A)

genannte psychische Reaktionen treten jedoch zunehmend ab diesem Schwellenwert auf. Ab einem dauerhaften täglichen Mittelungspegel von 65 db(A) sind sowohl Folgen für die Psyche als auch für den Körper zu erwarten.[173]

Um diese Werte in Relation setzen zu können, seien folgende Beispiele genannt. Die Vorbeifahrt eines PKW in zehn Metern Abstand besitzt eine Lautstärke von 70 db(A) bei einer Geschwindigkeit von 50 km/h, was durch den Menschen als laut bis sehr laut empfunden wird. Dabei sei erwähnt, dass ab ca. 35 km/h das Reifen-Fahrbahn- bzw. Rollgeräusch die dominierende Lärmquelle des PKW ist. Ein Diesel-LKW emittiert bereits bei einer geringeren Entfernung von fünf Metern bei gleicher Geschwindigkeit mit 90 db(A) eine wesentlich höhere Lautstärke. Die dominierende Lärmquelle ist bei ihm allerdings bis zu einer Geschwindigkeit von 60 km/h das Antriebsgeräusch, verursacht durch Motor, Getriebe sowie Ansaug- und Abgastrakt.[174] Für eine Straße mit starker Verkehrsintensität weist der Verkehrsclub Deutschland (VCD) e. V. eine Lautstärke von 80 db(A) aus.[175]

Da 90 % der jährlichen volkswirtschaftlichen Kosten durch Verkehrslärm auf den Straßenverkehr entfallen, wird der Güterwirtschaftsverkehr durch die Städte und das EU-Parlament als großes Gesundheitsrisiko betrachtet.[176] Um dem entgegenzuwirken existieren gesetzliche Immissionsrichtwerte für Lärm sowohl für den Tag als auch die Nacht. In Deutschland sind diese für städtische Flächen, welche neben Wohn- auch Gewerbefläche aufweisen, in Absatz 6 der Technischen Anleitung zum Schutz gegen Lärm (TA Lärm) wie in Tab. 2.4 festgelegt:

---

[173] Vgl. Umweltbundesamt (2021) sowie VCD Verkehrsclub Deutschland e. V. (o. J.a).
[174] Vgl. Umweltbundesamt (2022b) sowie Verkehrsclub Deutschland e. V. (o. J.a, b).
[175] Vgl. Verkehrsclub Deutschland e. V. (o. J.a).
[176] Vgl. Fraunhofer-Institut für Materialfluss und Logistik IML (2017, S. 22).

ff

Im Zuge des erhöhten Einsatzes von LGV lässt sich zwar beobachten, dass diese weniger Lärm verursachen als HGV.[177] Nichtsdestotrotz konnte das Umweltbundesamt feststellen, dass ca. die Hälfte der deutschen Bevölkerung täglich mindestens den als gerade noch gesundheitsverträglich geltenden Mittelungspegeln von 55 db(A) am Tag bzw. 45 db(A) in der Nacht ausgesetzt sind. Bei etwa 15 % werden diese Werte mit 65 db(A) am Tag bzw. 55 db(A) in der Nacht sogar deutlich überschritten, sodass bei diesen sowohl psychische als auch physiologische Folgen zu erwarten sind.[178] Unter Berücksichtigung dieser berechneten Werte und dem weiterhin starken Verkehr in den hochverdichteten Stadtgebieten, kann von einer Entlastung der Stadtbevölkerung alleine durch den vermehrten Einsatz von LGV keine Rede sein.

Auch in Bezug auf die Verkehrssicherheit stellen Güterkraftfahrzeuge im urbanen Raum einen bedeutenden Einflussfaktor dar. Im Jahr 2020 fanden 11.758 Personenschadensunfälle mit Beteiligung von Güterkraftfahrzeugen innerorts statt, wobei bei 60 % ein LGV beteiligt war. Dabei war zumeist der Fahrer des LGV als hauptverantwortlich für den Unfall zu identifizieren (ca. 67 %). Im 25-Jahresvergleich zu 1995 bedeutet dies einen Anstieg um 7,5 %. Die zwei häufigsten Ursachen für die Unfälle sind, mit weitem Vorsprung vor dem dritten Platz, Abstandsfehler sowie Fehler beim Rangieren und Abbiegen.[179] Während jedoch Verkehrsunfälle mit LGV zu einem geringeren Maß in lebensgefährlichen Verletzungen resultieren, ist das Risiko tödlich zu verunglücken für den Unfallgegner des HGV viermal so hoch wie für den Fahrer des Nutzfahrzeugs selbst. Somit führt die zunehmende Verwendung von LGV gegenüber dem HGV immerhin zu einer Verbesserung hinsichtlich gesundheitlicher Beeinträchtigungen nach einem Unfall.[180]

Zuletzt lässt sich die Überbelastung der städtischen Infrastruktur durch den zunehmenden Güterwirtschaftsverkehr nennen. Sie führt zu Schäden an Straßen sowie Brücken und die beim Transport durch die Nutzfahrzeuge erzeugten Vibrationen können Gebäudeschäden verursachen. Dies führt ebenfalls zu einer Abnahme städtischer Lebens- sowie Aufenthaltsqualität, wobei Schädigungen dieser Art durch die Zunahme an LGV, bedingt durch ihr geringeres zugelassenes Gesamtgewicht, in verminderter Häufigkeit auftreten.[181]

---

[177] Vgl. Browne et al. (2010, S. 5914).
[178] Vgl. Umweltbundesamt (2022a).
[179] Vgl. DESTATIS (2022b, S. 7 ff.).
[180] Vgl. Browne et al. (2010, S. 5914).
[181] Vgl. Browne et al. (2010, S. 5914).

2.6   Interessensgruppen und Akteure des städtischen Güterwirtschaftsverkehrs

Für die erfolgreiche Umsetzung einer nachhaltigen Entwicklung ist es erforderlich, alle relevanten Anspruchs- bzw. Interessensgruppen rechtzeitig in die Entscheidungsprozesse einzubinden.

Als Interessensgruppe (engl. Stakeholder) gilt eine Person, Gruppe oder Institution, die aus einem der drei folgenden Gründe an einem Problem interessiert ist: a) Sie hat einen Einfluss auf die Problematik, b) Sie wird von der Problematik beeinflusst oder c) Sie hat einen Einfluss auf diese und wird zugleich von ihr beeinflusst.[182] Dabei ist es nicht von Relevanz, ob sich diese Gruppe organisiert hat oder nicht. Vielmehr können die in ihr vereinten Personen oder Institutionen aus jeder gesellschaftlichen Ebene oder Position stammen.[183] Wichtig ist es jedoch, bei der Identifizierung der Interessensgruppen zu beachten, welche Beteiligung sie am Problem aufweisen, da dies maßgeblich dazu beiträgt, in welchem Ausmaß sie dieses beeinflussen können bzw. durch dieses beeinflusst werden.[184]

Dies führt zu einer Kategorisierung der Interessensgruppe in zwei Rubriken: solche, die ein direktes Interesse am System besitzen oder es direkt beeinflussen (Akteure) und jene, die lediglich ein indirektes Interesse am System haben und nur indirekt Einfluss auf jenes nehmen können (Interessensvertreter). Alle Interessensgruppen (Individuen, Personengruppen, Organisationen, Unternehmen etc.) besitzen somit ein Interesse an einem System. Allerdings sind lediglich die Akteure in der Lage, es direkt zu beeinflussen. Alle Akteure sind somit zugleich eine Interessengruppe, aber nicht jede Interessensgruppe stellt einen Akteur dar.[185]

Indem alle Interessensgruppen einbezogen werden, ist es möglich, ihre oftmals divergierenden und konkurrierenden Interessen zu berücksichtigen. Hierdurch werden Zielkonflikte, Kosten sowie negative Nebeneffekte minimiert. Somit kann eine Umsetzung von Handlungsmaßnahmen störungsfrei gewährleistet werden, da diese unter den Interessen aller betroffenen Parteien beschlossen wurden.[186] Dies ist auch für die nachhaltige Entwicklung des urbanen Güterwirtschaftsverkehrs von Nöten, welcher in diesem Fall das oben erwähnte System darstellt. Die Nicht-Berücksichtigungen von Interessensgruppen war in der Vergangenheit

---

[182] Vgl. Banville et al. (1998), sowie Macharis et al. (2012, S. 14).

[183] Vgl. Grimble & Wellard (1997, 175).

[184] Vgl. Macharis et al. (2012, S. 14).

[185] Vgl. Lindholm (2012, S. 89).

[186] Vgl. Ruesch et al. (2013, S. 43) sowie Wolpert (2013, S. 32).

häufig die Ursache für das Scheitern von City-Logistik Konzepten.[187] Der Güterwirtschaftsverkehr in der Stadt umfasst mehrere Akteure und Interessensvertreter, die mit den damit einhergehenden Problemen und Konsequenzen in Verbindung gebracht werden können.[188] Diese kommen einerseits aus dem öffentlichen, andererseits aus dem privaten Sektor. Dabei beeinflussen die Akteure die Leistung des logistischen Systems „urbaner Güterwirtschaftsverkehr" stark durch die Kohärenz der von ihnen getroffenen Entscheidungen.[189]

In der Literatur verschiedener Autoren werden zumeist mehr oder weniger die gleichen Akteure genannt. Wolpert (2013) sowie Macharis et al. (2012) identifizieren fünf verschiedene Akteure.[190] Letztere Autoren waren am durch die Europäische Union finanzierten Projekt STRAIGHTSOL (Strategies and measures for smarter urban freight solutions) beteiligt, bei dem sieben alternative Verkehrskonzepte in Bezug auf den städtischen Güterverkehr demonstriert wurden. Dies geschah jeweils in Kooperation mit einem Partnerunternehmen aus der Wirtschaft, welches im Zuge der Demonstration detailliert auflisten sollte, welche Personen, Gruppen oder Organisationen durch jene direkt beeinflusst werden. Diese Informationen wurden mit den Ergebnissen aus einer Literaturrecherche zusammengeführt, sodass im Zuge der Identifizierung der relevanten Akteure im urbanen Güterwirtschaftsverkehr sowohl theoretisches Wissen als auch ein praxisorientierter Beitrag eine Rolle spielen.[191] Deshalb sollen diese fünf Akteure maßgeblich für dieses Buch sein. Da jedoch die Akteure aufgrund ihres direkten Interesses und Einflusses auf den urbanen Güterwirtschaftsverkehr unmittelbar von Änderungen durch City-Logistik Konzepte betroffen sind und nicht die Interessensvertreter, entfällt eine weitere Betrachtung letztgenannter.

2.6.1 Empfänger

Die Akteursgruppe der Empfänger ist verantwortlich für den Beginn der Lieferkette durch die Bestellung der benötigten Güter bei ihren Lieferanten. Letzterer ist meist auch der Versender.[192] Sie werden hauptsächlich repräsentiert durch die städtischen Einzelhandelsunternehmen, Geschäfte, Restaurants, die den Bedarf

---

[187] Vgl. Quak (2010, S. 39).
[188] Vgl. Taniguchi & Tamagawa (2005, S. 3062).
[189] Vgl. Boudin et al. (2014, S. 3).
[190] Vgl. Wolpert (2013, S. 33) sowie Macharis et al. (2012, S. 14 ff.).
[191] Vgl. sowie Macharis et al. (2012, S. 15 f.).
[192] Vgl. Macharis et al. (2012, S. 16).

der Konsumenten („Bürger") nach Waren befriedigen.[193] Auf sie entfällt dementsprechend sowohl anteils- als auch mengenbezogen der größte Teil der Güterlieferungen im städtischen Raum.[194] Privatpersonen, die als Konsumenten die Online-Einkäufe nach Hause geliefert bekommen, sind ebenfalls Empfänger.[195] Mit dem Empfang der Güter durch die Mitglieder dieser Gruppe von Akteuren endet der städtische Güterwirtschaftsverkehr.[196] Dies gilt ebenfalls für die Lieferkette, da der letzte Transportschritt, sollte er durch den Bürger als Konsumenten (siehe Abschn. 2.6.4) mit einem privaten Personenverkehrsmittel selbst durchgeführt werden, kein Teil von ihr ist.[197] Solche Einkaufsverkehre sind, wie in Abschn. 2.5.2 thematisiert, Teil des privaten Personenverkehrs.

Die Empfänger sind stark an kurzen Lieferzeiten interessiert. Zugleich präferieren sie eine geringe Bestellmenge bei einer erhöhten Lieferfrequenz. Dies ermöglicht ihnen, zeitgleich ihren Lagerbestand zu minimieren und die Verkaufsfläche zu maximieren.[198] Dadurch sinken ihre Kapitalbindungskosten, während sie den Kunden eine erhöhte Verfügbarkeit von Waren anbieten können. Eines ihrer Interessen liegt demnach in der Kosteneffizienz ihres Geschäfts.[199] In Bezug auf die Warenlieferungen erwarten die Empfänger ihre Zuverlässigkeit, damit ihre eigenen geschäftlichen Aktivitäten nicht durch sie gestört oder beeinträchtigt werden. Dazu gehören mehrere Kriterien. Die Ware soll sowohl pünktlich als auch unbeschädigt zum vereinbarten Zeitpunkt angeliefert werden. Zeit und Ort der Lieferung sollen entsprechend den Umständen erfolgen, die für sie am geigentsten sind. Während der Lieferung wollen sie über den Aufenthaltsort der Ware informiert sein, sodass sie eine transparente Lieferkette mit Echtzeitinformationen bzw. einer Möglichkeit der Sendungsverfolgung erwarten.[200] Weiterhin liegt die Sicherheit der Lieferung in ihrem Interesse. Diese muss möglichst hoch sein, damit Diebstähle der bestellten Güter bei Warenübergaben zwischen Beteiligten des Transports verhindert werden.[201] Im Zuge ihres steigenden Bewusstseins über die schädlichen Auswirkungen von Transportleistungen erwarten sie von den

---

[193] Vgl. Wolpert (2013, S. 33) sowie Lindholm (2012, S. 89).

[194] Vgl. Strauß (1997, S. 48).

[195] Vgl. Macharis et al. (2012, S. 16).

[196] Vgl. ebd.: S. 16.

[197] Vgl. Lindholm (2012, S. 89).

[198] Vgl. Wolpert (2013, S. 33).

[199] Vgl. Lindholm (2012, S. 89).

[200] Vgl. Macharis et al. (2012, S. 21 f.).

[201] Vgl. ebd.; S. 21 f.

Logistikdienstleistern zunehmend umweltfreundliche Belieferungen.[202] Zugleich streben sie jedoch danach, dass die Transportkosten für ihre Belieferung möglichst minimal ausfallen. Eine Abweichung von den Minimalkosten wird durch sie nur als akzeptabel erachtet, wenn dazu proportional eine Verbesserung des angebotenen Services erfolgt.[203]

Die Empfänger aus dem Bereich des Handels wünschen sich zudem eine attraktive urbane Einkaufsumgebung, die in der Lage wäre, Endkonsumenten bzw. Verbraucher anzuziehen. Daher präferieren sie möglichst von Lieferfahrzeugen befreite Straßen.[204] Paradoxerweise haben sie aber einen maßgeblichen Einfluss auf die Anzahl der Lieferfahrzeuge in der Stadt. Frachtpartnerschaften mit anderen Akteuren scheitern ihrerseits jedoch meist an der Verpflichtung, ihren Laden während der Öffnungszeiten zu führen und dessen Operationalität zu gewährleisten. Aufgrund dessen sind sie nicht dazu in der Lage, anderen Aktivitäten wie solchen Kooperationen nachzugehen.[205]

2.6.2 Versender

Die Versender erhalten die Bestellungen der Empfänger und sind für den Versand der Güter an diese verantwortlich. Repräsentiert werden sie einerseits durch die Unternehmen, welche die Waren herstellen, andererseits durch Großhändler. Nur selten wird ein Transport durch sie selbst ausgeführt, weil ihr Hauptgeschäft in einem anderen Bereich liegt. Deshalb verstehen sie sich nicht als Frachtführer oder Transportunternehmen. Für die Durchführung der Transportleistung engagieren sie stattdessen zumeist einen Logistikdienstleister, der dem Empfänger die Ware in ihrem Auftrag zuführt.[206]

Die Versender haben ein übergeordnetes Interesse an einem Wachstum ihres Profits.[207] Entsprechend diesem ökonomischen Fokus achten sie besonders auf die Profitabilität und Kosteneffektivität.[208] Durch diese Priorisierung sowie die Tatsache, dass der Versender die Transportkosten meist für den Empfänger übernimmt, liegt es im besonderen Interesse des Versenders, die Durchführung der

---

[202] Vgl. ebd.: S. 22.

[203] Vgl. ebd.: S. 22.

[204] Vgl. ebd.: S. 22.

[205] Vgl. Lindholm (2012, S. 89) sowie Macharis et al. (2012, S. 22).

[206] Vgl. Lindholm (2012, S. 89) sowie Macharis et al. (2012, S. 20).

[207] Vgl. Taniguchi & Tamagawa (2005, S. 3063 f.).

[208] Vgl. Wolpert (2013, S. 33).

Belieferung möglichst kostengünstig zu gestalten. Dies versucht er, durch eine Reduzierung der externen Ausgaben zu erreichen, die ihm durch die Beauftragung des Logistikdienstleisters entstehen. Dadurch wird es ihm ermöglicht, seine Güter zu einem kosteneffektiven Preis auf den Markt zu bringen und seine Gewinne zu steigern.[209] Auch die Übergabe der Güter an den Logistikdienstleister am Betriebsgelände des Versenders soll so ablaufen, dass er möglichst wenig in seinem Hauptgeschäft gestört wird. Die Pünktlichkeit des Logistikdienstleisters am Übergabeort sowie eine erfolgreiche, beschädigungsfreie Warenübergabe sind dafür die Voraussetzung.[210] Zugleich soll der Empfänger, also der Kunde des Versenders, mit dem ihm gebotenen Service zufrieden sein. Diese Zufriedenheit ist essenziell für den zukünftigen Gewinn des Unternehmens, da ein unzufriedener Kunde dazu tendieren könnte, zukünftige Bestellungen bei einem anderen Versender aufzugeben.[211] Dafür muss die Lieferung einen Servicegrad mit hoher Qualität aufweisen. Um dies zu gewährleisten, ist es erforderlich, dass die Belieferungen pünktlich sowie ohne Beschädigung der Ware erfolgen. Zugleich erachtet der Versender es als wichtig, dass sein Kunde jederzeit weiß, wo sich seine Ware befindet und wann er mit ihrer Ankunft rechnen kann. Somit ist auch die Transparenz der Lieferkette für ihn von Bedeutung hinsichtlich einer qualitativ hochwertigen Belieferung.[212] Darüber hinaus besitzen auch die Versender ein Interesse an der Nachhaltigkeit der in ihrem Namen ausgeführten Transportvorgänge und der Verringerung der damit einhergehenden Umwelteinflüsse.[213]

2.6.3   Logistikdienstleister (LDL)

Als logistische Dienstleistung wird „die Erbringung einer originär logistischen Funktion oder eines originär logistischen Funktionsbündels an einem Produkt des Auftraggebers verstanden."[214] Dementsprechend gilt ein Unternehmen als Logistikdienstleister, das die Bereitstellung dieser Funktion für andere Unternehmen als sein Kerngeschäft versteht. Dabei ist es dem Logistikdienstleister, welcher den Auftrag erhalten hat, möglich, weitere Dienstleister (Subunternehmer) für

---

[209] Vgl. Macharis et al. (2012, S. 20).

[210] Vgl. ebd.: S. 20.

[211] Vgl. Rumscheidt (2019, S. 46).

[212] Vgl. Macharis et al. (2012, S. 20).

[213] Vgl. ebd.: S. 20.

[214] Vgl. Winter (2013, S. 57).

die Vollbringung der Leistung zu engagieren. Die Anzahl beschäftigter Subunternehmer wird jedoch versucht durch die Logistikunternehmen so gering wie
möglich zu halten, um die Komplexität und Unsicherheit, die durch jede bei
der Auftragserfüllung zu überbrückenden Schnittstelle entsteht, zu minimieren.[215]
Die Logistikdienstleistungen umfassen sowohl das Spektrum der reinen Basisleistungen Transport-, Umschlag- und Lagerfunktion als auch erweiterte Leistungen,
wie beispielsweise Montagearbeiten. Als Unterschied zwischen Basis- und Mehrwertleistung sei der jeweilige Fokus genannt. Bei der Basisleistung liegt dieser
auf dem bloßen Handling von Objekten, welches dazu dient, ihre Verfügbarkeit
zu gewährleisten. Die Vollbringung einer Mehrwertleistung generiert dahingegen
einen zusätzlichen Wert für den Auftraggeber.[216] Hinsichtlich der Versorgungsfunktion der Logistik im urbanen Raum und der in Abschn. 3.3 vorgestellten
City-Logistik Konzepte bezieht sich die folgende Beschreibung von Logistikdienstleistern auf diejenigen, die für die Erbringung der Basisleistungen, im
Wesentlichen der Transportfunktion, verantwortlich sind. Die Logistikdienstleister sind zuständig für die Durchführung und Unterstützung[217] der durch Empfänger
und Versender angestoßenen Distributionsaufgaben.[217] Die Auswahl der Route,
des Fahrzeugs und die Effizienz bei der Transportleistung liegt dementsprechend
in ihrer Verantwortung.[218]

　　Diese Gruppe von Akteuren besteht aus Frachtführern, Speditionen und Kon-
traktlogistikdienstleistern, auch als Third-Party-Logistics-Provider (3PL) bezeichnet.[219] Während Frachtführer auf die reine Beförderung von Gütern mit ihren
betriebseigenen Transportmitteln spezialisiert/begrenzt sind, tritt der Spediteur
primär als Organisator von Transporten auf. Er ist in der Lage zusätzliche, mit der
Beförderung verbundene Leistungen zu erfüllen. Dazu zählen unter anderem die
Versicherung oder auch die Verpackung der Güter. Meist beauftragt der Spediteur
einen Frachtführer als Subunternehmer für die Erbringung der Transportleistung.
Er ist allerdings auch befugt, die Güter mit eigenen Fahrzeugen zu liefern.[220]
Der Kontraktlogistikdienstleister bietet seinem Auftraggeber dagegen die Über-
nahme der gesamten Logistikkette oder einzelner Abschnitte daraus an. Dafür
integriert er mehrere Leistungen zugleich, die in einem Dienstleistungsbündel

---

[215] Vgl. Geiger (2013, S. 61 f.).
[216] Vgl. Winter (2013, S. 57 f.).
[217] Vgl. Wolpert (2013, S. 33) sowie Macharis et al. (2012, S. 16).
[218] Vgl. Lindholm (2012, S. 90).
[219] Vgl. Geiger (2013, S. 63 ff.) sowie Macharis et al. (2012, S. 16).
[220] Vgl. Geiger (2013, S. 63 ff.).

zusammengefasst sind. Sie bestehen aus Transport, Umschlag und/oder Lagerhal-
tung, dem entsprechenden Management sowie optionalen Zusatzleistungen (z. B.
Sendungsverfolgung). Für die Vollbringung der Leistung verwendet der Kontrakt-
dienstleister die unternehmenseigenen Ressourcen. Die KEP-Dienstleister sind
prominente Vertreter der 3PL im urbanen Raum.[221]

Ebenso wie bei der Gruppe der Absender, sind die Akteure aus dem Bereich
der Logistikdienstleister daran interessiert, ein Wachstum in ihrem Profit zu ver-
zeichnen. In ihrem Fall soll das geschehen durch die Bereitstellung rentabler
Logistik- und Transportleistung.[222] Sie realisieren dies jedoch nicht über eine
Minimierung ihrer Betriebskosten, sondern mithilfe einer Maximierung zwischen
den Kosten und dem betriebswirtschaftlichen Nutzen. Beispielsweise sollen die
eingesetzten Fahrzeuge eine möglichst hohe Auslastung aufweisen. Diese Einstellung spiegelt sich auch darin wider, dass Logistikdienstleister vornehmlich
Investitionen tätigen wollen, die eine positive kommerzielle Rentabilität für sie
aufweisen.[223] Neben den finanziellen Aspekten ist es ein besonderes Anliegen der
Logistikdienstleister, dass ihr Service bei der Leistungserfüllung qualitativ hoch-
wertig ist. Werden die Kundenerwartungen erfüllt, sind sowohl der Empfänger
als auch der Versender zufriedengestellt. Dafür ist es notwendig, dass die Sen-
dung sowohl beim Versender als auch beim Empfänger pünktlich abgeholt bzw.
abgeliefert wird, ohne dass sie Schäden aufweist. Als letztes Kriterium für die
Zufriedenheit beider ist die Lieferkettentransparenz zu nennen.[224] Zusammengefasst liegt das Hauptziel des Logistikdienstleistern also darin, den bestmöglichen
Service zu einem Preis anzubieten, der für ihn profitabel ist und ihn zugleich
wettbewerbsfähig bleiben lässt.[225] Weitere Bestrebungen der Logistikdienstleister liegen zum einen zunehmend darin, dass ihre Mitarbeiter ihre Arbeit und die
Arbeitsbedingungen als befriedigend wahrnehmen. Zum anderen tendiert die Entwicklung dahin, dass sie die negativen Auswirkungen ihrer Logistikleistungen
auf die Umweltin Form von Emissionen (Lärm, Schadstoffe) und Staubildung
reduzieren wollen. Vornehmlich dient letzteres jedoch dem Wunsch nach der
Verbesserung ihres Unternehmensimages.[226]

---

[221] Vgl. Geiger (2013, S. 65 ff.).
[222] Vgl. Taniguchi & Tamagawa (2005, S. 3063) sowie Macharis et al. (2012, S. 20) sowie
Ruesch et al. (2013, S. 44).
[223] Vgl. Macharis et al. (2012, S. 20 f.).
[224] Vgl. ebd.: S. 21.
[225] Vgl. Wolpert (2013, S. 33).
[226] Vgl. Macharis et al. (2012, S. 21).

2.6.4 Bürger

Der Akteursgruppe der Bürger gehören die Bewohner, Konsumenten sowie Pendler an.[227] Somit umfasst sie die Personen, welche in der Stadt wohnen, arbeiten, einkaufen oder ihre Freizeit verbringen.[228] Als Endkonsumenten von Waren haben sie einen entscheidenden Einfluss auf die Notwendigkeit von Gütern in der Stadt, denn deren hohe Verfügbarkeit ist ihnen wichtig. Damit gehen Transporte über das städtische Straßenverkehrsnetz einher.[229] Zugleich sind sie jedoch besorgt und unzufrieden über deren Auswirkungen auf ihre Lebens- und Arbeitsbedingungen in Form von Störungen und Beeinträchtigungen.[230] Deshalb ist es ihr Ziel, eine hohe Lebens- und Aufenthaltsqualität in der Stadt sicherzustellen.[231] Die Stadt soll ein attraktives und nachhaltiges Wohn-, Geschäfts-, Einkaufs- und Freizeitumfeld für die Bürger bieten.[232]

Mit diesem Ziel liegt vor allem eine Reduzierung der negativen Beeinträchtigungen durch den städtischen Güterwirtschaftsverkehr in ihrem Interesse. Auf der einen Seite sollen die Emissionen der urbanen Frachttransporte reduziert werden. Um die Luftqualität zu erhöhen ist es notwendig, die maßgeblich durch die Anzahl und Art der eingesetzten Verkehrsmittel beim städtischen Güterwirtschaftsverkehr freigesetzte Luftschadstoffe zu verringern. Eine Reduzierung soll ebenfalls bei den Lärmemissionen stattfinden. Auf der anderen Seite empfinden die Bürger die reine physikalische Präsenz von Lieferfahrzeugen als störend. Diese Störung besteht zunächst in einer negativen visuellen Beeinträchtigung der Umgebungsattraktivität bei ihren Be- und Entladevorgängen. Weiterhin sorgen sie für einen eingeschränkten Verkehrsfluss, Staus und benötigen geeignete Flächen für die Ladevorgänge. Dies führt dazu, dass die Bürger sich in ihrem privaten Personenverkehr behindert fühlen, da die Fahrt und das Parken in der Stadt dadurch erschwert wird. Zuletzt sehen sie die Straßen- bzw. Verkehrssicherheit durch die Präsenz von Transportfahrzeugen als beeinträchtigt an.[233]

---

[227] Vgl. Macharis et al. (2012, S. 16.).

[228] Vgl. ebd.: S. 22.

[229] Vgl. Macharis et al. (2012, S. 16) sowie Lindholm (2012, S. 89) sowie Ruesch et al. (2013, S. 44).

[230] Vgl. Macharis et al. (2012, S. 22).

[231] Vgl. Taniguchi & Tamagawa (2005, S. 3064) sowie Ruesch et al. (2013, S. 44).

[232] Vgl. Wolpert (2013, S. 27; S. 33).

[233] Vgl. Macharis et al. (2012, S. 22).

2.6.5   Kommunalverwaltung/Lokalbehörde

Öffentliche Behörden spielen in mannigfaltiger Hinsicht eine wichtige Rolle im Güterwirtschaftsverkehr. Sie existieren auf lokaler, regionaler und nationaler Ebene.[234] Hinsichtlich des Güterwirtschaftsverkehrs im urbanen Raum werden jedoch lediglich die Lokalbehörden betrachtet. Dies liegt darin begründet, dass ihr Zuständigkeitsbereich die Finanzierung der öffentlichen Infrastruktur sowie die Raumplanung umfasst. Somit ist eine Umsetzung von City-LogistikKonzepten, welche den öffentlichen Raum der Stadt betreffen, lediglich mithilfe ihrer Initiative oder Kooperation möglich.[235] Die Lokalbehörden sind dementsprechend verantwortlich für die Entwicklung und Implementierung von Richtlinien, welche das System des Güterwirtschaftsverkehrs auf urbaner Ebene regulieren.[236] Diese Regulierungen betreffen das lokale Straßennetzwerk der Stadt und sind daher in der Lage, den städtischen Frachtverkehr positiv zu beeinflussen oder auch zu behindern. Sie bestehen beispielsweise in Form von begrenzten Parkzeiten, zeitlichen Zugangsbeschränkungen oder Ladezonen für Frachtfahrzeuge.[237]

Die Lokalbehörden besitzen Ziele, welche sowohl ökologischer, ökonomischer als auch sozialer Art sind. Prinzipiell soll das sozio-ökonomische Wohlergehen gesteigert und die externen Auswirkungen durch Transportleistungen kontrolliert werden. Dies führt jedoch dazu, dass ihre Rolle nicht nur als wichtig, sondern auch als schwierig betrachtet werden kann. Denn die Lokalbehörden sind demnach in der Verantwortung in mehrfacher Hinsicht, ein attraktives städtisches Umfeld zu bieten. Sowohl die öffentlichen Interessen der Bürger als auch die wirtschaftlichen Interessen der Unternehmen müssen von ihnen berücksichtigt und in Einklang miteinander gebracht werden.[238] In Bezug auf die Bürger sind sie daran interessiert, ihnen eine hohe Lebens- und Aufenthaltsqualität in der Stadt zu bieten. Dafür wollen die Lokalbehörden die negativen Auswirkungen des städtischen Güterwirtschaftsverkehrs minimieren.[239] Ein Teil der Lebensqualität für die Bürger ist jedoch auch die Sicherstellung der Versorgung, weshalb der Zugang zur Stadt für die Waren dennoch möglichst unkompliziert sein sollte.[240] Letzteres

---

[234] Vgl. Macharis et al. (2012, S. 33).

[235] Vgl. Macharis et al. (2012, S. 16).

[236] Vgl. Melo & Costa (2010, S. 122).

[237] Vgl. Macharis et al. (2012, S. 16) sowie Lindholm (2012, S. 90).

[238] Vgl. Melo & Costa (2010, S. 122) sowie Macharis et al. (2012, S. 23).

[239] Vgl. Macharis et al. (2012, S. 23) sowie Lindholm (2012, S. 90) sowie Wolpert (2013, S. 33).

[240] Vgl. Ruesch et al. (2013, S. 44) sowie Wolpert (2013, S. 33).

liegt auch im Interesse in der Stadt ansässigen Unternehmen, denn gute ökonomische Bedingungen tragen dazu bei, dass die Stadt als attraktiver wirtschaftlicher
Standort betrachtet wird. [241] Dementsprechend müssen die Lokalbehörden zwischen der ökonomischen Entwicklung der Stadt und den Verbesserungen im
Hinblick auf den Verkehrsfluss, die Umwelteinflüsse sowie Verkehrssicherheit
abwägen.[242]

Neben den Interessen dieser beiden Parteien verfolgen allerdings auch die
Lokalbehörden eigene Interessen, die darin bestehen, das ihnen zur Verfügung
stehende Budget nicht zu überschreiten. Dazu zählen neben der optimalen Nutzung der bestehenden Infrastruktur auch die Minimierung der Kosten bei der
Umsetzung von Richtlinien und Konzepten sowie deren möglichst unkomplizierte
Umsetzbarkeit.[243] Zuletzt haben sie auch ein Interesse daran, die Bürger der Stadt
mit ihren Entscheidungen hinsichtlich der möglichen City-Logistik Konzepte
einzubeziehen und somit deren Unterstützung dafür zu sichern.[244]

In Bezug auf die ökologischen Aspekte stimmt die Zielsetzung der öffentlichen Akteure mit jener der privaten Akteure überein. Beide Gruppen sind
durchweg darin bestrebt, den Güterwirtschaftsverkehr hinsichtlich seiner negativen Auswirkungen auf die Umwelt und das Klima zu verbessern, auch wenn dies
im privaten Bereich überwiegend mit einer positiven Entwicklung des eigenen
Unternehmensimages verbunden ist.[245]

---

[241] Vgl. Macharis et al. (2012, S. 23) sowie Ruesch et al. (2013, S. 44) sowie Wolpert (2013, S. 33).
[242] Vgl. Melo & Costa (2010, S. 122).
[243] Vgl. Macharis et al. (2012, S. 23).
[244] Vgl. ebd.: S. 23.
[245] Vgl. Wolpert (2013, S. 34).

City-Logistik 3

3.1 Was bedeutet City-Logistik?

Für den Begriff der City-Logistik existiert ebenso wie für den der Stadt keine einheitliche Definition. In diesem Fall ist als eine Ursache die Verwendung unterschiedlicher Begriffe als Synonym für City-Logistik zu nennen. Beispiele hierfür sind „Urban Goods Movement" oder „Urban Logistic".[1] Der andere Grund ist die unterschiedliche Auffassung verschiedener Autoren darüber, welche Bereiche bzw. welches Ausmaß der Begriff der City-Logistik abdeckt.[2]

Eine Interpretationsweise besteht in einer engen Abgrenzung des Begriffs. In dieser wird City-Logistik auf eine Konsolidierung der für die Stadt bestimmten Güterverkehrsströme begrenzt. Verknüpft sind diese zumeist mit dem Aufbau von Güterverkehrszentren (GVZ) bzw. Urban Consolidation Centers (UCC), die unter der Kooperation mehrerer Logistikdienstleister errichtet und betrieben werden.[3] Ein Beispiel hierfür sind Crainic et al. (2009), die das gesamte städtische Warentransportsystem als Gegenstand der City-Logistik ansehen, welches unter Berücksichtigung und Koordination aller Akteure optimiert werden muss. Dabei sehen sie die Ladungskonsolidierung als unverzichtbar für die City-Logistik an.[4]

Um sich jedoch nicht auf City-LogistikKonzepte eines Typus einzuschränken, wird sich in diesem Buch auf Definitionen gestützt, die den Begriff breiter definieren. Dafür kann einerseits Tachiguchi et al. (2001) zu Rate gezogen werden, für die City-Logistik als „Prozess der umfassenden Optimierung der Logistik-

---

[1] Vgl. Wolpert (2013, 17 f.).

[2] Vgl. Deckert (2016, S. 32) sowie Wolpert (2013, S. 17).

[3] Vgl. Deckert (2016, S. 32).

[4] Vgl. Wolpert (2013, S. 17) sowie Crainic et al. (2009).

und Transportaktivitäten privater Unternehmen in urbanen Räumen unter Zuhilfenahme fortgeschrittener Informationssysteme, welcher die Verkehrsumwelt,
-störungen, -sicherheit sowie Energieeinsparungen im Rahmen der Marktwirtschaft berücksichtigt"[5] zu verstehen ist. Weiterhin umfasst diese Definition sowohl
den sozio-ökologischen (Umwelt, Störungen, Energieeinsparungen) als auch ökonomischen Problembereich (Ineffizienz urbaner Frachttransporte), weshalb sie im
Kontext dieser Arbeit als geeignet betrachtet wird.[6] Eine weitere umfassende und
adäquate Definition wird durch Baum et al. (1996) formuliert. Für diese Autoren beinhaltet City-Logistik „alle operativen und distributiven Tätigkeiten, die
sich auf eine bedarfsgerechte, effiziente Bereitstellung von Gütern in der Stadt
beziehen".[7]

Wie aus obig aufgeführten Definitionen deutlich wird, sowohl aus der engen
als auch aus der breiteren Interpretationsweise, liegt der Fokus von City-Logistik
auf einer für die Stadt geeigneten Planung sowie dem angemessenen Management und den damit verbundenen Versorgungs- und Distributionsprozessen.[8] Dies
bedeutet, dass nicht nur die Warenbewegungen in der Lieferkette von Versender
bis Empfänger von Relevanz sind, sondern auch die Geld- und Informations-
flüsse.[9] Das übergeordnete Ziel der City-Logistik ist es, die Planung und das
Management des Güterwirtschaftsverkehrs im urbanen Raum so zu optimie-
ren, dass dessen negativen Beeinträchtigungen reduziert werden. Dabei sollen
möglichst alle am System des Güterwirtschaftsverkehrs beteiligten Akteure mit
integriert werden, sodass City-Logistik als ein integrativer Ansatz zu verstehen
ist.[10] Im Zentrum der Bemühungen zur Entlastung der Stadt stehen einerseits
eine Reduzierung der Fahrten von Lieferfahrzeugen, andererseits die Steigerung
der Produktivität bei der Durchführung von Transportleistungen.[11]

Die Verfolgung und erfolgreiche Umsetzung von City-Logistik ermöglicht eine
nachhaltige Stadtentwicklung unter ökonomischen und ökologischen Gesichtspunkten.[12] Dies resultiert in einer Attraktivitätssteigerung der Stadt hinsichtlich

---

[5] Tachiguchi et al. (2001).
[6] Vgl. Taniguchi (2014, S. 311).
[7] Baum et al. (1996).
[8] Vgl. Deckert (2016, S. 32).
[9] Vgl. Wolpert (2013, S. 18).
[10] Vgl. Deckert (2016, S. 32) sowie Wolpert (2013, S. 18).
[11] Vgl. Wolpert (2013, S. 18).
[12] Vgl. Wolpert (2013, S. 27).

seiner Eignung als wirtschaftlicher Standort sowie als Lebens- und Aufenthaltsraum.[13] Damit deckt City-Logistik alle drei Dimensionen ab, die für eine nachhaltige Entwicklung als notwendig erachtet werden. Zum Erhalt ökologischen Kapitals wird durch den effizienteren Einsatz von Ressourcen und der Verminderung von Emissionen beigetragen.[14] Soziales Kapital wird durch eine steigende Lebens- und Aufenthaltsqualität repräsentiert. Abschließend wird ökonomisches Kapital aufgebaut und erhalten, indem die Kosten für die Versorgung der Stadt sinken, ihre Infrastruktur geschont wird und der Handel von ihrer positiven Entwicklung wirtschaftlich profitiert.[15]

3.2 Kategorisierung von City-Logistik-Konzepten

In den 1990er Jahren fand erstmals die Umsetzung von Maßnahmen und Konzepten der City-Logistik in Form von praxisorientierten Projekten in einer quantitativ hohen Anzahl statt.[16] Diese Projekte erfolgten überwiegend auf Initiative von Speditionen, welche im Zuge einer Kooperation die Warenströme für Problemkunden und -zonen konsolidierten.[17] Das Ziel war es, die Wirtschaftlichkeit durch eine erhöhte Auslastung der verfügbaren Kapazitäten zu verbessern. Dies geschah unter dem Einsatz eines zentralen Umschlagpunktes, in dem die Ware für die Empfänger gebündelt wurde und der Ausgangspunkt für die Belieferung durch die kooperierenden Speditionen darstellte. Der Großteil der anderen Akteure im System der City-Logistik wurde jedoch nicht in diese Projekte mit einbezogen.[18]

In Deutschland entsprach der Großteil der in der ersten Hälfte der 90er Jahre initiierten Projekte diesem ersten Konzept der City-Logistik. Heute sind von diesen jedoch keins mehr aktiv, da die wirtschaftliche Rentabilität nicht existent war.[19] Die Einsparungen durch die erhöhte Auslastung waren zu gering, um die Kosten für die Bündelung auszugleichen, vor allem nach Beendigung der Finanzierung durch öffentliche Behörden und Einrichtungen. Neben der fehlenden Rentabilität kann auch die mangelnde Integration anderer Akteure als Grund für das Scheitern dieser ersten City-Logistik Projekte genannt werden. Durch den

---

[13] Vgl. Deckert (2016, S. 32).

[14] Vgl. Deckert (2016, S. 18).

[15] Vgl. IHK Region Stuttgart (2020, S. 9).

[16] Vgl. Wolpert (2013, S. 46) sowie Erd (2015, S. 39).

[17] Vgl. Wolpert (2013, S. 51 f.) sowie Erd (2015, S. 39).

[18] Vgl. Erd (2015, S. 39 ff.).

[19] Vgl. Wolpert (2013, S. 46) sowie Erd (2015, S. 40 ff.).

Fokus auf Problemkunden und -zonen wurde beispielsweise lediglich ein kleiner Teil aller Empfänger einbezogen.[20]

Die in der zweiten Hälfte der 90er Jahre entwickelten und durchgeführten City-LogistikProjekte versuchten, die Fehler aus den vergangenen Versuchen zu vermeiden. Zwar fokussierten sie sich ebenfalls auf eine Entlastung durch Konsolidierung in Güterverkehrszentren, dabei sollten diesmal jedoch die anderen Akteure des Güterwirtschaftsverkehrs stärker einbezogen werden. Den Kunden wurden weitere logistische Dienstleistungen und verbesserte Leistungsangebote unterbreitet, zum Beispiel diverse Lagerungs- oder Entsorgungsleistungen. Diese wurden jedoch nicht in dem Maße nachgefragt, wie es für einen wirtschaftlich rentablen Betrieb der Projekte nötig gewesen wäre. Selbst die staatliche finanzielle Unterstützung war nicht ausreichend, um die Rentabilität zu erlangen. Der Grund für die ausbleibende Nachfrage war, dass die hinzugekommen Dienste nicht ausreichend an die Bedürfnisse der Kunden ausgerichtet wurden und dementsprechend keine Partner für das Projekt gewonnen werden konnten.[21] Ihr geringer Erfolg kann als Grund angesehen werden, weshalb die Zahl der Neugründungen von City-Logistik Projekten dieser Art nach der Jahrtausendwende rückläufig war. Erst ab dem Jahr 2010 erlangte das Thema wieder mehr Aufmerksamkeit und Relevanz, was sich in der zunehmenden Gründung neuer Projekte widerspiegelt.[22] Bei jenen wirken zunehmend auch die Lokalbehörden als Akteure in sogenannten Public-Private-Partnerships mit, also in Kooperationen zwischen dem öffentlichen und privaten Sektor.[23] Ein Vorteil davon ist, dass sie zwischen konkurrierenden Logistikdienstleistern vermitteln, Empfänger zur Teilnahme motivieren und Erleichterungen sowie Sonderrechte für die Projekte gewähren können.[24] Bei den neueren Projekten hinsichtlich der City-Logistik wird weiterhin nicht mehr nur eine Konsolidierung als einziges Konzept bzw. Maßnahme gegen den zunehmenden städtischen Güterwirtschaftsverkehr verfolgt. Vielmehr existiert eine Vielzahl verschiedener Konzepte, die sowohl in Kombination als auch alleinstehend bei ihrer Verwirklichung die Verkehrsproblematik positiv beeinflussen können.[25]

---

[20] Vgl. Erd (2015, S. 42).
[21] Vgl. Wolpert (2013, S. 55 ff.) sowie Erd (2015, S. 43 f.).
[22] Vgl. Wolpert (2013, S. 46).
[23] Vgl. Erd (2015, S. 44).
[24] Vgl. Wolpert (2013, S. 49).
[25] Vgl. Erd (2015, S. 44 f.).

In wissenschaftlichen Werken, welche die Wirksamkeit von City-LogistikKonzepten und Maßnahmen analysieren und bewerten, erfolgt zumeist zuerst deren Kategorisierung. Im Hinblick auf die im Rahmen dieses Buches durchgeführten Bewertung von City-LogistikKonzepten hinsichtlich ihrer Auswirkungen auf die nachhaltige Entwicklung von Städten, erscheint dies an dieser Stelle ebenfalls sinnvoll. Es ermöglicht zudem, Konzepte für die im späteren Verlauf durchgeführte Bewertung zu identifizieren.

Dafür wird sich im Folgenden an Quak orientiert. Basierend auf 106 Konzepten, durchgeführt zwischen 1998 bis 2006, hat er eine Struktur entwickelt, mit deren Hilfe er jene anschließend kategorisiert und bewertet hat.[26] Er teilt die Konzepte entsprechend seiner gewählten Struktur zunächst in die zwei übergeordneten Klassen „A" und „B" auf. Klasse „A" umfasst jegliche Konzepte, welche innerhalb des zur Verfügung stehenden städtischen Güterwirtschaftsverkehrssystems eine Verbesserung von dessen Situation und seiner Nachhaltigkeit anstreben. Sie wird anhand der initiierenden Akteure der Konzepte weiter unterteilt in die Kategorien A1 und A2.[27] Erstgenannte Kategorie A1 vereint die durch die Lokalbehörden eingeführten Konzepte, welche überwiegend aus Regulierungen und Genehmigungen bestehen.[28] Mit jenen wollen sie die Logistikdienstleister dazu bewegen, ihre Arbeitsvorgänge in einer Weise zu verändern, von der sich die Lokalbehörden einen positiven Effekt auf die Ziele der City-Logistik sowie die ökologische und soziale Nachhaltigkeit der Stadt erwarten. Diese Konzepte müssen jedoch durch die Stadt auch mit Nachdruck durchgesetzt werden, da sich die Logistikdienstleister sonst nicht dazu verpflichtet fühlen könnten, sich an die Maßnahmen zu halten. Typische Konzepte dieser Kategorie sind Straßennutzungsgebühren und zutrittsregulierte Verkehrszonen. Die zweitgenannte Kategorie „A2" besteht aus Nichtregierungsorganisationen, also allen Akteuren außer den Lokalbehörden, initiierten Konzepten und Maßnahmen, welche eine Verbesserung innerhalb des bestehenden Systems anstreben. Beispiele hierfür sind technische (Fahrzeug-) Innovationen sowie Kooperationen zwischen Transporteuren.[29]

---

[26] Vgl. Quak (2008, S. 39) sowie Quak (2010, S. 42).
[27] Vgl. Quak (2008, S. 39).
[28] Vgl. ebd.: S. 39; S. 45.
[29] Vgl. Vgl. Quak (2008, S. 40) sowie Quak (2010, S. 44 ff.).

Klasse „B" enthält Konzepte zur Verbesserung des städtischen Güterwirt-schaftsverkehrssystems und seiner Nachhaltigkeit. Dies umfasst sowohl Änderun-gen in der physischen Infrastruktur als auch in der Organisation von Transporten. Entsprechend diesem Fokus sind die Konzepte zum einen tiefgreifender als die aus Klasse „A", da mehr Akteure involviert werden, zum anderen sind sie meist komplexer, teurer und schwieriger umzusetzen. Auch die Klasse „B" wird in zwei Kategorien unterteilt. Kategorie „B1" differenziert sich von der Kategorie „B2" darüber, dass ihre Konzepte sich auf die physische Veränderung der Infrastruktur konzentrieren, welche die urbanen Frachttransporte ermöglicht. Dies reicht vom Ausbau der Straßeninfrastruktur bis hin zum Bau unterirdischer Logistiksysteme. Dahingegen umfasst die Kategorie „B2" die Konzepte und Maßnahmen, welche eine Reorganisation der Transportdurchführung zum Ziel haben. Beispiele hierfür sind Frachtbörsen und intermodale Transporte.[30]

3.3 City-Logistik-Konzeptionen – Anwendungsfälle in der Praxis

Die im Folgenden vorgestellten Konzeptionen haben alle das Ziel, den städtischen Güterwirtschaftsverkehr und seine negativen Auswirkungen auf sein Umfeld zu verbessern. Die in den Konzeptionen verwendeten Maßnahmen lassen sich allesamt den Kategorien aus Abschn. 3.2 zuordnen.

3.3.1 Güterverkehrszentrum am Beispiel Cityporto Padova

Die erste Konzeptionierung portraitiert die Umsetzung von City-Logistik am Beispiel des Falls „Cityporto Padova" in der italienischen Stadt Padua. Sie kombiniert dabei die Maßnahmen der Konsolidierungs- und Verteilzentren mit technologischen Innovationen (umweltfreundliche Fahrzeuge) und öffentlichen Regulierungsinitiativen (Einfahrtsbeschränkungen, Be- und Entladungszeitfens-ter).[31] Wie bereits thematisiert, scheitern viele dieser Zentren entweder an der mangelnden Integration der mit dem Güterwirtschaftsverkehr verbundenen Stakeholder oder den Betriebskosten, die nach Beendigung der städtischen Sub-ventionierung nicht mehr ausreichend gedeckt werden können. Weder das eine

---

[30] Vgl. Quak (2008, S. 40).
[31] Vgl. Morana (2014, S. 26) sowie Vaghi & Percoco (2011, S. 162).

noch das andere trifft auf das UCC in Padua zu, sodass es auch heute noch aktiv ist, als erfolgreichstes City -LogistikProjekt in Italien gilt und das Konzept somit auf weitere italienische Städte ähnlicher Größe angewendet wurde.[32] Im Folgenden werden die Charakteristika von Cityporto Padova thematisiert und die verfügbaren quantitativen und qualitativen Parameter für einen Vergleich der Konzeptionen aufbereitet. Die italienische Stadt Padua hat 206.651 Einwohner (Stand 31. Dez. 2021)[33] und würde nach deutscher Definition als kleine Großstadt gelten (siehe Abschn. 2.4). Wie so viele historisch gewachsene Städte dieser Größe, sieht sich auch Padua den typischen Problemen des städtischen Güterwirtschaftsverkehrs (Staus, Lärm, Luftqualität etc.) ausgesetzt, welche sich besonders im Stadtzentrum bemerkbar machen.[34] Dementsprechend wurde bereits im Jahr 1989 eine Limited Traffic Zone (LTZ, dt. verkehrsberuhigter Bereich) dort eingeführt (siehe Abb. 3.1), welche einen Bereich von 830.000 m^2 abdeckt (rot-gestrichelte Linie) und Regulierungen in Form von Einfahrtzeitfenstern und Lieferzeitfenstern umfasst. Innerhalb des Zeitfensters von 8:00 bis 23:30 Uhr ist es lediglich Anwohnern und autorisierten Fahrzeugen bis 3,5 t Gesamtgewicht (LGV) erlaubt, in die LTZ einzufahren. Fahrzeuge über 3,5 t benötigen jedoch auch außerhalb dieses Zeitfensters eine Autorisierung. Die Zeitfenster für die Be- und Entladung der Fahrzeuge liegen zwischen 4:00 und 11:00 Uhr sowie zwischen 15:00 und 16:00 Uhr.[35] Im Jahr 2006 wurde die LTZ durch ein elektronisches Kamerasystem ergänzt. Dieses kontrolliert die Einfahrt von Fahrzeugen in die Zone an sieben möglichen Stellen (rote Pfeile) sowie die Benutzung der für Busse und Taxen reservierten Fahrspuren an sechs Positionen (grüne Pfeile). Bei Verletzung der Regulierungen ist durch den Besitzer des nicht-autorisierten Fahrzeugs eine Strafe von 80 € zu zahlen.[36]

Der City-Logistik-Service „Cityporto-consegne in città" mit dem dazugehörigem UCC wird verwaltet durch Interporto di Padova S.p.A., einem Unternehmen, dessen Hauptanteilseigner die lokalen öffentlichen Verwaltungsbehörden sind, namentlich die Stadtverwaltung, die Provinzverwaltung und die Handelskammer

---

[32] Vgl. Morana (2014, S. 25) sowie Leonardi et al. (2014, S. 89) sowie Vaghi & Percoco (2011, S. 152; S. 161).

[33] UrbiStat S.r.l. (2023).

[34] Vgl. Morana (2014, S. 29).

[35] Vgl. Interporto Padova S.p.A. (2021a, S. 8 f.) sowie Morana (2014, S. 29) sowie Vaghi & Percoco (2011, S. 165).

[36] Vgl. Interporto Padova S.p.A. (2021a, S. 8 f.) sowie Morana (2014, S. 29).

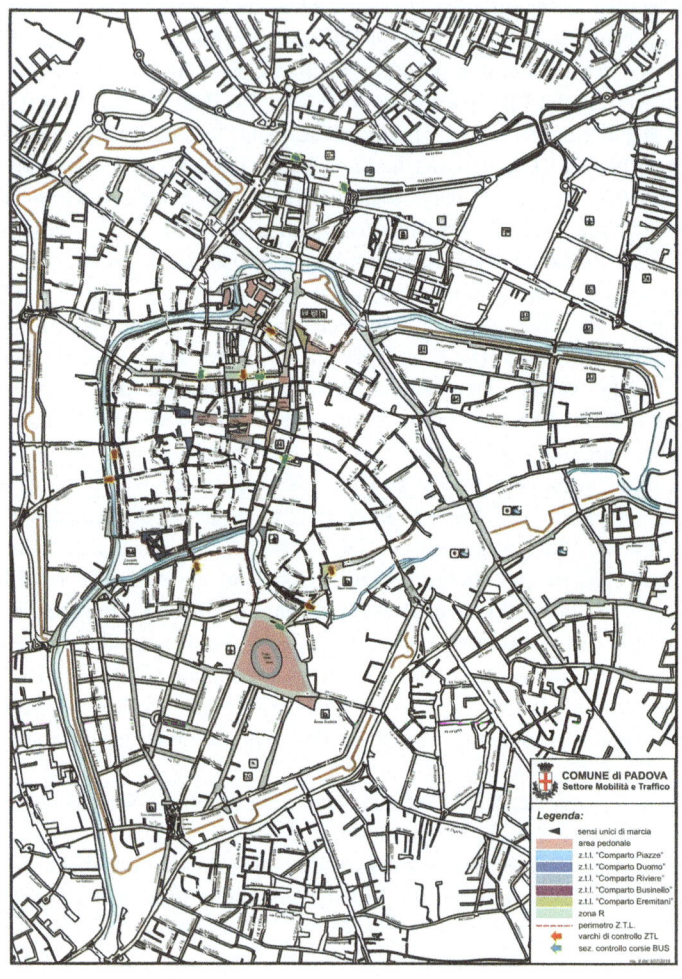

Abb. 3.1 LTZ in Padua. (Sadler (2021))

von Padua.[37] Dieses Unternehmen ist ebenso verantwortlich für die Verwaltung des intermodalen Logistikhubs, welcher eine Gesamtfläche von zwei km²

---

[37] Vgl. Leonardi et al. (2014, S. 87) sowie Interporto Padova S.p.A. (2021b).

Abb. 3.2 Ablaufstruktur von Cityporto. (Interporto Padova S.p.A. (2022b), S. 7)

an logistischer Infrastruktur wie Terminals, Lagerhäusern und Cross-Docking-Gebäuden umfasst.[38] In diesem Hub befindet sich auch das UCC, welches eine Größe von 1000 m^2 aufweist.[39] Das Projekt Cityporto wurde durch Interporto di Padova S.p.A. angestoßen mit dem Ziel, sowohl die Fahrtenanzahl durch eine Maximierung der Fahrzeugauslastung als auch die mit dem Transport verbundenen Emissionen zu reduzieren. Somit sollten sowohl die logistischen Prozesse als auch die Qualität des städtischen Lebens verbessert werden. Mit dieser Zielsetzung fand das Projekt vor allem Unterstützung bei den öffentlichen Behörden, welche auch die Hauptanteilseigner von Interporto di Padova darstellen.[40]

Das Modell dem Cityporto Padova zugrunde liegendes Modell entspricht dem typischen Modell des in Abschn. 3.2 bereits im Detail beschriebenen Konsolidierungs- und Verteilzentrums, auch als Urban Consolidation Center (UCC) bezeichnet. Die Frachtführer transportieren die Waren, welche für die LTZ und die umliegenden städtischen Ringe bestimmt sind, zum UCC innerhalb des Logistikhubs. Dort werden sie temporär gelagert, für die letzte Meile konsolidiert und in umweltfreundlichen LGV mit maximalem Ladungsfaktor ins Stadtzentrum und die umliegenden urbanen Gebiete transportiert (siehe Abb. 3.2).[41]

Um jedoch den typischen Problemen eines UCC wie mangelnder Nachfrage des Services und der alleinigen Wahrnehmung des Cross-Docking-Schritts als

---

[38] Vgl. Leonardi et al. (2014, S. 87) sowie Interporto Padova S.p.A. (2021a), sowie Morana (2014, S. 29).

[39] Vgl. Vaghi & Percoco (2011, S. 165) sowie Leonardi et al. (2014, S. 88).

[40] Vgl. Morana (2014, S. 29).

[41] Vgl. Morana (2014, S. 29) sowie Interporto Padova S.p.A. (2022b, S. 7).

Kostentreiber zu entgehen, wurden bei der 18-monatigen Entwicklung des Projekts neben den bereits genannten öffentlichen Verwaltungsbehörden ebenfalls das lokale öffentliche Transportunternehmen APS Mobilità sowie die privaten Akteure in Form von Frachtführern und Kurierunternehmen mit einbezogen.[42] Dementsprechend wurde von Anfang an der integrale Ansatz von City-Logistik verfolgt. Dabei kam man zu der Übereinkunft, dass die Attraktivität von Cityporto sichergestellt und es gleichzeitig gefördert werden kann, indem die Fahrzeuge des Services von den LTZ Regulierungsmaßnahmen zur Einfahrt und zur Be- und Entladung innerhalb des Stadtzentrums ausgenommen werden und es ihnen erlaubt wird, die Bus- und Taxifahrspuren zu benutzen.[43] Um diese Übereinkunft sicherzustellen, wurde von allen an der Entwicklung beteiligten Parteien ein Rahmenvertrag unterschrieben, der zudem weitere Aspekte umfasst. Zu diesen gehören die vierjährige Subventionierung durch die Behörden in der Aufbauphase, die Finanzierung der ersten sechs Fahrzeuge durch APS mit diesen als ihren Besitzer sowie ein Industrieplan zur Sicherstellung der langfristigen Wirtschaftlichkeit und damit der langfristigen Unabhängigkeit von öffentlichen Subventionen. Nach der Unterschrift des Vertrags fand noch im selben Monat, April 2004, der operative Hochlauf des Projekts statt.[44] Zu Beginn standen Cityporto zunächst vier LGV zur Verfügung, mit APS als gesetzlichem Halter der Fahrzeuge. Ziel war es, nach vier Jahren eine positive Bilanz aufzuweisen bei gleichzeitig jährlich zurückgehenden Subventionen. Erreicht wurde dies bereits im zweiten Jahr und im vierten wurden die Kosten durch 75 % der Einnahmen gedeckt. Bereits durch den anfänglichen Erfolg wurden früh zwei weitere Fahrzeuge durch APS finanziert sowie ein weiteres durch die öffentlichen Verwaltungsbehörden. Ab 2007 wurden diese sieben LGV in den legalen Besitz von Cityporto überführt. Da die Deckung der Kosten auch in den folgenden Jahren erfolgte, konnten die Überschüsse in die weitere Entwicklung des City-Logistik-Systems investiert werden. Dazu gehörten neben dem Material zum Handling anderer Frachtgüter auch zwei weitere Fahrzeuge, sodass Cityporto heute über insgesamt neun verfügt.[45]

---

[42] Vgl. Leonardi et al. (2014, S. 88) sowie Vaghi & Percoco (2011, S. 159) sowie Morana (2014, S. 29).

[43] Vgl. Leonardi et al. (2014, S. 88) sowie Vaghi & Percoco (2011, S. 159; S. 167) sowie Interporto Padova S.p.A. (2021b, S. 11).

[44] Vgl. Morana (2014, S. 29 ff.) sowie Vaghi & Percoco (2011, S. 165) sowie Interporto Padova S.p.A. (2021b, S. 5).

[45] Vgl. Morana (2014, S. 31, sowie Vaghi & Percoco (2011, S. 165 f.).

Für den Erfolg des Projekts werden mehrere Faktoren benannt. Zunächst ist der Standort des UCC im Logistikhub ein Vorteil. Einerseits existierte dieser bereits vorher, sodass er unter den Frachtführern bekannt war, ebenso wie die gute Reputation seines Verwalters Interporto di Padova S.p.A. Andererseits ist der Standort von den Logistikstandorten der Frachtführer gut erreichbar und zugleich weit genug entfernt von ihren Kunden innerhalb der Stadtgrenzen von Padua.[46] Zugute kam Cityporto zudem die volle Unterstützung durch die öffentlichen Verwaltungsbehörden von Padua sowie die entgegenkommenden Ausnahmegenehmigungen für die LTZ der Stadt. Normalerweise wird bei Konsolidierungs- und Verteilzentren das zusätzliche Umladen und die damit verbundenen Kosten durch die bessere Auslastung auf der letzten Meile kompensiert. Die angepassten Regulierungen für den Service vereinfachten es für Cityporto, diese Barriere zu überwinden, da den herkömmlichen Dieselfahrzeugen der Frachtführer die Einfahrt in die LTZ weiterhin erschwert wird.[47] Nicht minder wichtig ist jedoch die Art und Weise wie der Service ausgeführt wird. Cityporto tritt als neutraler Anbieter auf und hat seine Kunden bzw. Geschäftspartner (Empfänger und Frachtführer) von dieser geschäftlichen Neutralität überzeugt. Keiner der Kunden wird bevorzugt behandelt, weder beim Cross-Docking noch bei der Auslieferung. Dies wird als der Schlüssel für den Kundengewinn nach den ersten Betriebsjahren angesehen.[48] Zuletzt wird noch das eigens für Cityporto entwickelte Informationssystem hervorgehoben, welches kompatibel mit den Informations- und Rechnungssystemen der Kunden ist und es ihnen zudem ermöglicht, die Fracht über die Auslieferung auf der letzten Meile lückenlos online zu verfolgen.[49] All dies führt zu einem effizienteren Service und stärkt die Beziehung zwischen Cityporto und seinen Kunden. Interviewte Kunden während einer Video-Dokumentation des Projekts äußerten sich zumeist sehr zufrieden über den Lieferservice und empfanden, dass dieser mehr auf sie personalisiert ist als das vorherige klassische System. Dementsprechend wurden auch bereits langfristige Partnerschaften mit Kunden aufgebaut.[50]

---

[46] Vgl. Vaghi & Percoco (2011, S. 166) sowie Leonardi et al. (2014, S. 89) sowie Interporto Padova S.p.A. (2021b, S. 6).

[47] Vgl. Leonardi et al. (2014, S. 88 f.) sowie Interporto Padova S.p.A. (2021b, S. 6).

[48] Vgl. Vaghi & Percoco (2011, S. 166) sowie Leonardi et al. (2014, S. 89).

[49] Vgl. Morana (2014, S, 30 f.) sowie Leonardi et al. (2014, S. 89) sowie Interporto Padova S.p.A. (2021b, S. 12).

[50] Vgl. Morana (2014, S. 33).

Tab. 3.1 Eingangsvariablen Ausgangszustand und Zustand nach Einführung UCC-Konzept (Eigene Darstellung)

Berechnung Eingangsvariablen	
Anzahl Touren pro Jahr eLGV Cityporto Analysezeitraum	2.717,00
Anzahl Touren pro Jahr Diesel LGV vor Cityporto	5.934,00
Transportiertes Gewicht pro Tour in kg Cityporto	758,20
Transportiertes Gewicht pro Tour in kg vor Cityporto	347,12
Transportiertes Gewicht pro Jahr in t	2.059,82
Kilometer pro Jahr eLGV Cityporto	67.925,00
Kilometer pro Jahr Diesel-LGV vor Cityporto	201.756,00

Das Projekt Cityporto ist gut dokumentiert in der italienischen Sprache und wird darüber hinaus auch in der internationalen Literatur thematisiert.[51] Daten in Bezug auf den Anfangszeitraum des Projekts werden unter anderem durch Vaghi & Percoco (2011) zur Verfügung gestellt.[52] Diese werden als Basis für die Berechnung der Eingangsvariablen der später erfolgenden Beurteilung verwendet, welche in Anhang 2 aufzufinden ist. Eine verkürzte Fassung der relevanten Variablen befindet sich in Tab. 3.1.

3.3.2   Nachtlogistik am Beispiel „GeNaLog (Geräuscharme Nachtlogistik)"

Das zweite City-LogistikKonzept bezieht sich auf nächtliche Belieferung städtischer Filialen eines großen Lebensmitteleinzelhändlers und orientiert sich dafür am in Deutschland durchgeführten Forschungsprojekt „Geräuscharme Nachtlogistik (GeNaLog)".

Die Nachtlogistik zielt auf eine Verlagerung der Transportströme ab, und zwar vom Tag auf die Nacht zwischen 22:00 bis 6:00 Uhr.[53] Aufgrund der in der TA-Lärm aufgeführten Immissionsgrenzen und ihrer bereits heutigen Überschreitung existieren in den Städten jedoch häufig Nachtfahrverbote für schwere Nutzfahrzeuge im innerstädtischen Raum, um die Lärmbelastung für die Anwohner zu

---

[51] Vgl. Leonardi et al. (2014, S. 88).
[52] Vgl. Vaghi & Percoco (2011, S. 165 ff.).
[53] Vgl. Allen et al. (2007, S. 22).

senken.[54] Da eine Aufhebung jener für den Transport in der Nacht notwendig ist, ist die Nachtlogistik unter die Maßnahmen-Kategorie der Lizenzierungs- und Regulierungsinitiativen einzuordnen. Zugleich ist damit die Bedingung festgelegt, die lokalen Behörden frühzeitig in die Umsetzung mit einzubinden. Damit die Lärmvorschriften eingehalten werden können und ein dauerhafter Betrieb gesichert wird, ist einerseits die Verwendung von Elektro-LKW geboten. Im Vergleich zum Diesel-LKW ist die Lautstärke eines Elektro-LKW mit 56 db(A) deutlich geringer. Theoretisch könnte er noch leiser sein, durch Regularien der EU ist der oben genannte Wert jedoch ab einer Geschwindigkeit von 20 km/h verpflichtend.[55] Andererseits ist auch das verwendete Be- und Entladeequipment so zu entwickeln, dass der gesamte Prozess den Lärmschutzbestimmungen entspricht.[56] Dementsprechend umfasst die Nachtlogistik auch Aspekte aus dem Maßnahmenbereich der technologischen Innovationen.

Die erfolgreiche Umsetzung eines Nachtlogistikkonzeptes unter klar definierten Lärmvorschriften führt zu Vorteilen für alle betroffenen städtischen Akteure. Die Bürger profitieren primär von einer Verringerung der Lärmemissionen, welche eine Lieferung mit Diesel-LKW sowie die dazugehörige Entladung mit normalen Equipment am Tag mit sich bringt. Aber auch die Verfügbarkeit der Waren bereits zu den Ladenöffnungszeiten gereicht ihnen in ihrer Rolle als Konsument zum Vorteil. Weiterhin wird die öffentliche Infrastruktur besonders zu den Stoßzeiten entlastet, womit Staus und Verkehrsbehinderungen sowie das Risiko lebensgefährlicher Unfälle mit Personenschaden durch schwere Lieferfahrzeuge verringert werden. Die Logistikdienstleister profitieren in der Form, dass die Produktivität ihrer Fahrzeuge erhöht wird und sie ihren Kunden einen besseren Service anbieten können, sodass das Interesse nach einer hohen Kundenzufriedenheit und damit auch der Kundenbindung durch die Nachtlogistik abgedeckt wird. Weitere positive Faktoren sind der verringerte Ausstoß von CO_2 sowie NO_x innerhalb des hochverdichteten städtischen Raums, was sich sowohl positiv auf das ökologische als auch das soziale Kapital auswirkt.[57] Jedoch gilt es bei der Nachtlogistik zu beachten, dass aufgrund individueller Gegebenheiten vor Ort, seien es baulich bedingte Einschränkungen oder frühere Konflikte mit Anwohnern, nicht alle Filialen für eine Belieferung in der Nacht geeignet sind.[58]

---

[54] Vgl. Quak (2010, S. 45) sowie Allen et al. (2007, S. 22).

[55] Burgert (2021).

[56] Fraunhofer IML (2017, S. 15).

[57] ebd.: S. 25 ff.

[58] ebd.: S. 32.

Tab. 3.2 Eingangsvariablen Ausgangszustand Nachtlogistik-Konzept (Eigene Darstellung)

Berechnung Eingangsvariablen					
Fahrzeugtyp	Anzahl Fahrzeuge	Anzahl Touren pro Tag (gekühlt)	km pro Tour (gekühlt)	Anzahl Touren pro Tag (ungekühlt)	km pro Tour (ungekühlt)
LKW 12t	51,00	26,00	100,50	25,00	139,5
LKW 18t	17,00	17,00	100,50	0,00	0
LKW 26t	51,00	23,00	120,00	26,00	139,5
City-Sattelzug	34,00	18,00	139,50	16,00	178,5
Gliederzug	17,00	14,00	159,00	3,00	217,5
Gesamt	170,00	98,00	-	70,00	-

Anhand der Ergebnisse des Pilotprojekts GeNaLog wurde durch das Fraunhofer IML (2017) eine Modellierungsgrundlage erstellt, die auch in diesem
Buch als Grundgerüst für die Berechnung eines Ausgangszustandes und eines
Zustandes nach Einführung des Konzepts verwendet wird.[59] Die Daten dieser
Grundlage sowie die detaillierte Kalkulation der Eingangsvariablen sind aufzufinden in Anhang 3. Eine Zusammenfassung der relevanten Eingangsvariablen
für den Ausgangszustand befindet sich in Tab. 3.2.

Als weiterer Untersuchungsgegenstand im Rahmen der später erfolgenden
Bewertung von City-LogistikKonzepten wurde eine Erweiterung der Nachtlo-
gistik auf den Einsatz der E-LKW auch in den Tagesstunden als zusätzliches
Konzept mit aufgenommen.

3.3.3 Unterirdische Logistiksysteme am Beispiel Cargo Sous Terrain

Im Folgenden wird der Ablauf aktueller unterirdischer Logistiksysteme (ULS) am
Beispiel Cargo Sous Terrain in der Schweiz beschrieben. Das System besteht aus
mehreren Umladestationen, im Folgenden als Hubs bezeichnet. Diese Stationen
sind mit einer Transportröhre unterirdisch, in einer Tiefe von 50 m, verbunden.
Geplant sind mehrere Ausbaustufen über die gesamte Schweiz, jedoch betrifft
die erste Phase der Bauplanung eine Strecke von 61 km. Die Ware wird an
den außerstädtisch gelegenen Haupt-Hubs per LKW angeliefert und in das unter-
irdische System eingespeist. Der Transport in der Röhre erfolgt unter Einsatz
autonom fahrender Fahrzeuge, welche je zwei Paletten transportieren können.

---

[59] ebd.: S. 62 f.

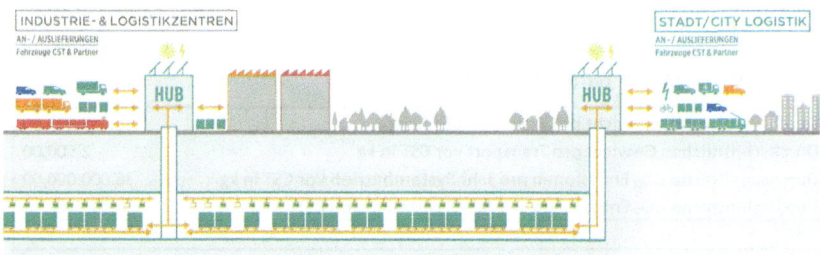

Abb. 3.3   Systemablauf Cargo Sous Terrain. (Maibach et al. (2016), S. 17)

Somit entfällt eine Umladung auf eine andere Ladungseinheit. Das Endziel der Fahrzeuge sind drei City-Hubs, von denen sich zwei in der Stadt Zürich befinden. Dort kommen die Paletten wieder an die Oberfläche und werden emissionsfrei mit Elektrofahrzeugen feinverteilt. Die Hubs dienen zugleich als Lager.[60] Der Vorteil davon ist, dass eine bedarfsgerechte Steuerung des Transports erfolgen kann sowie Bündelungseffekte erhöht werden. Die Funktionsweise des Systems weist hier Ähnlichkeiten zu der eines Urban Consolidation Centers auf. Zielgüter für den Transport sind Waren für den Einzelhandel sowie die Paketlogistik. Die Pakete werden parallel zu den unterirdisch fahrenden Transportfahrzeugen mittels einer Hängebahn bewegt. Der genaue Ablauf des Systems ist anhand Abb. 3.3 nochmals visuell dargestellt.[61]

Die Grunddaten sowie die Berechnung der Eingangsvariablen in Bezug auf das Konzept Cargo Sous Terrain befindet sich in Anhang 4. Eine kurze Zusammenfassung der notwendigen Variablen können Tab. 3.3 entnommen werden.

---

[60] Vgl. Maibach et al. (2016, S. 15 ff.).
[61] Vgl. Maibach et al. (2016, S. 15 ff.).

Tab. 3.3   Eingangsvariablen Ausgangszustand und Zustand nach Einführung CST (Eigene Darstellung)

Grunddaten Cargo Sous Terrain (CST)	
Durchschnittliches Gewicht pro Transport CST in kg	5.000,00
Durchschnittliches Gewicht pro Transport vor CST in kg	2.500,00
Durchschnittliche CO_2 Emissionen pro Jahr Systembetrieb vor CST in kg	36.000.000,00
Durchschnittliche CO_2 Emissionen pro Jahr Systembetrieb CST in kg	20.500.000,00
Berechnung Eingangsvariablen	
Durchschnittliche Anzahl Touren pro Jahr	931.122,00
Durchschnittliches transportiertes Gewicht Feinverteilung CST pro Jahr in t	4.655.610,00
Durchschnittliche Kilometer pro Jahr innerstädtisch CST	18.600.000,00
Durchschnittliche Kilometer pro Jahr innerstädtisch CST für Nahrungsmittel	4.650.000,00
Durchschnittliche Kilometer pro Jahr innerstädtisch CST für sonstige Güter	13.950.000,00
Durchschnittliche Kilometer pro Jahr vor CST innerorts	30.217.525,81
Durchschnittliche Anzahl Touren pro Jahr vor CST	1.862.244,00
Durchschnittliche Kilometer pro Tour vor CST innerorts	16,23
*entspricht näherungsweise dem von Maibach et al. (2016), S. 46 als realistisch eingeschätztem Potenzial von ca. 4,5 Mio. Tonnen	

Methodik zur Lösung von Entscheidungsproblemen

4

Im vorangegangenen Kapitel konnten vier Konzepte als Untersuchungsgegenstand identifiziert sowie ihre Umsetzung in der Praxis betrachtet werden. Dieses Kapitel wird mit der Vorstellung der Multi-Criteria-Decision-Analysis (MCDA) eingeleitet, die die Grundlage für das Verständnis und die Bewertung komplexer Entscheidungsprobleme darstellt. Im Anschluss wird die Preference Ranking Organization Method for Enrichment Evaluations (PROMETHEE) als Analysemethode erläutert. Abschließend werden die Kriterien für die Durchführung der MCDA definiert.

4.1 Multikriterielle Entscheidungsanalyse (MCDA)

Der menschliche Verstand ist zu vielem in der Lage. Trotzdem ist es für den Menschen schwierig, Entscheidungen zu treffen, wenn mehrere Möglichkeiten mit verschiedenen Auswirkungen gleichzeitig betrachtet werden müssen. Ein solches Szenario wird als multikriterielles Entscheidungsproblem bezeichnet. Es gilt, eine große Anzahl an Faktoren und Informationen, sowohl objektiver als auch subjektiver Natur, zu berücksichtigen. Deren Abwägung kann schnell eine Überforderung des menschlichen Verstands hervorrufen. Daraus lässt sich folgern, dass je größer die Komplexität des Entscheidungsproblems ist, desto eingeschränkter ist der Mensch in seiner Fähigkeit, eine fundierte Entscheidung zu treffen.[1]

Mathematisch ist das multikriterielle Entscheidungsproblem wie folgt zu definieren:

---

[1] Vgl. Geldermann & Lerche (2014, S. 4).

A. Goudz und R. Pieszek, *Innovative Stadt-Logistik*, https://doi.org/10.1007/978-3-658-44136-4_4

$$\max\{g_1(a), g_2(a), ..., g_j(a), ..., g_k(a)|a \in A\},$$

wobei A eine endliche Menge möglicher Alternativen $\{a_1, a_2, ..., a_i, ..., a_n\}$ darstellt und $\{g_1(\bullet), g_2(\bullet), ..., g_j(\bullet), ..., g_k(\bullet)\}$ eine Menge von Beurteilungskriterien. Im Zuge des Entscheidungsproblems ist es nötig, dass manche dieser Kriterien minimiert und andere maximiert werden, sodass schlussendlich eine Alternative identifiziert werden kann, welche eine Optimierung aller Kriterien bedeutet.[2] Diese mathematische Definition verdeutlicht nochmal die Komplexität, welche mit multikriteriellen Entscheidungsproblemen einhergeht, vor allem dann, wenn konfliktäre Zielsetzungen parallel verfolgt werden müssen.

Um dieser Problematik zu begegnen, bedient man sich den MCDA-Methodiken. Sie helfen zunächst bei der Informationsverarbeitung und strukturieren das Entscheidungsproblem, indem sie neben den relevanten Alternativen ebenfalls die verfolgten Ziele sowie die aus ihnen resultierenden Kriterien offenlegen. Dabei bieten sie den Vorteil, sowohl quantitative als auch qualitative Daten zugleich einzubeziehen. Dadurch ist es möglich, ein breites Spektrum an möglichen Kriterien zu betrachten, wodurch der überwiegende Teil menschlicher Entscheidungsprobleme abgedeckt werden kann. Die Ergebnisse, welche im Anschluss durch die Anwendung der Methode erzielt werden, liefern dann eine Grundlage für eine fundierte Entscheidungsfindung durch den Entscheidungsträger.[3] Eine Entscheidungsproblematik liegt mit der zentralen Zielstellung dieses Buches und den dazugehörigen Forschungsfragen vor, weshalb die Anwendung einer MCDA-Methodik sinnhaft erscheint.

4.1.1 Strukturelemente von MCDA-Methoden

Es existieren bereits verschiedene Ansätze bzw. Methodiken zur Analyse komplexer Entscheidungsprobleme, die die eine gemeinsame Grundstruktur aufweisen. Diese umfasst folgende Elemente:[4]

- Identifikation von adäquaten Alternativen,
- Definition eines Zielsystems,
- Definition relevanter Kriterien,
- Festlegung von Präferenzen,

---

[2] Vgl. Brans & Mareschal (2005, S. 164).

[3] Vgl. Geldermann & Lerche (2014, S. 9 f.) sowie Brans & Mareschal (2005, S. 164).

[4] Vgl. Geldermann & Lerche (2014, S. 4 ff.).

- Gewichtung der Kriterien.[5]

Die einzelnen Bestandteile werden nun genauer vorgestellt.

4.1.2 Identifikation von Alternativen

Ein Entscheidungsproblem umfasst verschiedene Handlungsoptionen. Sie werden aus einem bestimmten Problem abgeleitet und als „Alternativen" bezeichnet, wobei letztlich nur eine Alternative als die beste Lösung ausgewählt werden kann. Dementsprechend besteht ein Entscheidungsproblem stets aus mindestens zwei Alternativen, welche direkt miteinander verglichen werden. Es ist zudem auch möglich, den aktuellen Zustand als Alternative mit aufzunehmen, um zu kontrollieren, ob eine Veränderung des Status quo überhaupt eine Verbesserung herbeiführt.

Für einen Vergleich ist es erforderlich, verschiedene Alternativen so genau wie möglich hinsichtlich bestimmter Merkmale zu beschreiben, welche charakteristisch für sie sind und eine Relevanz für die Lösung des Entscheidungsproblems aufweisen. Auch wenn dies in der Regel einen hohen Aufwand erfordert, so ist dieser Schritt essenziell. Nur so kann sichergestellt werden, dass bei jeder der in Betracht gezogenen Alternativen die zuvor beschriebenen Merkmale auch definiert werden können. Erst dies ermöglicht den direkten Vergleich von verschiedenen Alternativen.[6] In diesem Buch sind die zur Verfügung stehenden Alternativen demzufolge die City-LogistikKonzeptionen, die gegenüber dem jeweiligen aktuellen Zustand bewertet werden sollen. Aufgrund der Betrachtung verschiedener Projekte ist die Einbeziehung eines einzigen Ausgangszustandes als Alternative jedoch nicht möglich, da es mehrere davon gibt. Stattdessen erfolgt die Betrachtung der Effekte einzelner Konzepte auf den jeweiligen Status quo.

Um die Vergleichbarkeit der Konzepte sicherzustellen und ein Verhältnis zwischen ihnen herzustellen, wird das transportierte Gewicht in t je Konzeption als Relation für den Vergleich der quantitativen Werte gewählt.

---

[5] Vgl. Geldermann & Lerche (2014, S. 4 ff.).
[6] Vgl. Geldermann & Lerche (2014, S. 5).

4.1.3 Definition eines Zielsystems

Für einen Erfolg bei der Lösung einer Entscheidungsproblematik ist es wichtig zu wissen, was genau durch die Änderung des aktuellen Zustands erreicht werden soll. Demzufolge ist es notwendig, dass der Entscheidungsträger sich zuvor Ziele setzt, welche den gewünschten zukünftigen Zustand beschreiben. Sie sollten sowohl messbar als auch realistisch erreichbar sein und ihre Formulierung in einer Art und Weise erfolgen, die keinen Interpretationsspielraum zulässt. In der Regel werden mit dem Treffen einer Entscheidung mehrere Ziele gleichzeitig verfolgt. Dabei ist es möglich, dass diese voneinander abhängig sind oder sich auch gegenseitig widersprechen. Aufgrund dessen wird das Gesamtziel des Entscheidungsproblems als Oberziel ausgegeben, von dem aus weitere Unterziele formuliert werden, welche die Konkretisierung der weiteren Ziele einer Entscheidung sicherstellen.[7]

Das Oberziel lässt sich entsprechend dem Leitthema dieses Buches formulieren. Es soll das Konzept identifiziert werden, welches, durch die Reduzierung der städtischen Verkehrsproblematik und deren negative Auswirkungen, die größte Eignung aufweist, eine nachhaltige Entwicklung von Großstädten zu fördern. Ausgehend vom Nachhaltigkeitsansatz, dass alle drei Nachhaltigkeitsdimensionen gleichberechtigt sind, können daraus die Unterziele abgeleitet werden. Diese sind: der Erhalt von ökologischem Kapitals sowie der Erhalt und der Aufbau von sowohl ökonomischem als auch sozialem Kapital.

4.1.4 Auswahl und Definition geeigneter Kriterien

Mithilfe von zuvor definierten Kriterien wird überprüft, in welchem Ausmaß ein bestimmtes Ziel erfüllt wird. Indem mehrere Kriterien für die Entscheidungsproblematik formuliert werden, wird die parallele Verfolgung verschiedener Ziele ermöglicht. Dabei muss stets ein logischer Zusammenhang zwischen dem jeweiligen Ziel und seinen Kriterien existieren, damit diese als relevant angesehen werden können. Damit ein direkter Vergleich zwischen den Alternativen auch stattfinden kann, müssen die Kriterien messbar sein. Dies wird durch die Zuweisung von Attributen ermöglicht, welche eine Maßeinheit aufweisen, die im Sinne der Zielsetzung entweder maximiert oder minimiert werden soll. Zum besseren Verständnis des Problems sollten das Oberziel, die Unterziele, die Kriterien und die Maßeinheiten in eine Kriterienhierarchie überführt werden. Dies legt

---

[7] Vgl. Geldermann & Lerche (2014, S. 5 f.).

die Struktur des Entscheidungsproblems offen und liefert damit auch wichtige Information über diese.[8] In Bezug auf die vorliegende Entscheidungsproblematik dieses Buches sind die Kriterien in Abschn. 4.3 aufzufinden. Ihre Definition findet statt, nachdem die als relevant angesehenen City-Logistik Konzeptionen im Detail beschrieben wurden. Damit wird sichergestellt, dass Kriterien gewählt werden, mit denen alle Konzeptionen trotz ihrer unterschiedlichen Eigenschaften auf einer einheitlichen Basis verglichen werden können.

4.1.5　Festlegung der Präferenzen

Präferenzen spiegeln die Einstellung des Entscheidungsträgers gegenüber den Konsequenzen wider, welche die Umsetzung einer Alternative in Anbetracht der vorab formulierten Ziele mit sich bringt. Sie stellen eine Grundlage dar, mit der schlussendlich eine Rangfolge der in Betracht gezogenen Alternativen erstellt werden kann. Es existieren verschiedene Präferenzbegriffe, wobei die Basisbegriffe die folgenden sind:

- Strikte Präferenz: Eine Alternative wird der anderen konkret bevorzugt,
- Präferenz: Eine Alternative wird als mindestens gleichwertig betrachtet,
- Indifferenz: Beide Alternativen werden als gleichwertig betrachtet.[9]

In der Kategorie der MCDA-Methoden mit dem Namen „Outranking-Verfahren" wird der Präferenzbegriff um „schwache Präferenz" und „Unvergleichbarkeit" erweitert. Dieser Kategorie lässt sich auch die in diesem Buch verwendete Methode PROMETHEE zuordnen.[10]

Präferenzen können einerseits mithilfe von Nutzenfunktionen bestimmt werden, andererseits - unter der Verwendung von Präferenzfunktionen. Letzteres ist der Fall bei PROMETHEE.[11]

Dementsprechend erfolgt eine weiterführende Erläuterung der hier noch nicht definierten Begrifflichkeiten und der verschiedenen Präferenzfunktionen in Abschn. 4.2.1.

---

[8] Vgl. Geldermann & Lerche (2014, S. 6 f.).

[9] Vgl. Geldermann & Lerche (2014, S. 7 f.).

[10] Vgl. ebd.: S. 7 f.

[11] Vgl. ebd.: S. 8.

4.1.6   Bestimmung der Kriteriengewichtung

Mittels einer Gewichtung wird bei MCDA-Methoden die jeweilige Relevanz der Kriterien in Bezug auf das Gesamtproblem ausgedrückt. Der Gewichtungsfaktor spiegelt also wider, wie bedeutsam ein Kriterium für das Gesamtproblem ist. Er besitzt damit einen großen Einfluss auf das Endergebnis des Entscheidungsproblems. Dargestellt wird der Gewichtungsfaktor anhand einer nicht-negativen auf einem kardinalen Skalenniveau gemessenen Zahl. Zumeist geschieht dies innerhalb eines Intervalls von 0 bis 100, wobei dieser entweder prozentual oder mittels einer Punktevergabe ausgedrückt wird. Dabei ist zu berücksichtigen, dass alle Gewichte am Ende in Summe genau 100 ergeben.[12] Die Ermittlungsmethode für die Gewichtungsfaktoren wird in Abschn. 4.2.2 thematisiert.

4.2   Preference Ranking Organization Method for Enrichment Evaluations (PROMETHEE)

MCDA-Methodiken teilen sich in zwei Kategorien auf: klassische- und Outranking-Verfahren. Während der Vorteil der klassischen Verfahren auf ihrer nachvollziehbaren Logik und der einfachen Umsetzung beruht, besitzen sie trotzdem auch eindeutige Nachteile. Sie liegen nicht zuletzt darin, dass die Präferenzen des Entscheiders zu stark vereinfacht dargestellt werden, solange kein außergewöhnlicher Datenermittlungsaufwand betrieben wird. Somit werden sie zumeist unzulänglich dargestellt und der Entscheider ist sich ihrer Wirkung nicht wirklich bewusst. Das Bewusstsein des Entscheiders über seine Präferenzen ist jedoch eine grundlegende Annahme der klassischen Verfahren. Andererseits muss in den klassischen Verfahren stets eine strikte Präferenz für die Alternativen angegeben werden, was besonders bei einer hohen Anzahl von Kriterien als fraglich angesehen wird.[13]

PROMETHEE, entwickelt durch Jean-Pierre Brans und erstmals 1982 präsentiert, lässt sich der Kategorie der Outranking-Verfahren zuordnen. In den Jahren bis 1994 wurde es stetig weiterentwickelt und erweitert. Seit seiner Präsentation erfährt das Verfahren über viele verschiedene (Forschungs-) Bereiche in einer beachtlichen Anzahl erfolgreiche Anwendung. Die Häufigkeit seiner Anwendung

---

[12] Vgl. Geldermann & Lerche (2014, S. 8).
[13] Vgl. Geldermann & Lerche (2014, S. 12 f.).

und damit sein Erfolg wird seinen mathematischen Eigenschaften und seiner Benutzerfreundlichkeit zugeschrieben.[14]

Die Outranking-Verfahren entstanden überwiegend in Folge der Kritik an den klassischen Verfahren. Sie verfolgen den Ansatz, dass der Entscheider nicht eindeutig um seine Präferenzen weiß und sie dementsprechend auch nicht genau abbilden kann. Aufgrund dessen sollen die Präferenzen mithilfe paarweiser Vergleiche der Alternativen ermittelt werden. Dabei kommen Präferenzfunktionen zum Einsatz, die es ermöglichen, auch schwache Präferenzen oder Unvergleichbarkeit darzustellen. Dies ist von Vorteil, da Outranking-Verfahren wie PROMETHEE somit auch bei einer großen Anzahl an Kriterien anwendbar sind. Im Gegensatz zu den klassischen Verfahren wird bei dieser Vorgehensweise beim Entscheider also ein Bewusstsein für das Entscheidungsproblem und die dafür relevanten Aspekte generiert, wodurch er abschließend eine belegte Entscheidung treffen kann.[15]

Die Anwendung von PROMETHEE orientiert sich ebenfalls an den zuvor aufgeführten Strukturelementen. Nichtsdestotrotz ist für das Verständnis von PRO-METHEE in diesem Buch weiterführendes Wissen nötig, um eine erfolgreiche Bewertung in Kap. 5 durchführen zu können. Dazu gehören unter anderem Informationen bezüglich der Präferenzfunktionen und der Gewichtung. Dies und weiteres erforderliches Wissen wird im Folgenden vermittelt.

4.2.1 Festlegung der Präferenzfunktionen (Informationen innerhalb der Kriterien)

Die Präferenzstruktur von PROMETHEE beruht, wie bereits festgestellt und allgemein typisch für Outranking-Verfahren *nicht* auf der Zuweisung eines absoluten Nutzwertes zu jeder Alternative oder jedem Kriterium, welcher auf dem inneren Bewusstsein des Entscheiders basiert. Stattdessen wird die Präferenzstruktur auf den paarweisen Vergleichen aufgebaut. Dafür werden zwei Alternativen hinsichtlich eines Kriteriums bewertet und die Differenz/Abweichung (d) zwischen diesen zwei Ergebnissen betrachtet. Die Größe dieser Differenz ist für die Stärke der Präferenz (P) zu einer Alternative maßgeblich. Ist sie klein, ist es ebenso eine Präferenz. Dabei ist es für den Entscheider sogar möglich, keine Präferenz zu vergeben, sollte er die Differenz als unwesentlich erachten. Umgekehrt bedeutet eine größere Differenz eher eine stärkere Präferenz zu einer Alternative

---

[14] Vgl. Brans & Mareschal (2005, S. 164).
[15] Vgl. Geldermann & Lerche (2014, S. 12 f.).

hinsichtlich eines bestimmten Kriteriums. Dementsprechend werden Präferenzen als Zahlen betrachtet, welche zwischen „0", dem Wert für Indifferenz, und „1", dem Wert für strikte Präferenz liegen. Sollte die Differenz (d) einen negativen Wert annehmen, besitzt die Präferenz den Wert „0". Für jedes Kriterium existiert somit eine Funktion:[16]

$$P_j(a, b) = F_j\big[d_j(a, b)\big] \, \forall a, b \in A$$

Wobei

$$d_j(a, b) = g_j(a) - g_j(b)$$

Und

$$0 \le P_j(a, b) \le 1$$

Der paarweise Vergleich $\{g_j(\cdot), P_j(a, b)\}$ wird auch als „allgemeines Kriterium" bezeichnet und ein solches muss für jedes der Kriterien definiert werden. Dies geschieht unter Zuhilfenahme von sechs Präferenzfunktionen, welche allgemein angewendet werden können und von Brans & Mareschal (2005) empfohlen werden, da sie sich in den meisten realen Anwendungsfällen als zufriedenstellend bewiesen haben.[17] Bei diesen Funktionen wird die Präferenz (P) auf der y-Achse (Wert zwischen 0 und 1) und die Differenz auf der x-Achse dargestellt.[18]

Weiterhin existieren drei Typen von Schwellenwerten (q, p, s), die auf der x-Achse angesetzt werden und von denen entweder keiner, einer oder zwei als Parameter definiert werden müssen. Der Indifferenzwert q ist die größtmögliche Differenz zwischen den Alternativen, welche durch den Entscheider als vernachlässigbar angesehen wird, sodass bis zu diesem Wert Indifferenz existiert. Dagegen stellt der Präferenzwert p die kleinstmögliche Differenz dar, welche als ausreichend betrachtet wird, um eine strikte Präferenz zu generieren. Diese existiert somit ab dem Wert q. Der Zwischenwert s, ein Wert zwischen q und p, ist lediglich bei Präferenzfunktion VI, bei der er einen Wendepunkt darstellt, relevant.[19]

---

[16] Vgl. Brans & Mareschal (2005, S. 169) sowie Mareschal (2018, S. 1) sowie Geldermann & Lerche, (2014, S. 55 f.).

[17] Vgl. Brans & Mareschal (2005, S. 170 f.).

[18] Vgl. Mareschal (2018, S. 1) sowie Geldermann & Lerche (2014, S. 55 f.).

[19] Vgl. Brans & Mareschal (2005, S. 171) sowie Geldermann & Lerche (2014, S. 55 f.).

Die Ermittlung dieser Schwellenwerte kann herausfordernd sein, da sie bei der PROMETHEE-Methodik ursprünglich durch eine sukzessive Annäherung bestimmt werden sollen und damit lediglich auf Basis der Wahrnehmung des Entscheidungsträgers basieren. Jedoch können die Interpretation und das Nachvollziehen der Wirkungsweise der Schwellenwerte häufig schwierig sein.[20] Um dem entgegenzuwirken, wendet man ein statistischer Ansatz an, mit dem die Festlegung der Schwellenwerte erfolgen kann. Mareschal (2018) sowie Geldermann und Lerche (2014) schlagen dahingehend vor, den Präferenzwert p über die Subtraktion des schlechtesten vom besten Ergebnis der Alternativen bei einem Kriterium zu berechnen. Bei Unsicherheiten bezüglich des Indifferenzwertes q sollte dieser so festgelegt werden, dass kleinere Differenzen vernachlässigbar sind oder er sollte gleich Null gesetzt werden, um zu vermeiden, dass eventuell nützliche Informationen verloren gehen können. Beim statistischen Ansatz wird q anhand der Standardabweichung der Differenzen bestimmt, welche das Ergebnis der einzelnen paarweisen Vergleiche der Alternativen eines Kriteriums darstellen.[21]

Nachdem alle Details in Bezug auf Präferenzfunktionen thematisiert wurden, werden in Tab. 4.1 die in der Literatur empfohlenen sechs Präferenzfunktionen vorgestellt:

Die oben aufgezeigten Präferenzfunktionen beziehen sich dabei auf die Maximierung eines Kriteriums. Kriterien, die minimiert werden sollen, benötigen eine Spiegelung der Funktion, damit das kleinere Ergebnis des Alternativenvergleichs als besser eingeschätzt wird. Eine negative Differenz ist folglich nicht mehr mit Indifferenz gleichzusetzen, sondern sie führt zu einer größeren Präferenz.[22]

Die Wahl einer adäquaten Präferenzfunktion für die Kriterien ist wichtig für die Durchführung der Entscheidungsanalyse. Sie kann mit einer einfachen schrittweisen Vorgehensweise vorgenommen werden, welche die Maßskala (kontinuierlich/diskret numerisch, qualitativ) des Kriteriums berücksichtigt und auch in diesem Buch Anwendung findet. Da jedoch die Präferenzfunktion von Typ II (U-shape) äußerst selten in der Praxis ihre Anwendung findet und die von Typ VI (Gaussian) lediglich eine Alternative zu Typ V (Linear) darstellt, werden diese beiden nicht in der nun vorgestellten Vorgehensweise berücksichtigt.[23]

- Das Kriterium weist eine kontinuierlich numerische Skala auf:

[20] Vgl. Mareschal (2018, S. 7 f.) sowie Geldermann & Lerche (2014, S. 60 f.).

[21] Vgl. Mareschal (2018, S. 8 f.) sowie Geldermann & Lerche (2014, S. 55 f.).

[22] Vgl. Brans & Mareschal (2005, S. 169) sowie Geldermann & Lerche (2014, S. 60).

[23] Vgl. Mareschal (2018, S. 6 f.).

Tab. 4.1 Präferenzfunktionstypen bei PROMETHEE (in Anlehnung Brans und Mareschal (2005), S. 170; Mareschal (2018), S. 2 ff.)

Typ der Präferenzfunktion	Definition	Festzulegende Parameter	Details
Typ I: Usual preference function $P(d) = \begin{cases} 0 & d \leq 0 \\ 1 & d > 0 \end{cases}$		Keines	Binäres Ergebnis: Zwei Alternativen mit gleichen Werten (Differenz = 0) sind indifferent (Präferenzgrad = 0); Zwei Alternativen mit differierenden Werten (Differenz > 0) generieren strikte Präferenz (Präferenzgrad = 1), selbst bei sehr kleinen Differenzen
Typ II: U-shape preference function $P(d) = \begin{cases} 0 & d \leq q \\ 1 & d > q \end{cases}$		q	Binäres Ergebnis: Zwei Alternativen mit nahen Werten (Differenz ≤ q) sind indifferent (Präferenzgrad = 0); Zwei Alternativen mit mehr differierenden Werten (Differenz > q) generieren strikte Präferenz (Präferenzgrad = 1)
Typ III: V-shape preference function $P(d) = \begin{cases} 0 & d \leq 0 \\ \frac{d}{p} & 0 \leq d \leq p \\ 1 & d > p \end{cases}$		p	Zwei Alternativen mit gleichen Werten (Differenz = 0) sind indifferent (Präferenzgrad = 0); Zwei Alternativen mit weniger differierenden Werten (Differenz ≤ p) generieren einen Präferenzgrad proportional zur Differenz (Präferenzgrad = Differenz / p) Zwei Alternativen mit stark differierenden Werten (Differenz > p) generieren strikte Präferenz (Präferenzgrad = 1);
Typ IV: Level preference function $P(d) = \begin{cases} 0 & d \leq q \\ \frac{1}{2} & q < d \leq p \\ 1 & d > p \end{cases}$		p, q	Zwei Alternativen mit sehr nahen Werten (Differenz ≤ q) sind indifferent (Präferenzgrad = 0); Zwei Alternativen mit differierenden Werten (q < Differenz ≤ p) generieren eine schwache Präferenz (Präferenzgrad = 1/2); Zwei Alternativen mit stark differierenden Werten (Differenz > p) generieren strikte Präferenz (Präferenzgrad = 1);
Typ V: Linear preference function			Zwei Alternativen mit sehr nahen Werten (Differenz ≤ q) sind indifferent (Präferenzgrad = 0);

(Fortsetzung)

Tab. 4.1 (Fortsetzung)

	$$P(d) = \begin{cases} 0 & d \le q \\ \frac{d-q}{p-q} & q < d \le p \\ 1 & d > p \end{cases}$$	p, q	Zwei Alternativen mit differierenden Werten (q < Differenz ≤p) generieren einen Präferenzgrad der linear ebenso ansteigt von 0 bis 1 wie die Differenz von q zu p (Präferenzgrad = (Differenz – q) / (p-q)); Zwei Alternativen mit stark differierenden Werten (Differenz > p) generieren strikte Präferenz (Präferenzgrad ≈ 1);
Typ VI: Gaussian preference function	$$P(d) = \begin{cases} 0 & d \le 0 \\ 1 - e^{-\frac{d^2}{2s^2}} & d > 0 \end{cases}$$	s	Alternative zur Linear preference function (Typ V), basierend auf Gauß'scher Normalverteilung; Präferenz ist streng monoton wachsend, Wert von 1 wird jedoch nie erreicht; Keine Schwellenwerte p und q → somit auch keine Zonen für Indifferenz und strikte Präferenz; Wendepunkt der Präferenzfunktionskurve durch s (korrespondierend mit Präferenzgrad von 0,39) bestimmt, welcher sich konkret zwischen den Schwellenwerten q und p befinden würde (aber schwieriger zu bestimmen als q und p)

- Sehr kleine Differenzen sollen vernachlässigt und ein Indifferenzschwellenwert eingeführt werden → Typ V: Linear preference function
- Auch sehr kleine Differenzen sollen berücksichtigt und ein Präferenzschwellenwert eingeführt werden → Typ III: V-shape preference function
- Das Kriterium weist eine diskret numerische oder qualitative Skala auf:
  - Kleine Anzahl an Werten (≤5) und Werte als stark differierend voneinander wahrgenommen → Typ I: Usual preference function
  - Große Anzahl an Werten (>5) oder schwacher Präferenzgrad für kleinere Differenzen beabsichtigt → Typ IV: Level preference function

4.2.2 Ermittlung der Gewichtung (Informationen zwischen den Kriterien)

Die Gewichtung $\{w_j, j = 1, 2, ..., k\}$ stellt die relative Wichtigkeit der verschiedenen Kriterien in Bezug auf das Entscheidungsproblem dar. Dargestellt werden sie durch nicht-negative Zahlen, welche unabhängig von den Maßeinheiten der Kriterien sind. Ein höheres Gewicht geht mit einer größeren Bedeutung des Kriteriums einher. Die Gewichtung wird normiert, sodass[24]:

$$\sum_{j=1}^{k} w_j = 1$$

Zwar gibt es Ansätze zur Ermittlung von Gewichtungsfaktoren, jedoch wird keiner davon explizit vorgegeben. Die Zuweisung der Gewichte zu den Kriterien liegt somit im Ermessen des Entscheidungsträgers, sodass seine Prioritäten und Wahrnehmung der Situation entscheidend sind.[25]

4.2.3 Bestimmung der Outranking-Relation

Nachdem den Kriterien die Präferenzfunktionen sowie die Gewichtung zugewiesen wurde, ist es im Zuge des paarweisen Vergleichs erforderlich, die sogenannten Outranking-Relationen zu ermitteln. Sie überprüfen, in welchem Ausmaß eine Alternative im paarweisen Vergleich über sämtliche Kriterien hinweg gegenüber einer anderen präferiert wird und vice versa. Dargestellt werden kann dies über die Formeln[26]

$$\pi(a, b) = \sum_{j=1}^{k} P_j(a, b)w_j$$

Sowie

$$\pi(b, a) = \sum_{j=1}^{k} P_j(b, a)w_j$$

---

[24] Vgl. Brans & Mareschal (2005, S. 168) sowie Geldermann & Lerche (2014, S. 61).
[25] Vgl. Brans & Mareschal (2005, S. 168) sowie Geldermann & Lerche (2014, S. 61).
[26] Vgl. Brans & Mareschal (2005, S. 171 f.) sowie Geldermann & Lerche (2014, S. 61.).

Dabei gibt $\pi(a, b)$ an, in welchem Ausmaß a über b über alle Kriterien präferiert wird und $\pi(b, a)$, inwiefern b über a präferiert wird. Das Maß der Präferenz einer Alternative gegenüber der anderen ist dabei ähnlich zu dem bei der Präferenzfunktionen ein Wert zwischen 0 und 1, sodass[27]

$$\pi(a, b) \sim 0 \text{ impliziert eine schwache globale Präferenz von a über b}$$

Und

$$\pi(a, b) \sim 1 \text{ impliziert eine strikte globale Präferenz von a über b}$$

Im Anschluss können die Outranking-Relationen zusammengefasst werden. Dies geschieht entweder in Form eines Graphen, bei dem zwei Bögen zwischen jedem Paar den jeweiligen Präferenzwert gegenüber der anderen Alternative aufzeigen Oder gleiches wird als Matrix dargestellt, wobei die Hauptdiagonale den Wert 0 aufweist.[28]

4.2.4 Berechnung der Aus- und Eingangsflüsse

Die zuvor bestimmten Outranking-Relationen stellen die Basis für die Berechnung der Aus- und Eingangsflüsse der Alternativen dar, welche aufzeigen, zu welchem Grad jede Alternative im Vergleich zu *allen* anderen Alternativen abschneidet, sowohl in positiver als auch in negativer Hinsicht. Dementsprechend sind sie entscheidend für die Ermittlung der Rangfolge.[29]

Der Ausgangsfluss, auch positiver Outranking-Fluss genannt, zeigt die Stärke einer Alternative gegenüber (n-1) anderen Alternativen an, also inwieweit sie gegenüber all diesen präferiert wird. Je höher dieser Wert, desto besser die Alternative. Definiert wird dieser positive Fluss über[30]

$$\Phi^+(a) = \frac{1}{n-1} \sum_{x \in A} \pi(a, x)$$

[27] Vgl. Brans & Mareschal (2005, S. 171 f.).

[28] Vgl. Brans & Mareschal (2005, S. 172) sowie Geldermann & Lerche (2014, S. 61 f.).

[29] Vgl. Brans & Mareschal (2005, S. 172 f.) sowie Geldermann & Lerche (2014, S. 62).

[30] Vgl. Brans & Mareschal (2005, S. 172 f.) sowie Geldermann & Lerche (2014, S. 62).

Der Eingangsfluss bzw. negative Outranking-Fluss zeigt dagegen die Schwäche einer Alternative gegenüber (n-1) anderen Alternativen an, also inwieweit die anderen sie dominieren. Hierbei ist eine Alternative besser, je niedriger dieser Wert ist. Auch wenn die Bezeichnung „negativ" etwas anderes impliziert, so hat dieser Wert stets ein positives Vorzeichen und befindet sich konkret zwischen 0 und 1. Der negative Outranking-Fluss wird definiert über[31]

$$\Phi^-(a) = \frac{1}{n-1} \sum_{x \in A} \pi(x, a)$$

4.2.5 Erstellung einer Rangfolge auf Basis von PROMETHEE I und II

Nachdem mit der Berechnung der Aus- und Eingangsflüsse die Grundlage für die Ermittlung der Rangfolge gelegt wurde, ist es möglich, zwei verschiedene Arten dieser Ordnung zu ermitteln. Dies sind zum einen die partielle Präordnung mittels PROMETHEE I, zum anderen die vollständige Präordnung anhand PROME-THEE II.[32] Sowohl Geldermann & Lerche (2014) als auch Brans & Mareschal (2005) empfehlen, beide Verfahren anzuwenden, um für eine der Situationen angemessene Entscheidung zu treffen.[33]

Partielle Präordnung nach PROMETHEE I
Eine partielle Präordnung nach PROMETHEE I zu ermitteln, bedeutet, dass Präferenzen sowie die Indifferenz abgebildet werden können, zusätzlich aber auch die Unvergleichbarkeit. Letztere kann durch den gleichzeitigen Vergleich von sowohl Ausgangsflüssen als auch Eingangsflüssen entstehen. Dies liegt darin begründet, dass eine Alternative beim direkten Vergleich nur präferiert wird, wenn sowohl ihr Ausgangsfluss größer als auch ihr Eingangsfluss kleiner als die der anderen Alternative sind. Ist dies für einen dieser Werte nicht der Fall, so liegt die Unvergleichbarkeit vor, da die zur Verfügung gestellten Informationen aus beiden Flüssen nicht konsistent sind. Keine der beiden Alternativen ist somit in der Lage, die andere zu dominieren. Sollte dies der Fall sein, gibt die Ordnung nach PROMETHEE also

---

[31] Vgl. Brans & Mareschal (2005, S. 172 f.) sowie Geldermann & Lerche (2014, S. 62).
[32] Vgl. Geldermann & Lerche (2014, S. 63 f.).
[33] Vgl. Brans & Mareschal (2005, S. 174) sowie Geldermann & Lerche (2014, S. 63 f.).

nicht vor, welche die beste Alternative ist. Die Entscheidung diesbezüglich obliegt dem Entscheidungsträger.[34]

Präferenz, Indifferenz und Unvergleichbarkeit (P^I, I^I, R^I) werden mathematisch wie folgt für die Beispielalternativen a und b dargestellt:[35]

Präferenz P^I von a über b gilt bei

$$a\,P^I\,b \quad iff \begin{cases} \Phi^+(a) > \Phi^+(b)\,and\,\Phi^-(a) < \Phi^-(b),\,or \\ \Phi^+(a) = \Phi^+(b)\,and\,\Phi^-(a) < \Phi^-(b),\,or \\ \Phi^+(a) > \Phi^+(b)\,and\,\Phi^-(a) = \Phi^-(b) \end{cases}$$

Indifferenz I^I zwischen a und b gilt bei

$$a\,I^I\,b \quad iff \quad \Phi^+(a) = \Phi^+(b)\,and\,\Phi^-(a) = \Phi^-(b)$$

und Unvergleichbarkeit R^I gilt bei

$$a\,R^I\,b \quad iff \quad \begin{cases} \Phi^+(a) > \Phi^+(b)\,and\,\Phi^-(a) > \Phi^-(b),\,or \\ \Phi^+(a) < \Phi^+(b)\,and\,\Phi^-(a) < \Phi^-(b) \end{cases}$$

Vollständige Präordnung nach PROMETHEE II

Im Gegensatz zu PROMETHEE I liefert PROMETHEE II eine eindeutige Rangfolge, sodass der Entscheidungsträger nicht bestimmen muss, welche die beste Alternative ist. Dafür nimmt dieses Verfahren an, dass alle Alternativen miteinander vergleichbar sind. Die Unvergleichbarkeit existiert in diesem Fall dementsprechend nicht. Dies macht es einerseits relativ einfach das Verfahren anzuwenden, denn es liefert eine klare Entscheidung, andererseits können wichtige Informationen verloren gehen. Aufgrund dessen wird, wie bereits erwähnt, die Anwendung beider Verfahren empfohlen.[36]

Die vollständige Präordnung wird erreicht, indem die Aus- und Eingangsflüsse je Alternative zu einem jeweiligen Nettofluss aggregiert werden, der die Balance zwischen den beiden Flüssen darstellt:[37]

$$\Phi(a) = \Phi^+(a) - \Phi^-(a)$$

Je höher der Wert des Nettoflusses, desto besser die Alternative, sodass[38]

---

[34] Vgl. Brans & Mareschal (2005, S. 173 f.) sowie Geldermann & Lerche (2014, S. 63.).

[35] Vgl. Brans & Mareschal (2005, S. 173).

[36] Vgl. Brans & Mareschal (2005, S. 174) sowie Geldermann & Lerche (2014, S. 64).

[37] Vgl. Brans & Mareschal (2005, S. 174) sowie Geldermann & Lerche (2014, S. 64).

[38] (Brans & Mareschal, S. 174)

$$\begin{cases} a\,P^{II}b & iff \quad \Phi(a) > \Phi(b) \\ a\,I^{II}b & iff \quad \Phi(a) = \Phi(b) \end{cases}$$

Insgesamt kann der Wert des Nettoflusses einer Alternative zwischen -1 und 1 betragen. Liegt $\Phi(a) > 0$ vor, so ist die Alternative a als überlegen einzuschätzen gegenüber allen anderen Alternativen. Bei $\Phi(a) < 0$ ist sie unterlegen.[39]

4.2.6 Profile der Alternativen

Um die Bewertung hinsichtlich des Entscheidungsproblems abzuschließen, wird je Alternative ein Profil erstellt, welches dazu dient, seine Qualität in Bezug auf die einzelnen verschiedenen Kriterien einzuschätzen. Somit dient es als zusätzliche Entscheidungsunterstützung für den Entscheidungsträger.[40] Ebenfalls wird die Qualität der Alternativen hinsichtlich der einzelnen Kriterien im Zuge der Visualisierung der Sensitivitätsanalyse und der GAIA-Ebene verwendet.

Das Profil besteht aus den Nettoflüssen aller zu berücksichtigenden Kriterien $\Phi_j(a)$, $j = 1, 2, ..., k$. Der Nettofluss eines einzelnen Kriteriums wird berechnet, indem angenommen wird, dass 100 % der Gesamtgewichtung diesem einen Kriterium zugeteilt wird. Damit wird ausgedrückt, inwiefern eine Alternative a einzig und allein bei diesem Kriterium den anderen Alternativen gegenüber präferiert wird ($\Phi_j(a) > 0$) oder aber von ihnen dominiert wird ($\Phi_j(a) < 0$). Definiert wird der Nettofluss eines einzelnen Kriteriums über[41]

$$\Phi_j(a) = \frac{1}{n-1} \sum_{x \in A} [P_j(a, x) - P_j(x, a)]$$

4.2.7 Sensitivitätsanalyse

Die Tatsache, dass der Entscheidungsträger bei PROMETHEE über seine Präferenzen bei den Eingangsparametern einen maßgeblichen Einfluss auf das Ergebnis der Analyse nehmen kann, führt dazu, dass die Lösung auf ihre Stabilität hin

---

[39] Vgl. Brans & Mareschal (2005, S. 174).
[40] Vgl. ebd.: S. 175.
[41] Vgl. Brans & Mareschal (2005, S. 175).

überprüft werden muss. Sie hilft dem Entscheidungsträger zudem, das erzielte Ergebnis besser einzuordnen, indem ihm die Auswirkungen seiner Annahmen vor Augen geführt werden. Führt eine stärkere Veränderung der subjektiven Annahmen zur gleichen Reihenfolge, so kann er sich gewiss sein, dass das Ergebnis stabil bleibt. Im Gegenzug kann geschlussfolgert werden, dass die Rangfolge kritisch hinterfragt werden sollte, wenn bereits kleinere Änderungen zu einer abweichenden Lösung führen. Im Fokus der Sensitivitätsanalyse stehen somit speziell die subjektiven Kriterien. Zu diesen Kriterien lassen sich sowohl die Gewichtung als auch die Präferenzfunktionen und die Schwellenwerte zuordnen. Doch auch qualitative Kriterien, für die die Punkte auf einer Skala vergeben wurden, sollten kritisch überprüft werden. Eine solche Überprüfung ist mit den Softwareanwendungen für PROMETHEE gut durchführbar.[42]

Die Ermittlung des Einflusses der gewählten Gewichtung auf die Resultate der Rangfolge erfolgt in diesem Buch unter Verwendung von Insensitivitätsintervallen. Sie geben „den Bereich an, in dem die Gewichtung für ein Kriterium bei gleichbleibendem Resultat der multikriteriellen Entscheidungsunterstützung verändert werden kann."[43]

In der graphischen Darstellung der Insensitivitätsintervalle werden sämtliche Alternativen bei jedem Kriterium durch eine jeweilige Gerade abgebildet. Seine Größe wird bestimmt durch den Schnittpunkt aller Geraden, der sich innerhalb des gesamten Intervalls [0, 100 %] am nächsten zur Ursprungsgewichtung befindet. Je enger dieses Intervall ist, desto leichter veränderbar und somit instabiler ist die Lösung. Die Stärke der Steigung der Geraden gibt an, in welchem Ausmaß die damit verbundene Alternative von dem betrachteten Kriterium profitiert. Durch diese Vorgehensweise ist es möglich, Kriterien von besonderer Relevanz zu identifizieren.[44]

4.2.8 Graphische Visualisierung der Ergebnisse mittels der GAIA-Ebene und ihre Interpretation

Die Wiedergabe der PROMETHEE-Ergebnisse erfolgt abschließend visuell mittels der GAIA (Geometrical Analysis for Interactive Assistance)-Ebene. Darin werden die n Alternativen ($A_1, A_2, ..., A_n$) und k Kriterien ($C_1, C_2, ..., C_k$) in einem zweidimensionalen Raum dargestellt, wobei die Alternativen als Punkte

---

[42] Vgl. Geldermann & Lerche (2014, S. 44 ff.).

[43] Geldermann et al. (2003, S. 142).

[44] Vgl. Geldermann et al. (2003, S. 142 f.) sowie Geldermann & Lerche (2014, S. 64).

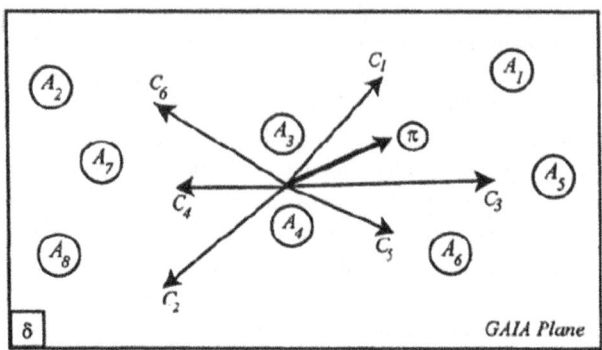

Abb. 4.1 Darstellung PROMETHEE in der GAIA-Ebene (Brans & Mareschal (2005), S. 177)

visualisiert sind und die Kriterien als Vektoren, die vom Ursprung her als Ausgangspunkt in verschiedene Richtungen ausgerichtet sind.[45] In Abb. 4.1 ist ein Beispiel der GAIA-Ebene illustriert.

Die Visualisierung in dieser Art lässt sich wie folgt interpretieren. Die Länge des Vektors beschreibt, von welcher Relevanz das Kriterium hinsichtlich des Entscheidungsproblems ist. Je länger er ist, desto größer ist der Einfluss dieses Kriteriums. Ob eine Alternative gut bezüglich eines Kriteriums abschneidet, wird signalisiert durch die Ausrichtung des Vektors in Richtung ihres Punktes. Dementsprechend zeigen die Kriterienvektoren, welche die gleichen Präferenzen aufweisen, in circa die gleiche Richtung. Verlaufen die Vektoren dagegen in die entgegengesetzte Richtung, bedeutet dies, dass die Präferenzen der Kriterien konfliktär sind. Orthogonalität der Vektoren spiegelt die Unabhängigkeit der jeweiligen Kriterien voneinander wider. Falls die Alternativen ähnlich zueinander sind, wird dies durch eng beieinanderliegende Punkte visualisiert.[46]

Zusätzlich wird die Decision Axis π als weitere Art der Sensitivitätsanalyse eingeführt. Sie fasst die Auswirkung sämtlicher Kriterien zusammen und zeigt somit in die Richtung der bestgeeigneten Alternative zur Lösung des Entscheidungsproblems. Im obigen Beispiel wäre dies A1. Die Länge der Decision Axis entspricht ihrer Aussagekraft. Eine kurze Achse deutet auf ein unzuverlässiges und instabiles Ergebnis hin, sodass ein Bedarf zu dessen Überprüfung besteht.

---

[45] Vgl. Brans & Mareschal (2005, S. 176 ff.) sowie Geldermann & Lerche (2014, S. 65).

[46] Vgl. Brans & Mareschal (2005, S. 176 ff.) sowie Geldermann & Lerche (2014, S. 65).

4.3 Kriterien für die Evaluation der City-Logistik-Konzeptionen

Die Einführung von City-LogistikKonzeptionen hat vielfältige Auswirkungen auf verschiedene Bereiche. Insgesamt gibt es davon sieben: Wirtschaft & Energie, Umwelt, Transport & Mobilität, Gesellschaft, Richtlinien- & Maßnahmenreife, Soziale Akzeptanz sowie Akzeptanz der Nutzer. Die Auswirkungen können durch bis zu 140 Kriterien quantifiziert werden, welche mit den aufgezählten Bereichen in Verbindung stehen.[47] Zur Auswahl geeigneter Kriterien im Rahmen einer MCDA empfehlen Geldermann & Lerche (2014) zwei Vorgehensweisen: den „Bottom-Up"- oder den „Top-Down"-Ansatz.[48] Bei letzterem wird hierarchisch vorgegangen, sodass das Problem, ausgehend von einem Oberziel, über mehrere Ebenen hinweg immer detaillierter ausgestaltet wird. Der Vorteil dabei ist, dass sowohl das Oberziel als auch die Unterziele und die Kriterien konsistent sind und direkt in die Gruppen gegliedert werden können. Das Verständnis für das Entscheidungsproblem wird dadurch weiter verbessert und die Akzeptanz für das Ergebnis steigt.[49] Da bereits sowohl das Oberziel als auch die Unterziele zuvor klar formuliert wurden, stellt der „Top-Down"-Ansatz das Mittel der Wahl dar, da somit nur noch die geeigneten Kriterien in Bezug auf die drei übergeordneten Zielkategorien Ökologie, Soziales und Ökonomie aus den oben erwähnten Bereichen auszuwählen sind.

Mit Kap. 2 dieses Werkes wurde bereits eine Entscheidungsgrundlage für die Auswahl der Kriterien aufgebaut, welche mit dem für dieses Buch festgelegten Forschungshorizont in Übereinkunft gebracht werden können. Einerseits wird sich an den SDG der UN orientiert, wobei speziell die Ziele drei (Gesundheit & Wohlergehen), neun (Industrie, Innovation & Infrastruktur) und elf (Nachhaltige Städte & Gemeinden) zur Entscheidungsfindung beitrugen.[50] Zum anderen soll der integrative Ansatz der City-Logistik berücksichtigt werden, sodass die gewählten Kriterien die Interessen der verschiedenen Akteure überwiegend abdecken können. Zu beachten gilt es weiterhin, dass die Kriterien sich von ihren Charakteristiken ausreichend unterscheiden, ergo nicht zu ähnlich zueinander sind. Der Entscheidungsprozess resultiert in den nachfolgend beschriebenen Kriterien.

---

[47] Vgl. Nathanail et al. (2018, S. 21 ff.).

[48] Vgl. Geldermann & Lerche (2014, S. 24 f.).

[49] Vgl. Geldermann & Lerche (2014, S. 24.).

[50] Vgl. Andruetto et al. (2014, S. 19 f.).

4.3.1 Ökologische Kriterien

Verbrauch nicht-erneuerbarer Energien (EVne)
Der Verbrauch von Energie ist für den Transport von Gütern unvermeidlich. Jedoch sollte der Fokus darauf liegen, so wenig Energie aus fossilen Brennstoffen wie möglich zu verwenden, da diese beim Einsatz unwiederbringlich verloren gehen. Mit dem Ziel das Naturkapital so gut wie möglich zu erhalten, lässt sich dieses Kriterium eindeutig den ökologischen Kriterien zuordnen. Nichtsdestotrotz ist es auch im Interesse der gesellschaftlichen und wirtschaftlichen Akteure, die natürlichen Ressourcen bevorzugt schonend und innerhalb der ökologischen Grenzen zu verwenden, um einen möglichst hohen Lebensstandard und die nachhaltige Wirtschaftlichkeit zu gewährleisten. Eine zunehmende Erschöpfung der Ressourcen führt zu erhöhten Energiepreisen und somit zu einer nicht zukunftsfähigen Gesellschaft.[51] Das Ziel ist es also bei diesem Kriterium, dass der jährliche Verbrauch nicht-erneuerbarer Energie durch die eingeführte Konzeption im Vergleich zum Status Quo so stark wie möglich reduziert wird.

Für die Berechnung des jährlichen nicht-erneuerbaren Energieverbrauchs (EV_{ne}) in kWh wird folgende Formel angewendet:[52]

$$EV_{ne} = \sum_{i=1}^{n} d_i * EV_i^{NL-Ist} * UF_{ne}$$

mit[53]

$$EV_i^{NL-Ist} = EV_i^{leer} + (EV_i^{voll} - EV_i^{leer}) * (NL^{Ist}/NL_i^{max})$$

und mit den dazugehörigen Variablen aus Tab. 4.2
sowie den in Tab. 4.3 aufgelisteten Werten für die Umrechnung des EV in l/kWh in nicht-erneuerbare kWh.

Abschließend wird der Wert EV_{ne} durch das gesamte jährlich transportierte Gewicht in t dividiert. An dieser Stelle sei nochmal erwähnt, dass für den Vergleich der Konzeptionen bei allen folgenden quantitativen Kriterien mit absoluten Werten abschließend das gesamt transportierte Gewicht in t berücksichtigt wird, um ihre Vergleichbarkeit sicherzustellen. Im weiteren Verlauf wird diese Division deshalb

---

[51] Vgl. Nathanail et al. (2018, S. 21).
[52] eigene Herleitung anhand von Wittenbrink (2015, S. 9) sowie Andruetto et al. (2014, S. 20).
[53] Vgl. Wittenbrink (2015, S. 9).

Tab. 4.2 Variablen für die Berechnung des nicht-erneuerbaren Energieverbrauchs (Eigene Darstellung anhand Wittenbrink (2015), S. 9)

Variable	Erklärung
d_i	Zurückgelegte jährliche Distanz der i^{ten} Fahrzeugklasse in km
EV_i^{NL-Ist}	EV bei tatsächlicher Nutzlast der i^{ten} Fahrzeugklasse in l/kWh pro km
UF_{ne}	Umrechnungsfaktor EV in L/kWh in nicht-erneuerbare kWh
EV_i^{leer}	EV bei 0 % Nutzlast der i^{ten} Fahrzeugklasse in l/kWh pro km
EV_i^{voll}	EV bei 100 % Nutzlast der i^{ten} Fahrzeugklasse in l/kWh pro km
NL^{Ist}	tatsächliche Nutzlast in kg
NL_i^{max}	maximale Nutzlast der i^{ten} Fahrzeugklasse in kg

Tab. 4.3 Umrechnungsfaktor EV in L/kWh in nicht-erneuerbare kWh (Eigene Darstellung)

Energiequelle	Diesel	Strom (deutscher Strommix 2022 3. Q)
Umrechnungsfaktor 1L in kWh	9,80	n. a.
Quelle	Electrify-BW e. V. (2017)	
Umrechnungsfaktor (Anteil) Strom nicht-erneuerbar	n. a.	55,60 %
Quelle		DESTATIS (2022b)

nicht mehr explizit erwähnt, sie wird jedoch für jedes betroffene Kriterium im Zuge der Analyse durchgeführt.

Alle definierten Fahrzeugklassen sowie ihre notwendigen Parameter für die Berechnung des Energieverbrauchs sowie aller anderen quantitativen Kriterien sind aufzufinden in Anhang 1.

CO$_2$-Treibhausgasemissionen
Mithilfe des beim vorherigen Kriterium berechneten Energieverbrauchs (EV) ist es möglich, die jährliche Reduzierung der für das Klima schädlichen CO_2-Emissionen in kg zu berechnen.[54] Durch die Berücksichtigung der tatsächlichen Nutzlast wird diese Art der Ermittlung auch als verbrauchsorientierte Methode bezeichnet. Sie ist relativ einfach durchzuführen und wird durch die Formel

$$CO_2 - \text{Emission}_{NL-Ist} = EV_i^{NL-Ist} * CO_2 - \text{Faktor(kg } CO_2 \, je \text{ km)}$$

---

[54] Vgl. Nathanail et al. (2018, S. 22).

Tab. 4.4 Umrechnungsfaktor EV in l/kWh in CO_2-Treibhausgasemissionen (Eigene Darstellung)

Energiequelle	Diesel	Strom (deutscher Strommix 2022 3. Q)
CO_2-Emission in kg pro L/kWh (WTW)	3,150	0,438
Quelle	Wittenbrink (2015), S. 8	Umweltbundesamt (2022c)

beschrieben.[55] Ihre Simplizität besteht darin, dass der Ausstoß durch die Verwendung der jeweiligen Energiequelle, sowohl bei Diesel- als auch Elektrofahrzeugen, unabhängig von Motor, Fahrzeugtyp oder Schadstoffklasse ist. Stattdessen können die Emissionen je verbranntem Liter Diesel bzw. je verbrauchter kWh Strom für alle Fahrzeugklassen angenommen werden.[56] Bei Elektrofahrzeugen ist jedoch eine Veränderung dieses Wertes, sowohl in positiver als auch in negativer Hinsicht, möglich, da die bei der Stromgewinnung erzeugten CO_2-Emissionen abhängig vom Anteil der verwendeten regenerativen Energien sind. Wenn dieser steigt, sinkt der CO_2-Ausstoß pro kWh und vice versa.[57] In diesem Buch entschieden sich die Autoren, die Kalkulation anhand der sogenannten Well-to-Wheel (WTW) Emissionen nach DIN EN16258 zu vollziehen. Darin wird sowohl der Ausstoß von CO_2 durch den Verbrauch der Energie (direkte Emissionen) als auch der durch die Bereitstellung von der Quelle bis zum Verbrauch (indirekte Emission) berücksichtigt. Alle Verluste und Emissionen, die in der Vorkette entstehen, werden also einbezogen.[58] Die für die Berechnung angenommenen WTW-Werte für die Energiequellen Diesel und Strom sind der Tab. 4.4 zu entnehmen.

Flächenverbrauch (FV)

Als weiteres relevantes Kriterium in Bezug auf den Erhalt ökologischen Kapitals wird der Flächenverbrauch angesehen, der mit den logistischen Aktivitäten des Güterwirtschaftsverkehrs einhergeht. Dazu zählen einerseits die logistischen Betriebsflächen (z. B. Lagerhallen und Umschlagsstandort), andererseits die Verkehrsfläche, die für den Transport in Anspruch genommen wird. Eine Reduzierung dieser beanspruchten Fläche kann dazu führen, dass eine Umnutzung möglich wird und keine neuen Flächen, beispielsweise für Straßen, versiegelt werden müssen.[59] Zur Berechnung des jährlichen Flächenverbrauchs FV für den Vergleich zwischen

---

[55] Vgl. Wittenbrink (2015, S. 9).
[56] Vgl. ebd.: S. 9.
[57] Vgl. Umweltbundesamt (2022c).
[58] Vgl. Wittenbrink (2015, S. 9).
[59] Vgl. Nathanail et al. (2018, S. 21 ff.) sowie Andruetto et al. (2014, S. 20 ff.).

Tab. 4.5 Variablen für die Berechnung des jährlichen Flächenverbrauchs (Eigene Darstellung nach Schnieder et al. (2020), S. 9)

Variable	Erklärung
TA_i	Time-Area benötigt pro Tour
l_i	Länge der i^{ten} Fahrzeugklasse in m
s_i	Notwendiger Sicherheitsabstand der i^{ten} Fahrzeugklasse in m
d_i	Distanz je Tour der i^{ten} Fahrzeugklasse in m
t_i	Dauer der Tour der i^{ten} Fahrzeugklasse
w_i	Breite der i^{ten} Fahrzeugklasse in m
t_s	Abstandsregelung in sek

dem jeweiligen Status Quo und der dazugehörigen Konzeption wird folgende Formel verwendet[60]

$$TA_i = ((l_i + s_i) * t_i + (t_s * d_i)) * w_i$$

mit den Variablen aus Tab. 4.5.

4.3.2 Soziale Kriterien

NO_x-Schadstoffemissionen
Durch die schädliche Wirkung von NO_x und PM10 auf den menschlichen Organismus ist es hinsichtlich des Erhalts und der Erschaffung sozialen Kapitals von Nöten, die Gesundheitsgefährdung der städtischen Bevölkerung durch eine Verbesserung der Luftqualität weitestgehend zu reduzieren. Dementsprechend ist die Auswirkung der Konzeptionen auf den Status Quo hinsichtlich der jährlichen Emission beider Luftschadstoffe zu überprüfen.[61] Für Elektrofahrzeugklassen wird der Ausstoß durch den deutschen Strommix im 3. Quartal des Jahres 2022 determiniert.[62] Bei den Dieselfahrzeugklassen werden real gemessene Werte von LGV und LKW der Schadstoffklasse Euro VI verwendet (siehe Tab. 4.6).

---

[60] Vgl. Schnieder et al. (2020, S. 9).

[61] Vgl. Nathanail et al. (2018, S. 22).

[62] NO_x-Werte werden aufgrund der überwiegend atmosphärischen Oxidation von NO zu NO_2 als letztere berechnet. Vgl. Umweltbundesamt (2022e).

Tab. 4.6 Berechnungsfaktoren für NO_x-Schadstoffemissionen (Eigene Darstellung)

Energiequelle	Diesel	Strom (deutscher Strommix 2022 3. Q)
LGV NOx-Ausstoß in g pro km/kWh	0,570	0,355
Quelle	Kadjik et. al (2017), S. 48 f.; Ghaffarpasand et al. (2020), S. 6	Umweltbundesamt (2022d)
LKW NOx-Ausstoß in g pro km/kWh	2,60	0,355
Quelle	Ghaffarpasand et al. (2020), S. 6	Umweltbundesamt (2022d)

Die Berechnung der jährlichen NO_x-Emissionen in kg erfolgt je nach Energie-quelle der Fahrzeugklasse anhand der Formeln[63]

$$NO_x - Emissionen_{Dieselfahrzeuge} = \sum_{i=1}^{n} EF_{NOx} * d_i$$

$$NO_x - Emissionen_{E-Fahrzeuge} = \sum_{i=1}^{n} EF_{NOx} * EV_i^{NL-Ist}$$

mit EF_{NOx} als jeweiliger Emissionsfaktor in g pro km/kWh.

PM10-Schadstoffemissionen
Wie bereits für NOx sind bei der Berechnung der jährlichen PM10-Schadstoffemissionen in g der Strommix sowie in der Realität gemessene Werte bei LGV und LKW maßgebend. Durch die in Abschn. 2.5.4 thematisierte Ent-stehung von Feinstaub-Partikeln auch abseits des Motorbetriebs, sind die nicht-motorbedingten Emissionsfaktoren ebenfalls für die verschiedene Elektrofahrzeug-klassen anzuwenden. Dafür werden folgende Formeln je nach Energiequelle einer Fahrzeugklasse angenommen:[64]

$$PM_{10} - Emissionen_{Dieselfahrzeuge} = \sum_{i=1}^{n} (EF_{mPM10} + EF_{nmPM10}) * d_i$$

$$PM_{10} - Emissionen_{E-Fahrzeuge} = \sum_{i=1}^{n} EF_{mPM10} * EV_i^{NL-Ist} + EF_{nmPM10} * d_i$$

mit den in Tab. 4.7 aufgelisteten Variablen

---

[63] Eigene Herleitung.
[64] Eigene Herleitung.

Tab. 4.7 Variablen zur Berechnung der PM10-Emission (Eigene Darstellung)

Variable	Erklärung
EP_{mPM10}	motorbedingte PM10-Emissionen in g pro km/kWH
EP_{nmPM10}	nicht-motorbedingte PM10-Emissionen g pro km

Einfluss der Konzeption auf die Anzahl der Unfälle mit Beteiligung von Lieferfahrzeugen				
Punktzahl	1	2	3	4	5
Wertung	Starker Anstieg	Leichter Anstieg	Gleichbleibend	Leichter Rückgang	Starker Rückgang

Abb. 4.2 Rangskala für das Kriterium Verkehrssicherheit (Eigene Darstellung)

Verkehrssicherheit (VS)
Neben den Schadstoffen stellen auch Unfälle mit Personenschäden, verursacht durch
Güterkraftfahrzeuge, eine Gefährdung des körperlichen Wohlergehens dar. Somit
ist es im Hinblick auf soziale Nachhaltigkeit von Relevanz, die Einführung von City-
LogistikKonzeptionen bezüglich ihres Einflusses auf deren Anzahl zu evaluieren.[65]
   Obwohl bei ihnen ein Effekt diesbezüglich bemerkbar wird, ist die exakte Stärke
dieser Veränderung jedoch nicht explizit zu quantifizieren. Ist dies der Fall, emp-
fiehlt sich die Anwendung einer Ordinalskala, auch als Rangskala bezeichnet. Dabei
werden die Konzeptionen anhand ihrer Ausprägung in Bezug auf das Kriterium,
also einem Rang zugeordnet, welcher vorab linguistisch formuliert und ein Wert
bzw. eine Punktzahl zugeordnet wurde. Dem Konzept, welches eine höhere Merk-
malsausprägung aufweist, wird die größere Zahl zugeordnet. Da es sich um eine
qualitative Abstufung handelt, wird bei Ordinalskalen keine Maßeinheit vergeben.
Demensprechend können die Ausprägungen auch nicht miteinander verrechnet werden.[66] In diesem Buch wird eine Abstufung von fünf Punkten als angemessen
erachtet. Für das Kriterium der Verkehrssicherheit ist die Skala in Abb. 4.2 dargestellt. Die Wertzuweisung erfolgt zwar subjektiv anhand der Einschätzung der
Autoren. Sie wird jedoch anhand der zur Verfügung stehenden Literatur in Bezug auf
die Konzeptionen sowie weiterer ausgewählter Literatur mit Bezug auf die Thematik
fundiert.

---

[65] Vgl. Nathanail et al. (2018, S. 22) sowie Andruetto et al. (2014, S. 20 ff.).
[66] Vgl. Geldermann & Lerche (2014, S. 24) sowie Petersohn (2009, S. 65).

Einfluss der Konzeption auf den Mittelungspegel				
Punktzahl	1	2	3	4	5
Wertung	Starker Anstieg	Leichter Anstieg	Gleichbleibend	Leichter Rückgang	Starker Rückgang

Abb. 4.3 Rangskala für das Kriterium Lärmemission (Eigene Darstellung)

Einfluss der Konzeption auf die durchschnittliche Geschwindigkeit von Fahrzeugen im urbanen Raum				
Punktzahl	1	2	3	4	5
Wertung	Starke Minderung	Leichte Minderung	Gleichbleibend	Leichte Erhöhung	Starke Erhöhung

Abb. 4.4 Rangskala für das Kriterium Verkehrsfluss (Eigene Darstellung)

Lärmemissionen (LÄ)
Da auch der Schall, der mit dem Transport sowie der Be- und Entladung von Gütern
einhergeht, als physiologisches und psychisches Gesundheitsrisiko betrachtet wird,
ist der Einfluss der Konzeptionen auf den Mittelungspegel zu beurteilen.[67] Wie
beim vorherigem Kriterium wird auf eine Ordinalskala zurückgegriffen und die
Wertzuweisung geschieht auf die gleiche Art und Weise. Dargestellt ist dies in
Abb. 4.3.

Verkehrsfluss (VF)
Für den Aufbau und Erhalt von sozialem Kapital ist es zudem notwendig, die Anzahl
der Verkehrsbehinderungen und Staus innerhalb der städtischen Grenzen zu reduzieren. Als Indikator dafür kann die durchschnittliche Geschwindigkeit der Fahrzeuge
dienen.[68] Erneut ist eine Quantifizierung nicht möglich, weshalb auf die in Abb. 4.4
visualisierte Rangskala zur Beurteilung zurückgegriffen wird.

4.3.3 Ökonomische Kriterien

Service-Level des Transports (SL)
Damit die Stadt als attraktives Umfeld aus Sicht des städtischen Gewerbes wahrgenommen und ihre ökonomische Nachhaltigkeit damit gewährleistet wird, ist
die Kundenzufriedenheit der Akteursgruppe der Empfänger von Relevanz. Dass

---

[67] Vgl. Nathanail et al. (2018, S. 22).
[68] Vgl. Nathanail et al. (2018, S. 22) sowie Andruetto et al. (2014, S. 20 ff.).

Einfluss der Konzeption auf die Kundenzufriedenheit mit dem Service (Pünktlichkeit, Verfolgbarkeit, Schadensfreiheit der Ware)				
Punktzahl	1	2	3	4	5
Wertung	Starke Verringerung	Leichte Verringerung	Gleichbleibend	Leichte Erhöhung	Starke Erhöhung

Abb. 4.5 Rangskala für das Kriterium Service-Level (Eigene Darstellung)

diese möglichst hoch ist, entspricht ebenso dem Interesse der Versender und der Logistikdienstleister. Die Ausprägung der Konzeptionen in Bezug auf die Kundenzufriedenheit mit dem Service, charakterisiert durch pünktliche, verfolgbare und schadensfreie Lieferungen, wird als qualitatives Kriterium dargestellt (siehe Abb. 4.5).[69] Bei der Wertzuweisung wird wiederum auf die zu Verfügung stehende Literatur zurückgegriffen.

Effizienz der Fahrzeuge (FE)
Die ökonomische Nachhaltigkeit des transportierenden Gewerbes ist stark abhängig von der Auslastung ihrer Anlagegüter, wozu auch ihre Fahrzeuge gezählt werden. Dies spiegelt sich in ihrem Interesse, an einem möglichst hohen Auslastungsgrad der zur Verfügung stehenden Fahrzeugkapazität je Transportprozess wider. Demzufolge ist eine Aufnahme dieses Kriteriums im MCDA-Prozess von hoher Relevanz. In diesem Buch wird der Auslastungsgrad A durch den Vergleich der durchschnittlichen Nutzlast zu Beginn der Tour mit der maximal möglichen Nutzlast der i^{ten} Fahrzeugklasse berechnet, dargestellt durch die Formel[70]

$$A_i = NL^{Ist}/NL_i^{max}$$

Investitionskosten (IV)
Die Einführung einer City-LogistikKonzeption ist zumeist mit finanziellen Ausgaben verbunden. Dies umfasst sowohl Investitionen in den Kauf geeigneter Fahrzeuge als auch Investitionen in die notwendige Infrastruktur für den Betrieb eines Konzepts. Beispiele für letztere sind Gebäude für die Durchführung der logistischen Aktivitäten, wie Lagerhallen oder Ladeinfrastruktur.[71] Die Investitionen werden anhand der Daten und Eingabeparameter der jeweiligen Konzeptionen sowie den

---

[69] Vgl. Nathanail et al. (2018, S. 22).

[70] Herleitung anhand von Nathanail et al. (2018, S. 22) sowie Andruetto et al. (2014, S. 20; S. 26).

[71] Vgl. Andruetto et al. (2014, S. 22 ff.).

Einschätzung der Profitabilität des Investments (Kosten gegenüber betriebswirtschaftlichem Nutzen)				
Punktzahl	1	2	3	4	5
Wertung	Starker Verlust	Kleiner Verlust	Kostendeckend	Kleiner Gewinn	Großer Gewinn

Abb. 4.6 Rangskala für das Kriterium Protifabilität (Eigene Darstellung)

marktüblichen Preisen der notwendigen Anlagegüter berechnet. Auch hier werden die Kosten abschließend in Relation zum jährlich transportierten Gewicht in t gesetzt, um die Homogenität der quantitativen Kriterien sicherzustellen.

Profitabilität (P)
Das letzte Kriterium betrifft erneut den finanziellen Aspekt, dieses Mal im Sinne der Rentabilität einer Konzeptionen. Das ist nämlich von hoher Relevanz, da die getätigten Investitionen refinanziert werden müssen und eine dauerhafte Veränderung des Status Quo somit abhängig davon ist, ob die Kostenschwelle durch die Einsparungen und Einnahmen der eingeführten City-Logistik Konzeption überschritten werden kann. Dieses Kriterium spiegelt demzufolge das Interesse der Akteursgruppen der Logistikdienstleister wider, die im Rahmen ihrer Geschäftstätigkeiten Gewinne erzielen möchten. Allerdings ist es innerhalb dieser Bewertung nicht möglich, dieses Kriterium quantitativ darzustellen, da für eine fundierte Berechnung nicht genügend Daten hinsichtlich der möglichen Einnahmen, spezifisch beim UCC und beim ULS, zur Verfügung stehen.[72] Für sie existiert lediglich eine Einschätzung der Rentabilität, so dass erneut eine qualitative Rangskala zum Einsatz kommt, dargestellt in Abb. 4.6. Die Berechnungen für das NachtlogistikKonzept werden anhand des Kosten-Nutzen-Faktors in sie eingeordnet.

4.3.4 Zusammenfassung der Kriterienwerte je Konzeption

Nachdem alle geeigneten Kriterien für die Bewertung ausgewählt wurden, erfolgt ihre Überführung in die zuvor erwähnte Kriterienhierarchie, welche um die genauen Maßeinheiten der Kriterien ergänzt wird. Diese ist aufzufinden in Anhang 5. Im Anschluss daran ist es möglich, für jede der vorgestellten City-LogistikKonzeptionen die Ausprägung der Kriterien im Vergleich zum vorherigen Ausgangszustand zu bestimmen. Für die quantitativen Kriterien findet dies anhand der in den Anhängen 2-4 aufgeführten Eingabeparameter statt. Bei

---

[72] Vgl. Leonardie et al. (2014, S. 88) sowie Maibach et al. (2016, S. 52).

Tab. 4.8 Zusammenfassung der Kriterienwerte je Konzeption (Eigene Darstellung)

Nachhaltigkeits-dimension	Kriterien	Indikator	Messgröße	Messmethode	Ziel	Konzeption 1: UCC	Konzeption 2: NsLog Basis	Konzeption 3: NsLog erweitert	Konzeption 4: ULS
Ökologie	Energieverbrauch nicht-erneuerbarer (EVne)	Reduzierung Verbrauch nicht-erneuerbarer Energie	kwH/Jahr/t	quantitativ	max	84,04	6,68	13,18	8,47
	CO_2-Treibhausgasemissionen	Reduzierung der CO_2-Emissionen	kg/Jahr/t	quantitativ	max	23,826	1,213	2,483	4,719
	Flächenverbrauch (FV)	Reduzierung des Flächenverbrauchs	m³/Jahr/t	quantitativ	max	321585,80	-2548,97	5231,30	28463,74
Sozial	NOx-Schadstoffemissionen	Reduzierung NOx-Ausstoß	kg/Jahr/t	quantitativ	max	0,051	0,009	0,018	0,015
	PM10-Schadstoffemissionen	Reduzierung PM10-Ausstoß	g/Jahr/t	quantitativ	max	15,745	-0,028	0,229	0,897
	Verkehrssicherheit (VS)	Einfluss auf die Anzahl Unfälle mit Beteiligung von Lieferfahrzeugen	Rangskala 1-5	qualitativ	max	4,00	4,00	4,00	4,00
	Lärmemissionen (LÄ)	Einfluss auf den Mittelungspegel	Rangskala 1-5	qualitativ	max	4,00	4,00	5,00	4,00
	Verkehrsfluss (VF)	Einfluss auf die durchschnittliche Fahrzeuggeschwindigkeit in der Stadt	Rangskala 1-5	qualitativ	max	4,00	4,00	4,00	4,00
Ökonomie	Service-Level des Transports (SL)	Pünktliche, schadensfreie, verfolgbare Lieferungen	Rangskala 1-5	qualitativ	max	5,00	1,00	5,00	5,00
	Effizienz der Fahrzeuge (FE)	Auslastung der Fahrzeugkapazität	%	quantitativ	max	95,61 %	84,51 %	82,07%	76,63 %
	Investitionsvolumen (IV)	Kosten für Investment (Infrastruktur&Equipment)	Euro/t	quantitativ	min	1334,46	14,32	16,90	762,52
	Profitabilität (P)	Kosten für Aufrechterhaltung gegenüber dem Nutzen	Rangskala 1-5	qualitativ	max	4	3	4	4

den qualitativen Kriterien wird sich bei der Festlegung der Skalenwerte an der zur Verfügung stehenden Literatur in Bezug auf bestimmte Konzepte orientiert, ergänzt um weitere geeignete literarische Quellen. Die Resultate sind zusammengefasst dargestellt in Tab. 4.8, ergänzt um das Ziel der Maximierung oder Minimierung der Kritierienattribute.

Eine detaillierte Übersicht der Berechnung der quantitativen Werte sowie die Fundierung der Skalenwerte sind zu finden in den Anhängen 6-20.

Praktische Anwendung der Nachhaltigkeitsbewertung

5

5.1 Zuweisung der Präferenzfunktionen, Schwellenwerte und Gewichte

Entsprechend der Vorgehensweise bei PROMETHEE kann im Anschluss an die Kriterienbestimmung und ihrer Werte in Bezug auf die jeweiligen Konzeptionen die Zuweisung adäquater Präferenzfunktionen erfolgen. Hierfür wird sich an der bereits in Abschn. 4.2.1 empfohlenen Vorgehensweise von Mareschal (2018) orientiert. Für die Bestimmung der Schwellenwerte wurden dort zwei mögliche Verfahren genannt. Einerseits die *statistische Methode*, bei der der Präferenzwert p bestimmt wird, indem der minimal erzielte Wert bei einem Kriterium vom maximal erzielten Wert subtrahiert wird. Andererseits ist eine *sukzessive Annäherung* möglich, bei der schlussendlich der Wert gewählt wird, der dem Entscheidungsträger als passend sowohl für p als auch für den Indifferenzwert q, erscheint. In diesem Buche wird letzteres vollzogen, da bei der Betrachtung der Ergebnisse aus Tab. 4.8 bereits auffällt, dass die Präferenzwerte für p im Vergleich zu den erzielten Werten der meisten Konzeptionen deutlich zu hoch sind. Dies würde den Nachteil beinhalten, dass kleinere Präferenzgrade entstehen und der Einfluss des Kriteriums in der PROMETHEEBerechnung vermindert wird.[1] Aufgrund dessen wird sich dafür entschieden, mit Ausnahme des Flächenverbrauchs den zweitkleinsten Wert bei allen Kriterien anzuwenden. Dort wird der Unterschied zwischen den beiden kleinsten Werten bereits als ausreichend erachtet, um eine strikte Präferenz zu erschaffen. Die bestimmten Präferenzfunktionen, die minimalen und maximalen Werte sowie zuletzt die Schwellenwerte sind in Tab. 5.1 dargestellt.

---

[1] Vgl. Mareschal (2018, S. 8).

A. Goudz und R. Pieszek, *Innovative Stadt-Logistik*,
https://doi.org/10.1007/978-3-658-44136-4_5

Tab. 5.1 Kriterien inklusive Präferenzfunktion sowie minimalen, maximalen als auch Schwellenwerten (Eigene Darstellung)

Nachhaltigkeits-dimension	Kriterien	Indikator	Messgröße	Messmethode	Ziel	min	max	Präferenz-funktion	p	q
Ökologie	Energieverbrauch nicht-erneuerbarer (EVne)	Reduzierung Verbrauch nicht-erneuerbarer Energie	kwH/Jahr/t	quantitativ	max	6,68	84,04	Typ 3: V-Shape	6,50	n. a.
	CO_2-Treibhausgasemissionen	Reduzierung der CO_2-Emissionen	kg/Jahr/t	quantitativ	max	1,213	23,826	Typ 3: V-Shape	3,506	n. a.
	Flächenverbrauch (FV)	Reduzierung des Flächenverbrauchs	m²/Jahr/t	quantitativ	max	-2548,97	321585,80	Typ 3: V-Shape	7780,27	n. a.
Sozial	NOx-Schadstoffemissionen	Reduzierung NOx-Ausstoß	kg/Jahr/t	quantitativ	max	0,009	0,051	Typ 3: V-Shape	0,009	n. a.
	PM10-Schadstoffemissionen	Reduzierung PM10-Ausstoß	g/Jahr/t	quantitativ	max	-0,028	15,745	Typ 3: V-Shape	0,924	n. a.
	Verkehrssicherheit (VS)	Einfluss auf die Anzahl Unfälle mit Beteiligung von Lieferfahrzeugen	Rangskala 1-5	qualitativ	max	4,00	4,00	Typ 1: Usual	n. a.	n. a.
	Lärmemissionen (LÄ)	Einfluss auf den Mittelungspegel	Rangskala 1-5	qualitativ	max	4,00	5,00	Typ 1: Usual	n. a.	n. a.
	Verkehrsfluss (VF)	Einfluss auf die durchschnittliche Fahrzeuggeschwindigkeit in der Stadt	Rangskala 1-5	qualitativ	max	4,00	4,00	Typ 1: Usual	n. a.	n. a.
Ökonomie	Service-Level des Transports (SL)	Pünktliche, schadensfreie, verfolgbare Lieferungen	Rangskala 1-5	qualitativ	max	1,00	5,00	Typ 1: Usual	n. a.	n. a.
	Effizienz der Fahrzeuge (FE)	Auslastung der Fahrzeugkapazität	%	quantitativ	max	76,63 %	95,61 %	Typ 5: Linear	7,88 %	2,50 %
	Investitionsvolumen (IV)	Kosten für Investment (Infrastruktur&Equipment)	Euro/t	quantitativ	min	14,32	1334,46	Typ 3: V-Shape	748,20	n. a.
	Profitabilität (P)	Kosten für Aufrechterhaltung gegenüber dem Nutzen	Rangskala 1-5	qualitativ	max	3,00	4,00	Typ 1: Usual	n. a.	n. a.

Im nächsten Schritt findet die Gewichtung der Kriterien statt. Diese ergibt sich anhand der anfangs formulierten Forschungsfragen. Die Forschungsfrage F1 legt den Fokus auf die Förderung der gesamten nachhaltigen Entwicklung der Stadt. Mit den in Abschn. 2.2 gewonnenen Erkenntnissen bezüglich des Dreiklangs der drei Nachhaltigkeitsdimensionen sowie durch die Betrachtung des integrierenden Nachhaltigkeitsdreiecks wird klar, dass diese Frage durch die gleichmäßige Gewichtung der Dimensionen (33,33 %) beantwortet werden muss. Ausgehend davon erhält auch jedes Kriterium je Dimension die gleiche Gewichtung. Letzteres wird auch für die folgenden Forschungsfragen beibehalten. Für F2 soll identifiziert werden, welches Konzept die beste Eignung aufweist, wenn die wirtschaftliche Nachhaltigkeit gewährleistet werden soll, ohne die anderen Nachhaltigkeitsdimensionen außer Acht zu lassen. Im integrierten Nachhaltigkeitsdreieck soll das Konzept somit unter „vorwiegend ökonomisch" klassifiziert werden. Hierfür wird die ökonomische Dimension (50 %) stärker gewichtet gegenüber den anderen beiden Dimensionen (je 25 %). Die Beantwortung von F3 erfolgt auf die gleiche Art und Weise, nur dass in ihrem Fall die soziale und ökologische Dimension (je 40 %) gegenüber der ökonomischen (20 %) stärker gewichtet werden. Das Resultat ist das Konzept, welches sozial-ökologisch am nachhaltigsten ist. In Tab. 5.2 sind die oben erläuterten Gewichtungen je Fragestellung nochmals visuell dargestellt, sowohl je Dimension als auch je Kriterium.

Die verbleibenden Schritte für die Erstellung einer partiellen Rangordnung nach PROMETHEE I und einer vollständigen nach PROMETHEE II werden mithilfe der Software VisualPROMETHEE Academic Edition durchgeführt. Informationen zur Anwendung der Software sind in Mareschal (2013) aufzufinden. Für jede der Fragestellungen erfolgt eine separate Auswertung anhand

Tab. 5.2 Gewichtungen der Dimensionen und Kriterien je Forschungsfrage (Eigene Darstellung)

Kriterien	Gewichtung F1 Dimension	Gewichtung F1 Kriterien	Gewichtung F2 Dimension	Gewichtung F2 Kriterien	Gewichtung F3 Dimension	Gewichtung F3 Kriterien
Energieverbrauch nicht-erneuerbarer (EVne)	33,33%	11,11 %	25,00 %	8,33 %	40,00%	13,33 %
CO_2-Treibhausgasemissionen		11,11 %		8,33 %		13,33 %
Flächenverbrauch (FV)		11,11 %		8,33 %		13,33 %
NOx-Schadstoffemissionen	33,33%	6,67 %	25,00 %	5,00 %	40,00%	8,00 %
PM10-Schadstoffemissionen		6,67 %		5,00 %		8,00 %
Verkehrssicherheit (VS)		6,67 %		5,00 %		8,00 %
Lärmemissionen (LÄ)		6,67 %		5,00 %		8,00 %
Verkehrsfluss (VF)		6,67 %		5,00 %		8,00 %
Service-Level des Transports (SL)	33,33%	8,33 %	50,00 %	12,50 %	20,00%	5,00 %
Effizienz der Fahrzeuge (FE)		8,33 %		12,50 %		5,00 %
Investitionsvolumen (IV)		8,33 %		12,50 %		5,00 %
Profitabilität (P)		8,33 %		12,50 %		5,00 %

PROMETHEE I und II entsprechend der Empfehlung von Geldermann & Lerche (2014) sowie Brans & Mareschal (2005).[2] Die Interpretation der Ergebnisse erfolgt unter Zuhilfenahme der in der Software zur Verfügung stehenden Visualisierungsmöglichkeiten.

5.2 „Auswertung 1": Konzept im Dreiklang der Dimensionen

5.2.1 Partielle Präordnung nach PROMETHEE I „Auswertung 1"

Die partielle Präordnung nach PROMETHEE I dient als Hilfestellung für den Entscheidungsträger, um die am schwierigsten zu vergleichenden City-Logistik Konzeptionen zu identifizieren. Eine Konzeption ist der anderen lediglich vorzuziehen, sollte sowohl ihr Ausgangsfluss Φ^+ größer als auch ihr Eingangsfluss Φ^- kleiner sein.[3] Für die Auswertung zur Beantwortung der ersten Forschungsfrage in diesem Buch werden die in Abb. 5.1 dargestellten Resultate bei PROMETHEE I durch die Konzeptionen erzielt.

Der Ausgangsfluss der jeweiligen Konzeptionen ist dargestellt auf der linken Seite und der Eingangsfluss auf der rechten, verbunden durch eine Linie. Bei der Betrachtung der Ergebnisse wird deutlich, dass keine der angezeigten Linien

---

[2] Vgl. Brans & Mareschal (2005, S. 174) sowie Geldermann & Lerche (2014, S. 63 f.).

[3] Vgl. Mareschal (2013, S. 66).

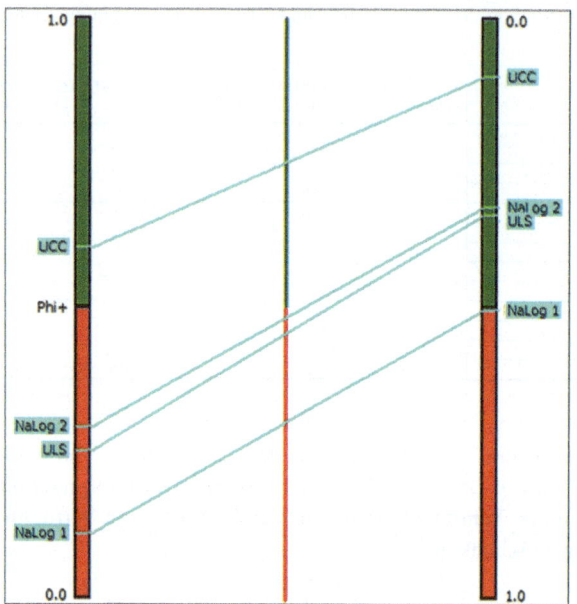

Abb. 5.1 Resultate „Auswertung 1" nach PROMETHEE I (Eigene Darstellung)

sich kreuzt und sie stattdessen übereinander angeordnet sind. Eine Kreuzung der Linien würde bedeuten, dass Unvergleichbarkeit zwischen den betroffenen Konzeptionen besteht. Da dies nicht der Fall ist, sind alle Konzepte miteinander vergleichbar und eine Rangfolge wird direkt erkennbar.[4]

Die Rangfolge in Abb. 5.1 legt offen, dass das UCC-Konzept die anderen Alternativen eindeutig dominiert. Dies wird einerseits am Ausgangsfluss sichtbar, welcher einen sehr viel höheren Wert aufweist als der der anderen Konzepte. Somit wird das UCC, bei gleichmäßiger Gewichtung der Nachhaltigkeitsdimensionen, bei einem Großteil der Kriterien im Vergleich zu allen anderen Alternativen präferiert. Gleichzeitig wird die Dominanz des Konzepts am sehr niedrigen Eingangsfluss deutlich, da es demzufolge kaum Schwächen aufweist. Alle anderen Alternativen werden nur bei wenigen Kriterien dem UCC gegenüber präferiert. Nachtlogistik-2 (NaLog2) sowie das ULS-Konzept sind dahingegen nah aneinander orientiert, sowohl in Bezug auf den Ausgangsfluss als auch auf den Eingangsfluss. Bei letzterem nähert sich das ULS jedoch an, was als Hinweis

---

[4] Vgl. Mareschal (2013, S. 66).

darauf zu verstehen ist, dass die Dominanz aller anderen Alternativen ihm gegenüber schwächer ist als bei Nachtlogistik-2. Nachtlogistikkonzept-1 (NaLog1) ist
so gut wie gar nicht in der Lage, eine Präferenz in den Vergleichen aufzubauen.

5.2.2 Vollständige Präordnung nach PROMETHEE II „Auswertung 1"

Die Aggregation von Ausgangs- und Einfangsflüssen zum Nettofluss (Φ^{net})
ermöglicht die Darstellung einer Rangfolge ohne die Beachtung von Unvergleichbarkeit. Da eine solche jedoch bei der partiellen Präordnung nicht vorhanden
war und die Verhältnisse zwischen den Alternativen eindeutig waren, ist die
Rangfolge die Gleiche. Die Resultate von PROMETHEE II sind nichtsdestotrotz
dargestellt in Abb. 5.2 und bestätigen die Reihenfolge aus PROMETHEE I. Das
UCC-Konzept ist dominant und als einziges Konzept in der Lage, einen positiven
Nettofluss über alle Kriterienvergleiche hinweg zu generieren.

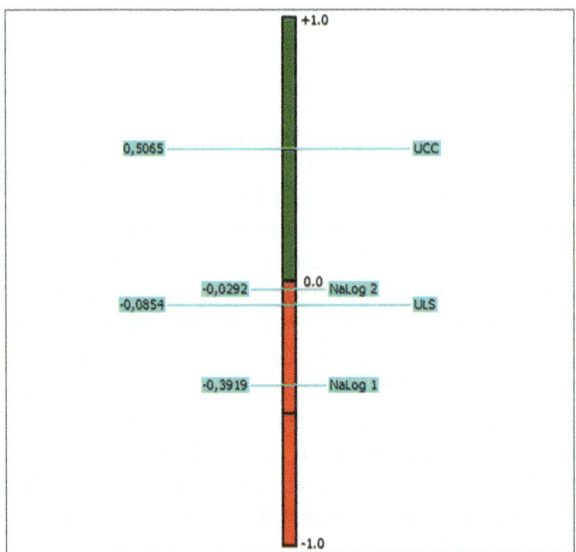

Abb. 5.2 Resultate „Auswertung 1" nach PROMETHEE II (Eigene Darstellung)

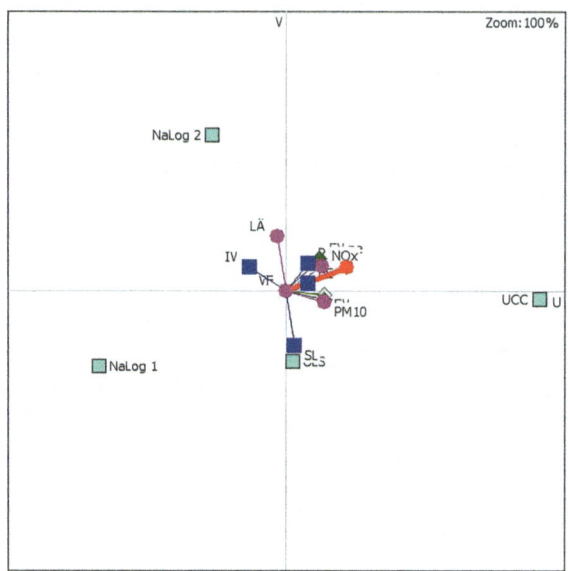

Abb. 5.3   GAIA-Ebene für „Auswertung 1" (Eigene Darstellung)

Ein wichtiger erster Indikator für die Qualität der Ergebnisse, welcher zugleich erste Erkenntnisse über den Einfluss der Kriterien auf die Rangfolge liefert, ist die Darstellung der Ergebnisse in der GAIA-Ebene (siehe Abb. 5.3).

Obwohl bereits Abkürzungen für die einzelnen Kriterien und Konzeptionen verwendet werden, eingeführt in Abschn. 4.3, ist die GAIA-Ebene aufgrund der hohen Anzahl an Kriterien eher schwierig zu interpretieren. Nichtsdestotrotz ist anhand der Länge der Decision Axis π bereits darauf zu schließen, dass die Qualität der Ergebnisse hoch ist und ausserdem eine hohe Stabilität besitzt. Durch ihre Ausrichtung zur UCC-Konzeption bestätigt sie zudem die vollständige Präordnung, welche diese Alternative als bestgeeignete im Rahmen der ersten Auswertung klassifiziert. Ebenfalls dafür spricht die Positionierung des Großteils der Kriterienachsen in die Richtung dieser Alternative. Die klare räumliche Separierung der Konzepte in der Ebene deutet daraufhin, dass die Konzeptionen sich stark voneinander unterscheiden.

Um jedoch ein besseres Verständnis über die Entstehung der Ergebnisse zu erhalten, ist eine noch detailliertere Betrachtung der Qualität von Alternativen hinsichtlich einzelner Kriterien von Bedeutung Bedeutung. Dies ist mithilfe des visuellen Werkzeugs GAIA-Webs möglich, welches die Kriterien als Achsen in der GAIA-Ebene anordnet sowie den Nettofluss einzelner Kriterien einbindet. Durch diese Art der Darstellung liegen die Achsen der Kriterien nah beieinander, die eine ähnliche Präferenz aufweisen. Für jedes der Kriterien wird sein Nettofluss auf der dazugehörigen Achse abgebildet. Die radiale Distanz entspricht dem Wert des Flusses, wobei $\Phi_j = -1$ im Zentrum des Netzes liegt und $\Phi_j = 1$ dagegen am Rand. Als weitere Indikatoren für die Qualität einer Alternative dienen die Decision Axis π sowie ein gestrichelter Kreis, welche bei einem positiven Φ^{net} einer Alternative grün und bei einem negativen rot eingefärbt sind. Der Radius des Kreises entspricht dem erzielten Φ^{net}.[5] Die Anwendung des GAIA-Webs für „Auswertung 1" ist visualisiert in Abb. 5.4.

Aus der Abb. 5.4 geht hervor, dass so gut wie alle Kriterien eine ähnliche Präferenz aufweisen, da sie stark in eine Richtung angeordnet sind. Lediglich die Kriterien „Lärmemission (LÄ)", „Investitionsvolumen (IV)" sowie „Service-Level (SL)" weisen eine Abweichung davon auf. Da die Kriterien „Verkehrssicherheit (VS)" sowie „Verkehrsfluss (VF)" über alle Konzeptionen hinweg den gleichen Wert aufweisen, befinden sich diese nicht sichtbar im Zentrum der Netze, da keine Präferenz zu einem Konzept entstehen kann.

Betrachtet man das GAIA-Web des UCC-Konzepts, erscheint die Anordnung der Kriterien logisch. Bei allen Kriterien, mit Ausnahme der drei oben hervorgehobenen sowie der „Profitabilität (P)", weist der Nettofluss bei einer 100 prozentigen Gewichtung des jeweiligen Kriteriums auf eine strikte Präferenz des UCC-Konzepts hin. Bei „P" und „SL" ist Φ_j zudem gleichauf mit dem Wert aller anderen Alternativen, abgesehen vom Nachtlogistik-1 Konzept. Als Grund für die guten Resultate des UCC kann auf die quantitativen Werte verwiesen werden, welche insbesondere bei den ökologischen und sozialen Kriterien mit Bezug auf Emissionen um ein Vielfaches höher sind als die der anderen City-Logistik Konzeptionen. Zwar ist das transportierte Gewicht beim UCC das kleinste von allen Konzepten, jedoch führt die Kombination aus ca. 54 % weniger Touren pro Jahr zusammen mit einer um neun Kilometer reduzierten Fahrleistung je Tour beim Einsatz von eLGV zu den sichtbar besten Ergebnissen pro transportierter Tonne bei den quantitativ gemessenen Kriterien der Dimensionen Ökologie und Soziales. Zugleich ist die Gewichtung der einzelnen ökologischen Kriterien in „Auswertung 1" mit je 11,11 % größer als die der sozialen (6,67 %) und ökonomischen (8,33 %), sodass der zum UCC-Konzept gehörende Φ^{net} zusätzlich davon profitiert. Das einzige Kriterium, bei dem das UCC eine schlechte Leistung aufweist, sind die Investitionskosten in Höhe von ca. 1335 € pro transportierter

---

[5] Vgl. Mareschal (2013, S. 120 f.).

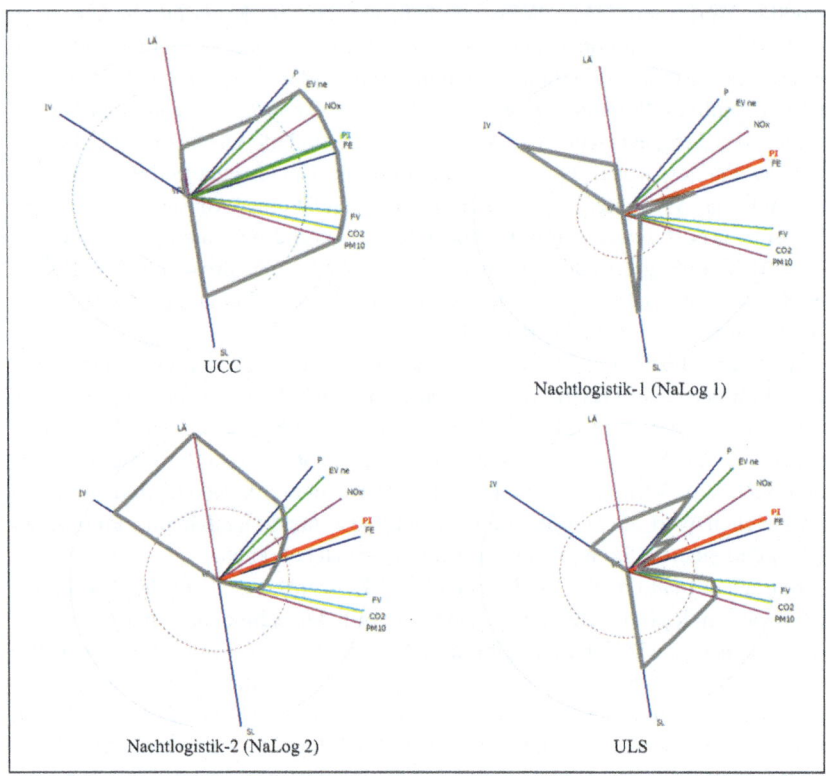

Abb. 5.4   GAIA-Web für „Auswertung 1" (Eigene Darstellung)

Tonne, bedingt durch die schlechte Relation zwischen dem jährlich transportierten Gewicht und den Investitionskosten.

Lässt man das bestbewertete UCC-Konzept außen vor und betrachtet die restlichen Alternativen, so fällt es auf, dass die Ergebnisse bei ihnen differenzierter sind. Besonders der Vergleich zwischen den beiden Nachtlogistik-Alternativen überrascht mit erstem Blick auf die dargestellte Form im GAIA-Web, da die Erweiterung schließlich auf dem Basis-Konzept aufbaut und man eine Ähnlichkeit der Form erwartet. Das Basisszenario NaLog1 weist für die Kriterien „Effizienz der Fahrzeuge (FE)", „IV" und „SL" einen stärkeren Φ_j auf als seine Erweiterung. In Bezug auf die Kriterien IV und FE ist dies damit zu erklären, dass die E-LKW lediglich nachts eingesetzt werden. Hierdurch kann einerseits die gesamte Kapazität dieser Fahrzeuge genutzt werden, da eine Beladung durch die zur Verfügung stehenden Laderampen nicht limitiert wird. Die durchschnittliche Auslastung der kompletten Flotte ist dadurch höher. Zudem kann sich für eine Variante der Ladesäulen entschieden werden, welche eine geringere Leistung aufweist (150 kW gegenüber 350 kW) und dadurch günstiger in der Anschaffung ist. Dies ist der Fall, da die E-LKW nicht tagsüber im Einsatz sind und dementsprechend einen größeren Ladezeitraum für die Batterien ermöglichen. Da die Erweiterung NaLog2 jedoch stärkere Präferenzen, vor allem bei den ökologischen und sozialen Kriterien aufweist, erzielt dieses Konzept in der Rangfolge einen höheren Φ^{net}. Allerdings ist dieses Ergebnis mit Vorsicht zu betrachten. Die besseren quantitativen Werte in Bezug auf die Kriterien dieser Dimensionen, welche die Basis für die Bewertung darstellen, entstehen lediglich im Austausch für einen stark verringerten SL bei Nachtlogistik-2. Bei der Betrachtung der in Anhang 16 aufgeführten Beschreibung dieses qualitativen Kriteriums wird klar, dass insbesondere die Verwendung der E-LKW 16t anstatt der LKW 12t in der Tagbelieferung der Grund dafür ist. Zwar ist die Nutzlast beider LKW-Typen ähnlich, jedoch weist der E-LKW 16t eine geringere Ladungseinheitenkapazität auf. Somit können weniger Kunden je Tour und dementsprechend auch pro Tag beliefert werden, obwohl die Anzahl der tagsüber eingesetzten Fahrzeuge die Gleiche bleibt. Dies resultiert ebenso in einer geringeren km-Leistung pro Jahr, welche wiederum einen positiven Einfluss auf die Ergebnisse in Bezug auf alle Kriterien der ökologischen Dimension sowie die Profitabilität P hat. Eine geringere Fahrleistung resultiert zudem in deutlich geringeren Betriebs- , Wartungs- und Gehaltskosten. Auch für die folgenden Auswertungen sollten diese Einschränkungen in Bezug auf das Konzept Nachtlogistik-2 im Gedächtnis bleiben.

Zum ULS bleibt zu erwähnen, dass dieses nur einen leicht schlechteren Φ^{net} aufweist als Nachtlogistik-2, ohne jedoch den oben bedingten Einschränkungen zu unterliegen. Bei den Kriterien FV, CO_2 sowie PM10 erzielt es eine Präferenz gegenüber den beiden Nachtlogistikkonzepten, wird jedoch bei der FE von ihnen dominiert.

5.2.3 Sensitivitätsanalyse „Auswertung 1"

Die Decision Axis π in Bezug auf die nach den drei Nachhaltigkeitsdimensionen gleichgewichtete Auswertung der City-Logistik Konzeptionen indizierte bereits die hohe Stabilität der Rangfolge. Die Überprüfung anhand der Insensitivitätsintervalle ist dennoch zu empfehlen, um den genauen Einfluss der Gewichte sowie

Tab. 5.3 Insensitivitätsintervalle für „Auswertung 1" (Eigene Darstellung)

Kriterien	Startwert Intervall	Endwert Intervall	Intervallbreite	Aktuelles Gewicht	Gewichtsänderung für andere Rangfolge
Energieverbrauch nicht-erneuerbarer (EVne)	3,86	100,00	96,14	11,11	88,89
CO$_2$-Treibhausgasemissionen	0,00	18,31	18,31	11,11	7,20
Flächenverbrauch (FV)	0,00	20,13	20,13	11,11	9,02
NOx-Schadstoffemissionen	0,00	100,00	100,00	6,67	93,33
PM10-Schadstoffemissionen	0,00	13,41	13,41	6,67	6,74
Verkehrssicherheit (VS)	0,00	100,00	100,00	6,67	93,33
Lärmemissionen (LÄ)	2,56	33,42	30,86	6,67	26,75
Verkehrsfluss (VF)	0,00	100,00	100,00	6,67	93,33
Service-Level des Transports (SL)	0,00	12,04	12,04	8,33	3,71
Effizienz der Fahrzeuge (FE)	0,00	32,64	32,64	8,33	24,31
Investitionsvolumen (IV)	3,27	28,61	25,34	8,33	20,28
Profitabilität (P)	0,00	100,00	100,00	8,33	91,67
Mittelwert	**1,21**	**37,60**	**54,07**		**46,55**

der qualitativ ermittelten Kriterien auf die Auswertung zu bestimmen. Dafür wird, wie in Abschn. 4.2.7 beschrieben, der Bereich betrachtet, in dem eine Veränderung des Kriteriengewichts keine Änderung in der zuvor erzielten Rangfolge hervorruft. Je breiter dieses Intervall, desto stabiler das Ergebnis. Die Software VisualPROMETHEE ermöglicht die Einsicht in das Intervall jedes Kriteriums. Die Ergebnisse aller Kriterien sind dargestellt in Tab. 5.3.

Der Mittelwert der Intervallbreite für alle Kriterien beträgt 54,07 %. Somit muss ein Kriterium im Durchschnitt mit diesem Wert gewichtet werden, damit sich die Rangfolge ändert, was jedoch bei einer Anzahl an insgesamt zwölf Kriterien als unrealistisch angesehen wird. Demzufolge kann der „Auswertung 1" eine hohe Stabilität attestiert werden. Die kleinsten Gewichtsänderungen, die zu einem Wechsel in der Rangfolge führen, wurden in der Tabelle rot markiert. Sie stellen die instabilsten Intervalle in der ersten Auswertung dar und dementsprechend gilt es, diese Kriterien genauer zu untersuchen. Die Insensitivitätsintervalle der betroffenen vier Kriterien sind dargestellt in Abb. 5.5. Die Intervallbreite wird durch die dunkelblau gestrichelten Linien dargestellt, jeweils zur linken und rechten Seite des aktuellen Gewichtes. Letzteres ist visualisiert durch die grün-rote Linie, die den Nettofluss Φ^{net} der Alternativen symbolisiert.[6]

Für die drei Kriterien „CO$_2$Treibhausgasemissionen", „PM10-Schadstoffemissionen" sowie „Flächenvebrauch (FV)" ist der Verlauf der Insensitivitätsintervalle nahezu identisch. Bei allen gilt, dass eine Veränderung der Gewichtung keinen Einfluss auf sowohl den ersten Rang, angenommen

---

[6] Mareschal (2013, S. 124).

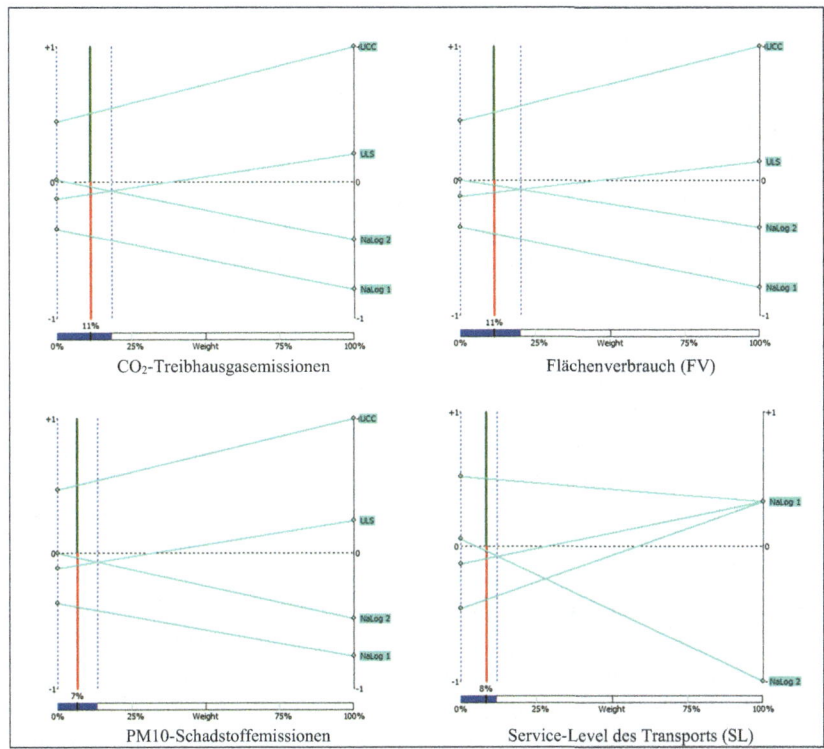

Abb. 5.5 Visualisierung der instabilsten Insensitivitätsintervalle für „Auswertung 1" (Eigene Darstellung)

im UCC-Konzept, als auch den letzten Rang, belegt von Nachtlogistik-1, hat. Bei jedem der Kriterien erfolgt jedoch ein Wechsel zwischen Rang zwei (Nachtlogistik-2) und Rang drei (USL). Bei CO_2 und PM10 geschieht dies bei einer Anhebung der Gewichtung auf 18,31 % respektive 20,13 %, bei PM10 findet dies bereits bei einer Veränderung des Gewichts um 6, 74 Prozentpunkte statt.

Das Kriterium SL stellt das sensitivste Konzept dar. Bei ihm tauscht das Nachtlogistik-2 Konzept am schnellsten die Position in der Rangordnung, genauer gesagt bei einer Änderung der Gewichtung um 3,71 Prozentpunkte. Wird ihr Wert auf ca. 28 % angehoben, rutscht er weiter ab und wird an letzter Stelle hinter Nachtlogistik-1 eingeordnet. Sollte die Gewichtung 100 % erreichen werden, würden alle Alternativen, mit Ausnahme von Nachtlogistik-2, den ersten Rang gemeinsam bekleiden, da diesen der gleiche Wert in der qualitativen Bewertung zugewiesen wurde.

Die Sensitivitätsanalyse bestätigt die Stabilität der erstellten Präordnungen. Die Dominanz vom UCC ist zu stark und Nachtlogistik-1 zu schwach, als dass die leichte Änderung eines einzigen Kriteriengewichts zu einer stark differierenden Reihenfolge führen würde. Eine Veränderung mehrerer Kriterien findet jedoch mithilfe der folgenden „Auswertungen 2 & 3" statt, indem ein anderer Schwerpunkt bei der Gewichtung gesetzt wird. Dies könnte zu einer veränderten Rangfolge führen.

5.2.4   Zusammenfassung „Auswertung 1"

Bei der Betrachtung des gesamten MCDA-Prozesses bei „Auswertung 1" fällt die Beantwortung der *Forschungsfrage 1 relativ leicht: „Welches der Konzepte weist die beste Eignung auf, die nachhaltige Entwicklung von Städten, bei gleichwertiger Berücksichtigung der drei Nachhaltigkeitsdimensionen, zu fördern?"*

Das favorisierte Konzept ist eindeutig das UCC, da es sowohl in der erstellten Rangfolge mit PROMETHEE I als auch mit PROMETHEE II eine eindeutige Präferenz gegenüber allen anderen Alternativen aufbaut. Obwohl seine Investmentkosten je transportierter Tonne pro Jahr hoch sind, überwiegen bei gleicher Gewichtung aller drei Dimensionen die Vorteile hinsichtlich der eingesparten Treibhausgas- und Schadstoffemissionen sowie des reduzierten Flächenverbrauches. Zudem hat es seine Eignung in der Praxis nachgewiesen, langfristig wirtschaftlich und auch profitabel sein zu können, wenn es im Aufbau entsprechend gefördert wird, sodass das Kriterium Investmentkosten das nahezu das einzige ist, bei dem das UCC-Konzept bei der vorliegenden Gewichtung keine Präferenz aufbauen kann.

Dahingegen weist die Einführung des NaLog1-Konzeptes die geringste Eignung auf, die nachhaltige Entwicklung von Städten bei gleichwertiger Berücksichtigung aller Dimensionen voranzutreiben. Je transportierter Tonne sind die jährlichen Reduzierungen in Relation zu den anderen Kriterien als schwächer einzustufen. Im Flächenverbrauch weist es sogar einen Anstieg auf, da die E-LKW sowohl länger als auch etwas breiter sind als die vergleichbaren DieselModelle. Allerdings ist in Bezug auf Nachtlogistik-1 einerseits zu berücksichtigen, dass die Fläche der städtischen Infrastruktur zu einer Zeit in Anspruch genommen wird, in der sie in ihrer vorhandenen Kapazität gar nicht ausreichend genutzt wird. Neue Fläche muss dementsprechend nicht entstehen, sodass de facto keine

Veränderung zwischen dem Ausgangszustand und dem Konzept in dieser Hinsicht besteht. Andererseits sind die Einsparungen je Tonne zwar gering, durch die reine Masse an transportiertem Gewicht in absoluten Zahlen jedoch nicht unerheblich. Somit mag es zwar im Vergleich am schlechtesten abschneiden, das bedeutet jedoch nicht, dass es ein schlechtes Konzept ist. Die Platzierung von Nachtlogistik-2 auf dem zweiten Rang ist aufgrund der oben erwähnten Gründe mit Vorsicht zu betrachten, solange nicht die gleiche Anzahl an Kunden beliefert wird wie beim Ursprungsszenario NaLog1. Dem ULS-Konzept ist dahingegen eine solide Leistung bei der Bewertung zu attestieren. Abgesehen vom Vergleich mit dem UCC, ist es in der Lage, in etwa dem gleichen Maße eine Präferenz gegenüber den anderen Kriterien aufzubauen, wie es von den anderen dominiert wird, was sich am $\Phi^{net} = -0{,}0854$ widerspiegelt.

5.3 „Auswertung 2": Vorwiegend ökonomisches Konzept

5.3.1 Partielle Präordnung nach PROMETHEE I „Auswertung 2"

Für die dauerhafte Aufrechterhaltung eines City-Logistik Konzepts ist, wie bereits zuvor erwähnt, die finanzielle Komponente von entscheidender Bedeutung. Demensprechend soll im Folgenden das Konzept identifiziert werden, welches vorwiegend ökonomisch nachhaltig ist. Das in Abb. 5.6 visualisierte Ergebnis „für Auswertung 2" weist eine starke Ähnlichkeit zu dem aus „Auswertung 1" auf.

Demzufolge existiert für keines der Konzepte eine Unvergleichbarkeit und die Rangfolge wird ebenfalls beibehalten. Bei genauerer Betrachtung fällt jedoch auf, dass die stärkere Gewichtung der Kriterien der ökonomischen Dimension sowohl in einer Reduzierung des Ausgangsflusses als auch des Eingangsflusses bei UCC und ULS führt, während sich die Werte des Konzepts Nachtlogistik-1 hinsichtlich Φ^+ und Φ^- verbessern. Da bei Nachtlogistik-2 die Veränderung beider Werte marginal ist, ermöglicht dies Nachtlogistik-1 zu den anderen Alternativen aufzuschließen, während das UCC näher an den zweiten Rang heranrückt. Demzufolge ist durch die stärkere Gewichtung der wirtschaftlichen Aspekte der Konzepte die Fähigkeit aller anderen Alternativen gesunken, das Szenario Nachtlogistik-1 zu dominieren. Nichtsdestotrotz befindet sich das Konzept weiterhin auf dem letzten Rang. Im Gegensatz dazu hat das UCC zwar etwas von seiner Stärke eingebüßt,

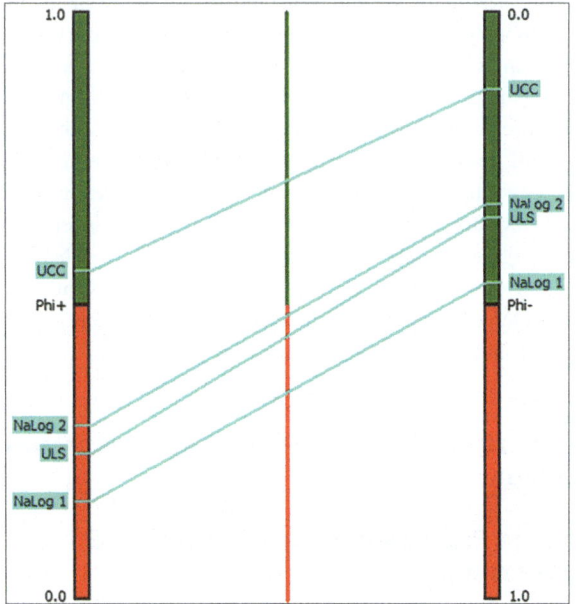

Abb. 5.6 Resultate „Auswertung 2" nach PROMETHEE (Eigene Darstellung)

ist aber immer noch deutlich den anderen Alternativen gegenüber zu präferieren, was durch den großen Abstand dargestellt wird. Im Folgenden wird darauf eingegangen, was die genauen Gründe für die leichte Stauchung der Rangfolge sind.

5.3.2   Vollständige Präordnung nach PROMETHEE I „Auswertung 2"

Die bereits zuvor angemerkten Tendenzen werden durch die Darstellung der vollständigen Rangordnung unterstützt (siehe Abb. 5.7), liefern aber keine neuen Erkenntnisse.

Lediglich die Änderungen des Nettoflusses Φ^{net} ist im Vergleich zu „Auswertung 1" detailliert wahrnehmbar. Demensprechend wird mit der Betrachtung der GAIA-Ebene, dem nächsten Schritt in der Vorgehensweise bei der

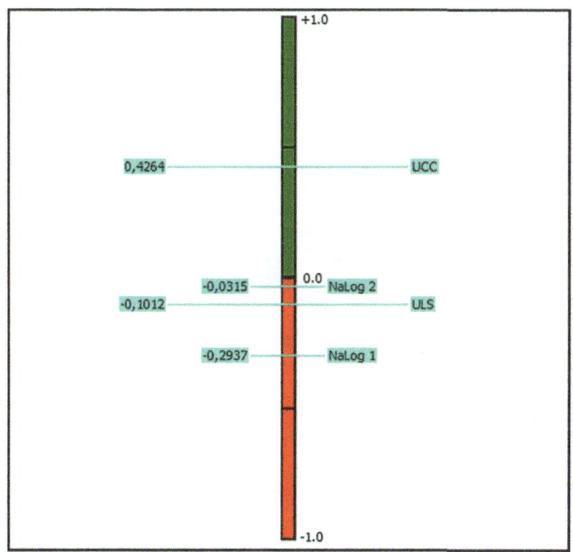

Abb. 5.7 Resultate „Auswertung 2" nach PROMETHEE II (Eigene Darstellung)

PROMETHEE-Anwendung, fortgefahren. Diese ist für „Auswertung 2" in Abb. 5.8 visualisiert.

Die Stauchung der Rangfolge führt bei der GAIA-Ebene visuell zu keiner wahrnehmbaren Veränderung hinsichtlich der Kriterienachsen und ihrer Ausrichtung im Vergleich zu „Auswertung 1". Gleiches gilt für die Position der City-Logistik Konzeptionen im Raum. Lediglich die Decision Axis π orientiert sich weiter in Richtung des UCC und indiziert somit, dass dieses Konzept, trotz eines Verlusts beim Nettofluss Φ^{net}, durch die stärkere Gewichtung der ökonomischen Kriterien noch mehr als bestmögliche Alternative im Auswertungsverfahren angesehen wird. Gleichzeitig ist π etwas kürzer als in der vorherigen Auswertung, sodass ein leichter Verlust der Stabilität zu erwarten ist. Um dies zu konkretisieren, wird nachfolgend direkt die Sensitivitätsanalyse durchgeführt. Eine Betrachtung der GAIA-Webs erübrigt sich für „Auswertung 2", da dieses visuelle Hilfsmittel keine Veränderung zu den bereits in Abschn. 5.2.2 aufgeführten Netzen aufweist. Ein Mehrwert würde durch ihre Darstellung somit nicht geboten.

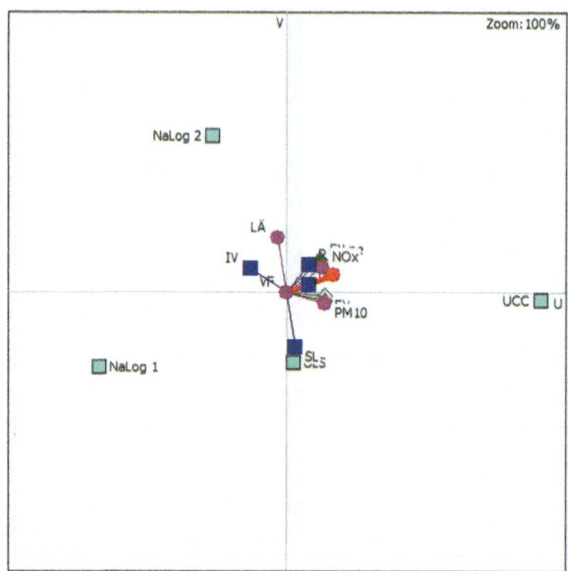

Abb. 5.8 GAIA-Ebene für „Auswertung 2" (Eigene Darstellung)

5.3.3   Sensitivitätsanalyse „Auswertung 2"

Für „Auswertung 2" konnten mithilfe der Software, die in Tab. 5.4 aufgeführten Intervallwerte und die daraus resultierenden Breiten der Insensitivitätsintervalle für die einzelnen Kriterien bestimmt werden.

Der Mittelwert zeigt an, dass die durchschnittliche Intervallbreite im Vergleich zu „Auswertung 1", wie erwartet, sinkt, jedoch nur geringfügig. Mit 53,45 % ist die Stabilität nahezu gleichgeblieben und weiterhin als gut einzuschätzen. Die anfälligsten Kriterien sind drei der vier bereits in der ersten Sensitivitätsanalyse identifizierten, namentlich CO_2, PM10 und SL. Es überrascht daher auch nicht, dass ihre Darstellung in Abb. 5.9 eine frappierende Ähnlichkeit aufweist zu denen in Abb. 5.5. Der Rückgang der Gewichtung bei CO_2 und PM10 führt erneut lediglich zum Tausch von ULS und UCC. Dies lässt die Schlussfolgerung zu, dass die Unterschiede in den quantitativen Eingabeparametern der Alternativen bei diesen Kriterien so eindeutig sind, dass eine Gewichtsänderung bei ihnen stets den gleichen Einfluss auf das Ergebnis der Auswertung nimmt. Gleiches gilt für das qualitative Kriterium SL.

Tab. 5.4 Insensitivitätsintervalle für „Auswertung 2" (Eigene Darstellung)

Kriterien	Startwert Intervall	Endwert Intervall	Intervallbreite	Aktuelles Gewicht	Notwendige Gewichtsänderung
Energieverbrauch nicht-erneuerbarer (EVne)	0,00	100,00	100,00	8,33	91,67
CO$_2$-Treibhausgasemissionen	0,00	17,35	17,35	8,33	9,02
Flächenverbrauch (FV)	0,00	19,58	19,58	8,33	11,25
NOx-Schadstoffemissionen	0,00	100,00	100,00	5,00	95,00
PM10-Schadstoffemissionen	0,00	13,35	13,35	5,00	8,35
Verkehrssicherheit (VS)	0,00	100,00	100,00	5,00	95,00
Lärmemissionen (LÄ)	0,00	29,29	29,29	5,00	24,29
Verkehrsfluss (VF)	0,00	100,00	100,00	5,00	95,00
Service-Level des Transports (SL)	0,00	16,84	16,84	12,5	4,34
Effizienz der Fahrzeuge (FE)	2,80	28,68	25,88	12,5	16,18
Investitionsvolumen (IV)	6,64	25,76	19,12	12,5	13,26
Profitabilität (P)	0,00	100,00	100,00	12,5	87,50
Mittelwert	1,31	38,14	53,45		45,91

Es lässt sich sogar die These aufstellen, dass selbst stärkere Gewichtsveränderungen zugunsten einer Dimension, in diesem Fall der ökonomischen, ohne die anderen Dimensionen außer Acht zu lassen, zu kaum einer Änderung in der Rangfolge führt. Auch dies lässt sich einfach mithilfe von VisualPROMETHEE testen (siehe Abb. 5.10).

Die oben getroffene Hypothese trifft soweit zu. Erst bei einer als extrem angesehenen Gewichtung von 79 % für die ökonomische Dimension findet der erste Wechsel in der Rangfolge statt und zwar zwischen dem ULS und NaLog1. Letzteres ist sogar ab der Gewichtung von 94 % für alle Kriterien mit wirtschaftlichem Bezug in der Lage, seine Erweiterung NaLog2 zu überholen. Das UCC bleibt trotz seines sehr hohen Investitionsvolumens pro jährlich transportierter Tonne dauerhaft auf dem ersten Rang. Eine Begründung hierfür ist, dass es beim Kriterium „Effizienz der Fahrzeuge (FE)" mit deutlichem Abstand das beste Konzept aufweist und im Vergleich mit den anderen Alternativen stets eine strikte Präferenz bildet. Zugleich können die anderen Kriterien im direkten Vergleich keine strikte Präferenz gegeneinander aufbauen, da sie keine so deutlichen Unterschiede untereinander aufweisen. Dies gleicht das schlechte Abschneiden des UCC beim Kriterium „IV" etwas aus, sodass es auch bei geringer Gewichtung seiner Ergebnisse bei den ökonomischen und sozialen Kriterien stets den größten Nettofluss aufweist.

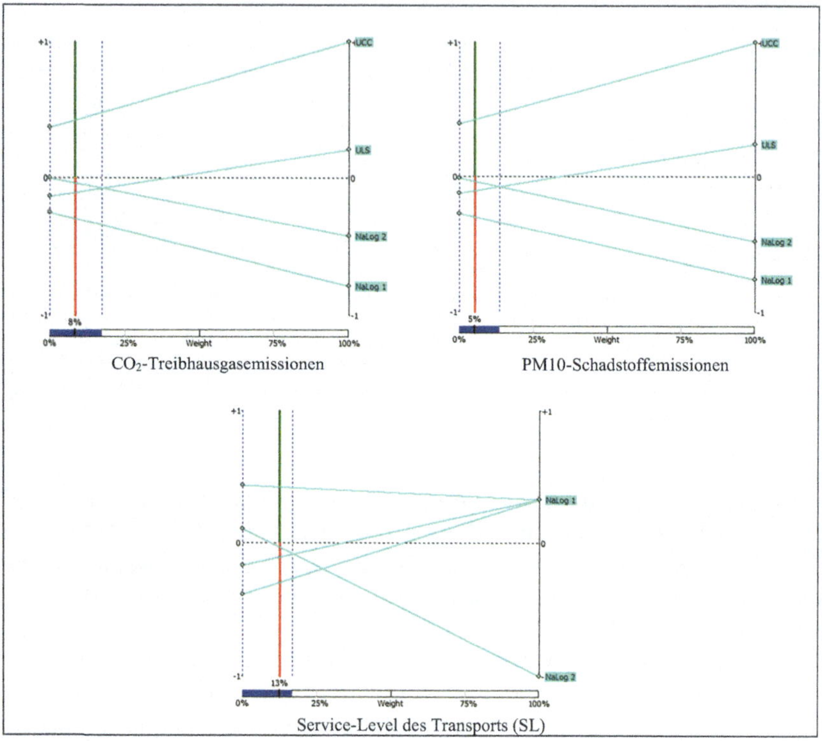

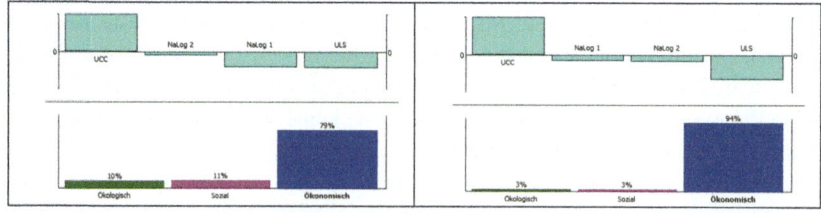

Abb. 5.9 Visualisierung der instabilsten Insensitivitätsintervalle für „Auswertung 2" (Eigene Darstellung)

Abb. 5.10 Rangfolge bei extremer Priorisierung der ökonomischen Dimension und gleichmäßiger Gewichtung ihrer Kriterien (Eigene Darstellung)

5.3.4 Zusammenfassung „Auswertung 2"

Die Beantwortung von *Forschungsfrage 2: „Welches der Konzepte weist die beste Eignung auf, wenn es vorwiegend die ökonomische Nachhaltigkeit gewährleisten soll, ohne die anderen Nachhaltigkeitsdimensionen außer Acht zu lassen?"* resultiert in der gleichen Antwort wie bei Forschungsfrage 1. Das UCC kreiert bei allen quantitativen Kriterien der ökologischen und sozialen Dimension eine strikte Präferenz gegenüber den anderen Alternativen. Dieser Vorteil kann über eine stärkere Gewichtung der ökonomischen Kriterien nicht ausgeglichen werden, sodass die Auswertung nach PROMETHEE erneut das UCC als beste Alternative darstellt.

5.4 „Auswertung 3": Sozial-ökologisches Konzept

5.4.1 Partielle Präordnung nach PROMETHEE I „Auswertung 3"

Bei der letzten Auswertung werden die Kriterien in den Fokus gestellt, welche für den Erhalt des ökologischen sowie den Erhalt und Aufbau des sozialen Kapitals von besonderer Relevanz sind. Dieser Ansatz entspricht somit in gewisser Weise dem der ökologischen Ökonomie.[7] Allerdings sind auch bei „Auswertung 3" anhand der bisherigen Erkenntnisse keine starken Abweichungen in der Rangfolge zu erwarten. Bestätigt wird dies durch die erzielten Resultate bei PROMETHEE I, visualisiert in Abb. 5.11. Da das UCC bei den quantitativen ökologischen und sozialen Kriterien die besten Ergebnisse erzielt und diese nun stärker gewichtet werden, wird sein erzielter Wert im Ausgangsfluss größer. Zugleich profitiert dieses Konzept davon, dass die Kriterien dort, wo sie schwächer sind als die anderen, weniger stark gewichtet werden.

Somit reduziert sich zusätzlich der Wert seines Eingangsflusses. Das Gegenteil gilt für das letztplatzierte Konzept Nachtlogistik-1. Der Abstand zwischen erst- und zweitplatzierter Alternative sowie der zwischen den beiden Letzten ist daher der größte von allen Auswertungen, sowohl bei Φ^+ als auch bei Φ^-.

---

[7] Siehe Abschn. 2.2.2.

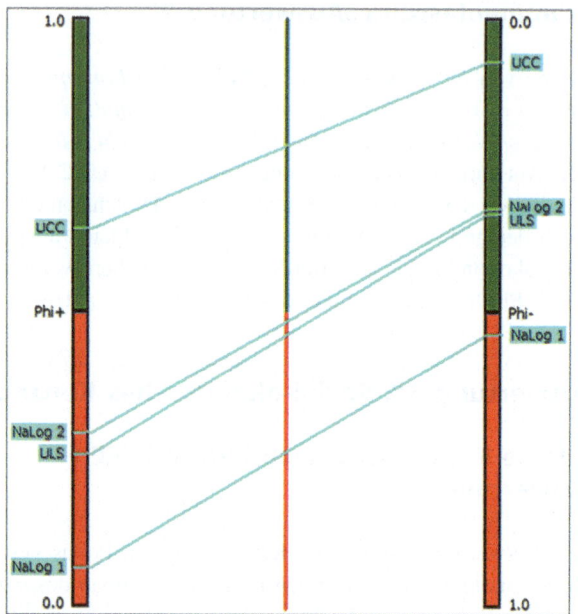

Abb. 5.11   Resultate „Auswertung 3" nach PROMETHEE I (Eigene Darstellung)

5.4.2   Vollständige Präordnung nach PROMETHEE II „Auswertung 3"

Dies resultiert auch bei der mithilfe von PROMETHEE II erstellten Ordnung in größeren Abständen zwischen den genannten Rängen, da diese die beiden Outranking-Relationen zum Nettofluss aggregiert (siehe Abb. 5.12). Numerisch beträgt der Abstand vom ersten Rang nun 0,598 Punkte anstatt der vorherigen 0,535. Der Abstand des letzten Rangs ist angewachsen von 0,307 auf 0,397. Dies zeigt die noch deutlicheren Verhältnisse in der Rangfolge eindeutig auf.

Weil die Präferenzen sich nicht geändert haben, kann erneut von einer Erstellung der GAIA-Webs abgesehen werden. Es wird direkt übergegangen zur Betrachtung der GAIA-Ebene, welche sich in Abb. 5.13 befindet.

Die Kriterienachsen weisen auch bei „Auswertung 3" zum großen Teil in Richtung des UCC, wodurch seine Dominanz hervorgehoben wird. Unterstützt wird dies durch die Decision Axis π, welche ebenfalls in Richtung dieses Konzepts ausgerichtet ist. Aufgrund der Erkenntnisse aus „Auswertung

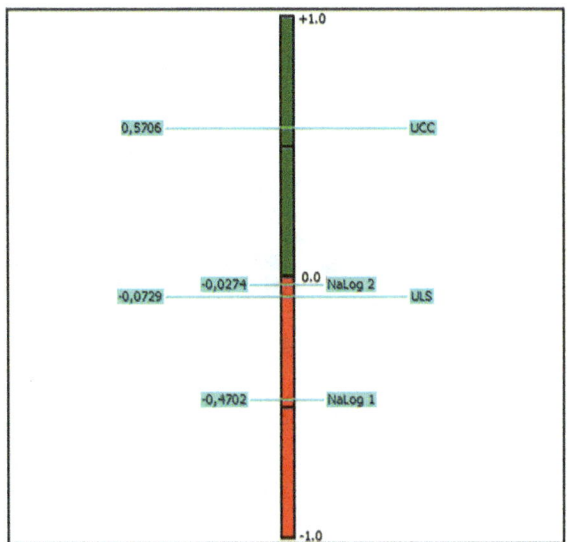

Abb. 5.12 Resultate „Auswertung 3" nach PROMETHEE II (Eigene Darstellung)

1" und „Auswertung 2" lässt sich darauf schließen, dass sie leicht länger ist als bei erstgenannter Analyse. Damit geht auch eine Steigerung der Stabilität der erstellten Rangordnung einher. Dies wird quantifiziert in der nachfolgenden Sensitivitätsanalyse.

5.4.3 Sensitivitätsanalyse „Auswertung 3"

Die durchschnittliche Intervallbreite mit 54,20 % sowie die mittlere notwendige Gewichtsveränderung eines Kriteriums zur Veränderung der Ergebnisse der Rangordnung mit 46,97 Prozentpunkten sind ebenfalls die höchsterzielten bei allen durchgeführten Auswertungen (siehe Tab. 5.5).

Damit weist „Auswertung 3" zugleich die höchste Stabilität im Vergleich zu den vorhergehenden Auswertungen auf, auch wenn dies nur geringfügig ist. Infolge der starken Ähnlichkeit der mithilfe von PROMETHEE produzierten Ergebnisse sind erneut die Kriterien CO_2, Flächenverbrauch, PM10 sowie SL im Fokus der Sensitivitätsanalyse geraten. Am instabilsten von ihnen ist

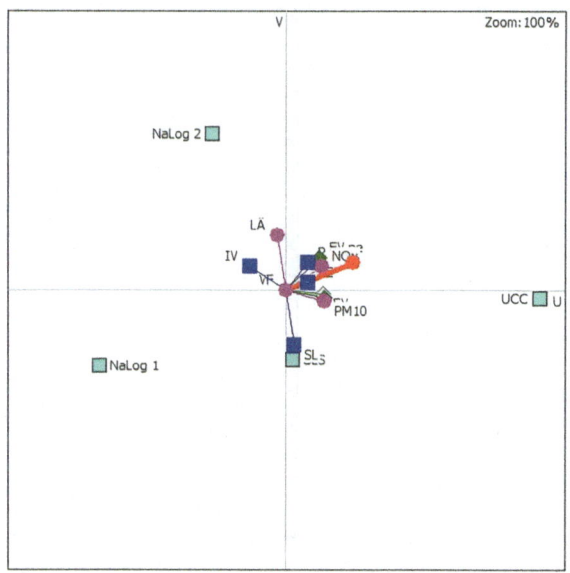

Abb. 5.13 GAIA-Ebene für „Auswertung 3" (Eigene Darstellung)

Tab. 5.5 Insensitivitätsintervalle für „Auswertung 3" (Eigene Darstellung)

Kriterien	Startwert Intervall	Endwert Intervall	Intervallbreite	Aktuelles Gewicht	Notwendige Gewichtsänderung
Energieverbrauch nicht-erneuerbarer (EVne)	7,70	100,00	92,30	13,33	86,67
CO$_2$-Treibhausgasemissionen	0,00	19,10	19,10	13,33	5,77
Flächenverbrauch (FV)	0,00	20,59	20,59	13,33	7,26
NOx-Schadstoffemissionen	0,00	100,00	100,00	8,00	92,00
PM10-Schadstoffemissionen	0,00	13,45	13,45	8,00	5,45
Verkehrssicherheit (VS)	0,00	100,00	100,00	8,00	92,00
Lärmemissionen (LÄ)	4,75	36,49	31,74	8,00	28,49
Verkehrsfluss (VF)	0,00	100,00	100,00	8,00	92,00
Service-Level des Transports (SL)	0,00	8,13	8,13	5,00	3,13
Effizienz der Fahrzeuge (FE)	0,00	35,29	35,29	5,00	30,29
Investitionsvolumen (IV)	0,81	30,57	29,76	5,00	25,57
Profitabilität (P)	0,00	100,00	100,00	5,00	95,00
Mittelwert	**1,71**	**37,25**	**54,20**		**46,97**

der Service-Level, wodurch NaLog2 bereits bei einer Änderung um 3,13 Prozentpunkte seinen zweiten Rang an das ULS verliert. Die Sensitivität dieses Kriteriums in Bezug auf die Rangfolge liegt darin begründet, dass das zweite Nachtlogistik-Konzept das einzige ist, dessen erzielter Wert („1") beim Kriterium von dem der anderen (jeweils „5") abweicht. Die Alternative des ULS weist über die meisten Kriterien hinweg keine starken Präferenzverluste gegenüber Nachtlogistik-2 auf und ist ihr nahezu gleichwertig, was deutlich anhand des Φ^{net} wird, der nur ein wenig kleiner geworden ist. Durch die leichte Änderung in Bezug auf die Gewichtung des SL ist sie in der Lage, auf den zweiten Rang vorzurücken (siehe Abb. 5.14). Die Insensitvtätsintervalle der anderen Kriterien wurden bereits ausreichend bei den vorangehenden Auswertungen thematisiert.

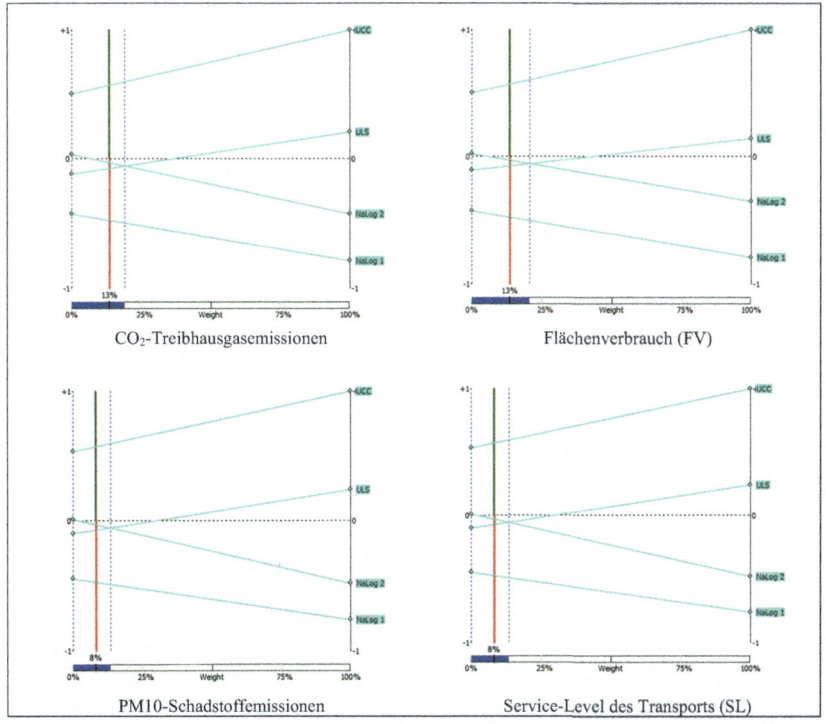

Abb. 5.14 Visualisierung der instabilsten Insensitivitätsintervalle für „Auswertung 3" (Eigene Darstellung)

5.4.4   Zusammenfassung „Auswertung 3"

Mithilfe der dritten und letzten Auswertung kann die „Forschungsfrage 3" beant-wortet werden: *„Welches der Konzepte weist die beste Eignung auf, wenn es primär die sozial-ökologische Nachhaltigkeit gewährleisten soll, ohne die ökonomische Nachhaltigkeitsdimension außer Acht zu lassen?"*

Bereits in den beiden vorherigen Auswertungen, bei denen die Kriterien mit Bezug auf die soziale und ökologische Dimension der Nachhaltigkeit noch nicht stärker gewichtet wurden, belegt das UCC in der Entscheidungsanalyse nach PROMETHEE I und II mit einem großen Abstand den ersten Rang. Ebenfalls wurde dort bereits klar, dass es in der Lage ist, besonders in Hinblick auf die ökologischen und sozialen Kriterien strikte Präferenzen aufzubauen. Demzufolge überrascht es nicht, dass bei der „Auswertung 3", welche diese Kriterien stärker gewichtet, das UCC mit weitem Abstand das am besten bewertete Konzept dar-stellt. In Hinblick auf die Eingabeparameter der anderen Konzepte ist auch die restliche Rangfolge logisch und nachvollziehbar.

5.5   Gesamtbetrachtung der Auswertungen

Blickt man auf die Ergebnisse der einzelnen Auswertungen zurück, ist festzu-stellen, dass trotz der jeweiligen Veränderung der Gewichtungsschemata jedes Konzept über alle drei Auswertungen hinweg stets den gleichen Rang in der Ord-nung einnimmt. Dies gilt sowohl für PROMETHEE I als auch für PROMETHEE II. Als Grund hierfür sind die gewählten Kriterien sowie ihre in Abschn. 4.3.4 bestimmten Parameter zu nennen, die dafür sorgen, dass wenig Widersprüche zwischen den einzelnen Alternativen entstehen. Dies lässt sich sowohl auf die qualitativen als auch auf die quantitativen Kriterien zurückführen.

Betrachtet man die qualitativen Kriterien, bei denen den Alternativen bestimmte Punktwerte auf einer Rangskala mithilfe von geeigneter Fachliteratur zugewiesen wurden, fällt es auf, dass eine starke Ähnlichkeit zwischen den erziel-ten Werten je Kriterium besteht. Bei allen fünf Kriterien weisen die Konzepte UCC sowie ULS exakt dieselben Punktwerte auf und bei NaLog1 weicht der Wert lediglich bei einem dieser Kriterien ab. Bei NaLog2 gibt es zwei Abweichungen, wobei er einmal besser und einmal schlechter ist als der Wert der anderen Alter-nativen. Ein Vergleich mit PROMETHEE führt dann dazu, dass die Alternativen über alle qualitativen Kriterien hinweg den gleichen Präferenzfluss aufweisen, da sie durch den gleichen Punktwert indifferent sind. Eine Änderung der Gewich-tung bei den Kriterien mit dem gleichen Punktwert im Sinne einer anderen

Forschungsfrage hat somit keinen Einfluss auf den Ausgangs- und Eingangsfluss dieser Alternativen, da es sich um den gleichen Präferenzwert handelt, der dann nur anders gewichtet wird. Dies ist auch der Grund dafür, warum lediglich eines der qualitativen Kriterien, nämlich der Service Level, in der Sensitivitätsanalyse relevant wird.

Das führt dazu, dass vor allem die Präferenzwerte hinsichtlich der quantitativen Parameter von Bedeutung für die Auswertung sind. Der Großteil jener betrifft die Reduzierung der Emissionen, welche mit dem Güterwirtschaftsverkehr einhergehen und sich negativ auf die Gesellschaft und Natur auswirken. Für sie ist festzustellen, dass die Ermittlung ihrer Kriterienwerte zu großen Teilen auf den gleichen Eingabeparametern aufbauen oder teilweise sogar aufeinander. Damit weisen sie eine gewisse Abhängigkeit voneinander auf. Ein positives Ergebnis bei einem Kriterium hat demnach zur Folge, dass auch das andere einen positiven Wert aufweist. Als Beispiel sei hier die folgende Berechnungsfolge genannt: Das Kriterium „nicht-erneuerbarer Energieverbrauch" verwendet als Eingabeparameter die durchschnittlich gefahrenen Kilometer. Bei einer deutlichen prozentualen Reduzierung der Kilometer im Vergleich zum Ausgangszustand führt dies zu einem positiven Wert. Der Energieverbrauch wird dann wiederum für die Berechnung der CO_2-Emissionsreduzierung verwendet, welcher, bedingt durch die verringerte Nutzung nicht-erneuerbarer Energieträger, ebenfalls positiv ist. Dies kann als einer der Gründe angesehen werden, warum auch bei den quantitativen Kriterien die Veränderung der Gewichtungsschema zu keiner Änderung in der Rangfolge führt, obwohl die drei Kriterien Flächenverbrauch, CO_2-Treibhausgasemission und PM10-Schadstoffemission in allen drei Sensitivitätsanalysen die instabilsten Intervalle aufzeigen. Der andere Grund ist, dass die City-Logistik Konzeptionen in ihrer Zielsetzung gleichartig sind. Jede von ihnen bemüht sich einerseits um eine Reduzierung der Fahrten zum bisherigen Ausgangszustand, was vor allem durch eine Erhöhung der Auslastung von Statten gehen soll. Andererseits wird bei allen Konzepten versucht, die Emissionen durch eine Substituierung der bisherigen Diesel- durch Elektrofahrzeuge auf der letzten Meile zu senken. In Relation zum jährlichen transportierten Gesamtgewicht gelingt dies den jeweiligen Konzepten ziemlich gut, was jedoch mit dem vorherigen Status Quo in Verbindung gebracht werden kann. Es kann logisch geurteilt werden, dass je besser der Ausgangszustand der Konzepte ist, desto weniger Potenzial zur Verbesserung besteht.

Von daher überrascht es nicht, dass das Konzept Nachtlogistik-1 in allen drei Auswertungen auf dem letzten Rang wiederzufinden ist. Die Fahrzeuge besitzen bereits im Ausgangszustand einen Auslastungsgrad von 77,8 %, was den besten Anfangswert von allen Konzepten darstellt. Durch die Einführung der Nachtlogistik ist es zwar möglich, die dort verwendeten Elektro-LKW voll auszulasten, jedoch sind nur 25 % der Filialen dazu geeignet, Lieferungen in diesem Zeitraum überhaupt zu empfangen. Dies führt dazu, dass nur eine kleine Anzahl der täglichen Touren entfällt und somit auch das emissionsbezogene Einsparpotenzial je transportierter Tonne gering ausfällt. Dahingegen findet im Flächenverbrauch sogar ein Anstieg statt, was auf die erhöhten Abmessungen der Elektro-LKW zurückzuführen ist. Allerdings wurde bereits erkannt, dass dieser Anstieg lediglich rein theoretisch möglich ist und de facto keiner ist, da diese Fläche zu einem Zeitpunkt verwendet wird, indem die vorhandene Flächenkapazität wenig ausgelastet ist. Vorteile gegenüber den meisten anderen Konzepten weist Nachtlogistik-1 lediglich beim Auslastungsgrad auf sowie beim Investitionsvolumen, wo es sogar den besten Wert pro jährlich transportierter Tonne aufweist.

Das Konzept Nachtlogistik-2 wird in allen Rangordnungen auf den zweiten Platz eingestuft, weist jedoch einige Schwächen in Bezug auf die vier Kriterien CO_2-Treibhausgas-, PM10-Schadstoffemissionen, Flächenverbrauch sowie Service Level auf. Dies wird symbolisiert durch die schmalen Insensitivitätsintervalle. Bereits durch leichte Änderungen bei diesen Kriterien ist bei ihm ein Rangwechsel mit dem ULS-Konzept zu erkennen. In Bezug auf den Service-Level bleibt noch zu erwähnen, dass der Punktwert von Eins auf der Skala bis Fünf dadurch entsteht, dass es beim Tageinsatz der Elektro-LKW, anstatt vergleichbarer Dieselmodelle, nicht mehr möglich ist, alle 400 Filialen zu beliefern. Grund hierfür ist, dass am Tag vor allem LKW-12t eingesetzt werden, die jedoch durch den in der Nutzlast zwar vergleichbaren, jedoch in der Ladungseinheiten-Kapazität schlechteren E-LKW-16t, ersetzt werden. Wenn gleich viele LKW am Tag eingesetzt werden, können somit weniger Kunden beliefert werden. Dadurch sinkt deren Zufriedenheit deutlich ab, was jedoch absolut entgegen den Interessen der wirtschaftlichen Akteure läuft. Während das Nachtlogistik-1 Konzept die Kundenbindung erhöht, da die Waren durch den verbesserten Verkehrsfluss stets pünktlich geliefert werden, sorgt Nachtlogistik-2 für das Gegenteil davon. Dies ist zudem als Grund für die Erzielung besserer Werte bei den Emissionen zu nennen, da weniger gefahrene Kilometer logischerweise zu einer Verringerung des Ausstoßes von Schadstoffen und Treibhausgasen sowie einem verringerten Flächenverbrauch führen. Somit obliegt es den Autoren als Entscheidungsträger, die Konzeption Nachtlogistik-2 mit der zusätzlichen Einbindung der Elektro-LKW in den Tagbetrieb, zumindest in der vorliegenden Form, als ungeeignet für die nachhaltige Entwicklung der Stadt zu bezeichnen.

Das Konzept des unterirdischen Logistiksystems, aufbauend auf der Machbarkeitsstudie vom in der Schweiz geplantem Projekt Cargo Sous Terrain, befindet sich auf dem dritten Rang in der Bewertung. Bei den Kriterien in Bezug auf die CO_2-Emissionen, den Flächenverbrauch und den PM10-Schadstoffemissionen erzielt es dennoch die zweitbesten Werte hinter dem dominierenden UCC. Dass es nicht vor Nachtlogistik-2 platziert ist, liegt jedoch vor allem darin begründet, dass es bei den Kriterien Energieverbrauch nicht-erneuerbarer Energieträger einen leicht schlechteren sowie beim Investitionsvolumen und der Fahrzeugeffizienz den zweit- respektive den niedrigsten Wert von allen aufweist.

Es zeigt sich, dass das Urban Consolidation Center Konzept übergreifend auf dem ersten Rang platziert wird und in den Auswertungen konkurrenzlos ist. Pro jährlich transportierter Tonne sind die Einsparungen im Vergleich zum Status Quo bei allen Emissionen signifikant, sodass es mit weitem Abstand vor dem zweitplatziertem Konzept rangiert. Durch die oben bereits diskutierten wenigen Differenzen der Alternativen bei den qualitativen Kriterien kann keine der Gewichtungsmethoden etwas an der Platzierung des UCC auf dem ersten Rang ändern, auch wenn die Investitionskosten pro jährlich transportierter Tonne ebenfalls die deutlich höchsten von allen Konzepten sind. Dem entgegenzuhalten ist jedoch, dass die Profitabilität nichtsdestotrotz sichergestellt ist und die Investitionskosten finanziert werden können und zwar dann, wenn sie gleichmäßig auf die Nutzungsdauer aufgeteilt werden. Anhand der Berechnungen auf Basis der verfügbaren Datengrundlage in Bezug auf das seit 2008 wirtschaftlich betriebenen Konzept Cityporto Padua sowie der anschließenden Bewertung kann die Annahme von Logistikern in Deutschland nicht bestätigt werden, dass ein UCC automatisch mit einem Kostenanstieg beim Transport verbunden und ein kostendeckender Betrieb daher nicht möglich ist.[8]

---

[8] Allen et al. (2007, S. 60).

Fazit

6

Das zentrale Forschungsziel dieses Buches war es, City-LogistikKonzepte hinsichtlich ihrer Eignung zu beurteilen, in Städten eine positive nachhaltige Entwicklung voranzutreiben. Im Rahmen dieses zentralen Ziels galt es daher zu identifizieren, welche City-LogistikKonzepte existieren und wie sie in der Praxis umgesetzt werden. Dabei konnte festgestellt werden, dass erfolgreiche sowie vielversprechende Konzepte zumeist aus einer Kombination mehrerer verschiedener Maßnahmen bestehen. Dabei dient jede von ihnen dem Zweck, die wachsenden Güterwirtschaftsverkehrsströme im urbanen Raum als auch die mit ihnen einhergehenden Emissionen und Immissionen unter Kontrolle zu bringen. Aus diesen Konzepten wurden vier ausgewählt: das Urban Consolidation Center (UCC) am Beispiel Padua, der Bau eines unterirdischen Logistiksystems (ULS) am Beispiel „Cargo Sous Terrain" sowie der Einsatz von geräuscharmen E-LKW in der Nachtbelieferung am Beispiel „GeNaLog", ergänzt um eine Erweiterung des letzteren Konzepts zusätzlich mit der Tagbelieferung. Alle vier wurden zunächst in ihrer praktischen Umsetzung vorgestellt. Im Anschluss erfolgte anhand geeigneter und zur Verfügung stehender Daten in Bezug auf diese Konzepte eine mathematische Rekonstruktion des Ausgangszustands sowie des Zustands nach ihrer Einführung. Dies ermöglichte eine Quantifizierung der Einflüsse aller vier Konzepte.

Für die Bewertung dieser Einflüsse wurde das Verfahren PROMETHEE angewendet, für das die Definition geeigneter Kriterien nötig war. Mit dem Kontext der Beurteilung der nachhaltigen Entwicklung wurde sich dabei einerseits eng an den in der „Agenda 2030" aufgeführten Sustainable Development Goals sowie den drei Nachhaltigkeitsdimensionen Ökologie, Ökonomie und Soziales orientiert. Da City-Logistik als ein integrativer Ansatz zu verstehen ist, sind dabei zudem die Interessen aller am Güterwirtschaftsverkehr beteiligten Akteure zu berücksichtigen.

Die Eignung der Konzepte wurde entsprechend der Forschungsfragen eins bis drei bewertet. Dabei wurden die verschiedene Kriteriengewichtungen nach den Nachhaltigkeitsdimensionen berücksichtigt: (1) gleichwertige Gewichtung, (2) vorwiegend ökonomisch und (3) sozial-ökologisch. Dies resultierte bei allen drei Auswertungen in der Platzierung des UCC auf dem ersten Rang und zwar mit weitem Abstand auf den zweiten. Der Fokus dieses Konzepts liegt dabei auf der Bündelung von Warenströmen, die dann mittels umweltfreundlicher Fahrzeuge in den durch strenge Einfahrts- und Lieferzeitfenster regulierten Innenstadtbereich transportiert werden. Die Transporte werden dabei von einem Unternehmen durchgeführt, bei dem die öffentlichen Behörden der Stadt Padua einer der Hauptanteilseigner ist.

Die Ergebnisse wurden mittels einer Sensitivitätsanalyse auf ihre Stabilität hin überprüft, mit dem Resultat, dass die Kriterien überwiegend eine hohe Stabilität aufweisen. Kleine Änderungen bei vier Kriterien führten zwar zu einem Tausch von Rang 2 (Nachtlogistik mit Tagbelieferung) und Rang 3 (Unterirdisches Logistiksystem), doch das Urban Consolidation Center profitierte ebenfalls von dieser Gewichtung und war von keiner Rangänderung betroffen.

In Hinblick auf die möglichen Empfehlungen für die Praxis muss erwähnt werden, dass die Ergebnisse der Analyse gewissen Einschränkungen und Limitationen unterliegen. Das wären z.B. die verwendeten Datengrundlagen für die Erstellung des Ausgangs- und des Alternativzustandes. Zwar wurden für die Berechnung des UCC-Konzepts in der Praxis gemessene Daten verwendet, allerdings stammen diese noch aus der Anfangszeit des UCC, während das Projekt sich noch im Hochlauf befand. Es ist somit wahrscheinlich, dass sie aufgrund dessen nicht mehr repräsentativ für den heutigen Zustand des UCC sind. Für die anderen beiden Konzepte gilt ebenso, dass die Datengrundlage eher theoretischer Natur ist, da diese sich einerseits aus einem zeitlich begrenzten Forschungsprojekt und andererseits aus den Berechnungen einer Machbarkeitsstudie herleitet.

Trotz dieser Einschränkungen soll im Folgenden kurz über die Eignung zur flächenübergreifenden Implementierung des UCC-Konzepts in deutschen Großstädten diskutiert werden. Dafür gilt es zunächst, eine grundlegende Tatsache zu beachten: Für die Kontinuität eines Projektes ist die ökonomische Dimension hauptbestimmend, auch wenn es ursprünglch mit ökologischen Zielen entwickelt wurde.[1] Das Beispiel Padua, wo das UCC seit dem Jahr 2004 aktiv ist

---

[1] Vgl. Morana (2014, S. 34).

und seit vielen Jahren kostendeckend betrieben wird, beweist, dass ein solches Konzept bei einer Kombination geeigneter Maßnahmen im Rahmen der City-Logistik auch langfristig wirtschaftlich sein kann. Zudem konnte es bereits innerhalb der italienischen Grenzen auf andere vergleichbare Städte übertragen werden. Dem in Deutschland vorherrschenden Bild, dass ein UCC unrentabel ist, kann somit widersprochen werden. Sollte man sich auf die überwiegend mit LGV transportierten Güterströme konzentrieren, und zugleich nicht mit dem KEP-Bereich in Verbindung stehen, kann die Implementierung eines UCC in der Nähe deutscher Großstädte als eine mögliche Lösung zur Entlastung ihres hochverdichteten Raumes angesehen werden. Da der Großteil der verwendeten Nutzfahrzeuge innerhalb von Städten dem Typus des LGV entspricht und ihr Bestand in Deutschland in den letzten Jahren stetig angestiegen ist, bestehen hier Potenziale zur Verringerung der mit dem Güterwirtschaftsverkehr in Verbindung stehenden Immissionen. Diese werden nochmals verringert, sollte die Verwendung von eLGV erfolgen.

Der Erfolg eines UCC-Konzepts ist von mehreren Faktoren abhängig. Zum einen ist die Integration aller relevanten Akteursgruppen wichtig. Entscheidend ist vor allem zunächst die Beteiligung der öffentlichen und regionalen Behörden. Denn auch wenn das UCC in Padua heute kostendeckend betrieben wird, die anfängliche Finanzierung geschah mittels öffentlicher Geldmittel. Zum anderen wird als Schlüsselelement durch die Betreiber dahingehend der im Vorhinein entwickelte Plan für die Sicherung der langfristigen Wirtschaftlichkeit hervorgehoben. Zudem muss ein Anreiz für die Verwendung des Transportbündelungsservices geschaffen werden, um den zusätzlichen Umschlag durch einen hohen Auslastungsgrad der Transportfahrzeuge ausgleichen zu können. Hierfür muss einerseits der Standort des UCC überlegt gewählt werden, da er weder zu nah an der Stadt noch zu weit entfernt von den Logistikdienstleistern entfernt sein darf. Andererseits besteht die Möglichkeit, dass die Lokalbehörden eine Zone mit strengen Einfahrts- und Lieferzeitfenstern für die innerstädtischen Gebiete definieren, sodass tagsüber lediglich autorisierte Fahrzeuge und Anwohner in diese einfahren dürfen. Diesbezüglich sollten auch die Empfänger, besonders die aus dem städtischen Einzelhandel, mit in den Implementierungsprozess eingebunden werden. Zuletzt ist noch die Neutralität des Betreibers als entscheidendes Kriterium für den Erfolg des UCC zu nennen.

Die Ergebnisse dieses Buches können als Grundlage für weitere Evalua-
tionen und Forschungsprojekte hinsichtlich der praktischen Umsetzbarkeit von
Urban Consolidation Centern in Deutschland dienen. Während hier lediglich ein
theoretischer Horizont betrachtet werden kann und er methodologischen Grenzen unterliegt, besitzen die kommunalen Behörden weiterführende Möglichkeiten
zur Erhebung qualitativ hochwertigerer Daten in Bezug auf die mit ihrer Stadt
verbundenen Verkehrsströme.

Anhang

Anhang 1: Charakteristika der für die Konzepte definierten Fahrzeugklassen

Nutzlast der Fahrzeugklassen

Elektrofahrzeuge

Klasse	Fahrzeug	Max. Nutzlast in kg (ohne Aufbau)	Quelle	Gewicht Aufbau in kg	max. Nutzlast in kg (mit Aufbau)	Quelle
eLGV	Ford E-Transit Kastenwagen LKW 350 (135 kW) L4 H3	793,00	Ford Motor Company Limited (2022a), S. 13	n.a.	793,00	Ford Motor Company Limited (2022a), S. 13
E-LKW 16t Kühler	16t Volta Zero Lang-Reichweite (gekühlt)	6.000,00	Volta Trucks AB (2022a)	n.a.	6.000,00	Volta Trucks AB (2022a)
E-LKW 16t	16t Ambient Volta Zero Lang-Reichweite	7.150,00	Volta Trucks AB (2022b)	n.a.	7.150,00	Volta Trucks AB (2022b)
E-LKW 19t	Mercedes-Benz eActros 300 4x2	10.600,00	Daimler Truck AG (2022a)	3.014,33	7.585,67	e. B. anhand TBV Kühlfahrzeuge GmbH (o. D.); Daimler Truck AG (2022b)
E-LKW 27t	Mercedes-Benz eActros 400 6x2	16.600,00	Daimler Truck AG (2022a)	3.111,56	13.488,44	e. B. anhand TBV Kühlfahrzeuge GmbH (o. D.); Daimler Truck AG (2022b)

Dieselfahrzeuge

Klasse	Fahrzeug	Max. Nutzlast in kg (ohne Aufbau)	Quelle	Gewicht Aufbau in kg	max. Nutzlast in kg (mit Aufbau)	Quelle
Diesel LGV	Ford Transit Kastenwagen 2,0 TDCi EcoBlue 350 (125kW) L4 H3	898,00	Ford Motor Company Limited (2016), S. 21	n.a.	898,00	Ford Motor Company Limited (2016), S. 21
LKW 12 t	Mercedes-Benz Atego 1223 L/nR 4X2	7.793,00	Daimler Truck AG (2022c)	3.043,00	4.750,00	Fraunhofer-Institut für Materialfluss und Logistik (2017), S. 63
LKW 18 t	Mercedes-Benz Actros 1835 L/nR 4X2	11.325,00	Daimler Truck AG (2022d)	2.825,00	8.500,00	Fraunhofer-Institut für Materialfluss und Logistik (2017), S. 63
LKW 26 t	Mercedes-Benz Actros 2542 L/nR 6X2	17.770,00	Daimler Truck AG (2022e)	5.270,00	12.500,00	Fraunhofer-Institut für Materialfluss und Logistik (2017), S. 63
City-Sattelzug	City-Sattel (ohne Marke)	n. a.	n. a.	n. a.	14.500,00	Fraunhofer-Institut für Materialfluss und Logistik (2017), S. 63
Gliederzug	Gliedertug (ohne Marke)	n. a.	n. a.	n. a.	24.000,00	Fraunhofer-Institut für Materialfluss und Logistik (2017), S. 63

Abmessungen der Fahrzeugklassen

Elektrofahrzeuge

Klasse	Fahrzeug	Länge Aufbau in m	Länge Fahrer- haus in m	Gesamtlänge in m	Breite in m	Quelle
eLGV	Ford E-Transit Kastenwagen LKW 350 (135 kW) L4 H3	n. a.	n. a.	6,704	2,474	Ford Motor Company Limited (2022a), S. 13
E-LKW 16t Kühler	16t Volta Zero Lang-Reichweite (gekühlt)	6,834	2,477	9,311	2,550	Volta Trucks AB (2022a)
E-LKW 16t	16t Ambient Volta Zero Lang-Reichweite	6,860	2,429	9,289	2,550	Volta Trucks AB (2022b)
E-LKW 19t	Mercedes-Benz eActros 300 4x2	9,300	2,300	11,600	2,500	e. B. anhand Daimler Truck AG (2022a)
E-LKW 27t	Mercedes-Benz eActros 400 6x2	9,600	2,300	11,900	2,500	e. B. anhand Daimler Truck AG (2022a)

Dieselfahrzeuge

Klasse	Fahrzeug	Länge Aufbau in m	Länge Fahrer- haus in m	Gesamtlänge in m	Breite in m	Quelle
Diesel LGV	Ford Transit Kastenwagen 2,0 TDCi EcoBlue 350 (125kW) L4 H3	n. a.	n. a.	6,704	2,474	Ford Motor Company Limited (2016), S. 14
LKW 12 t	Mercedes-Benz Atego 1223 L/nR 4X2	6,463	2,300	8,763	2,300	e. B. Daimler Truck AG (2022c)
LKW 18 t	Mercedes-Benz Actros 1835 L/nR 4X2	8,920	2,300	11,220	2,480	e. B. anhand Daimler Truck AG (2022d)
LKW 26 t	Mercedes-Benz Actros 2542 L/nR 6X2	9,576	2,300	11,876	2,480	e.B. Daimler Truck AG (2022e)
City-Sattelzug	City-Sattel (ohne Marke)	14,200	2,300	16,500	2,550	e. B. anhand Richtlinie 96/53/EG Anhang 1
Gliederzug	Gliedertug (ohne Marke)	16,450	2,300	18,750	2,550	e. B. anhand Richtlinie 96/53/EG Anhang 1

Kaufpreise der Fahrzeugklassen

Elektrofahrzeuge

Klasse	Fahrzeug	Preis in Euro	Quelle
eLGV	Ford E-Transit Kastenwagen LKW 350 (135 kW) L4 H3	73.173,10 €	Ford Motor Company Limited (2022b)
E-LKW 16t Kühler	16t Volta Zero Lang-Reichweite (gekühlt)	236.000,00 €	Vogel Communications Group GmbH & Co. KG (2022)
E-LKW 16t	16t Ambient Volta Zero Lang-Reichweite	236.000,00 €	Vogel Communications Group GmbH & Co. KG (2022)
E-LKW 19t	Mercedes-Benz eActros 300 4x2	300.000,00 €	e. B. anhand Fraunhofer-Institut für Materialfluss und Logistik (2017), S. 63; Geiger (2021); Hebermehl & Seibt (2018)
E-LKW 27t	Mercedes-Benz eActros 400 6x2	360.000,00 €	e. B. anhand Fraunhofer-Institut für Materialfluss und Logistik (2017), S. 63; Geiger (2021); Hebermehl & Seibt (2018)

Dieselfahrzeuge

Klasse	Fahrzeug	Preis	Quelle
Diesel LGV	Ford Transit Kastenwagen 2,0 TDCi EcoBlue 350 (125kW) L4 H3	58.102,00 €	ADAC (2022)
LKW 12 t	Mercedes-Benz Atego 1223 L/nR 4X2	90.000,00 €	Fraunhofer-Institut für Materialfluss und Logistik (2017), S. 63
LKW 18 t	Mercedes-Benz Actros 1835 L/nR 4X2	100.000,00 €	Fraunhofer-Institut für Materialfluss und Logistik (2017), S. 63; Hebermehl & Seibt (2018)
LKW 26 t	Mercedes-Benz Actros 2542 L/nR 6X2	120.000,00 €	Fraunhofer-Institut für Materialfluss und Logistik (2017), S. 63
City-Sattelzug	City-Sattel (ohne Marke)	145.000,00 €	Fraunhofer-Institut für Materialfluss und Logistik (2017), S. 63
Gliederzug	Gliedertug (ohne Marke)	160.000,00 €	Fraunhofer-Institut für Materialfluss und Logistik (2017), S. 63

Berechnung Energieverbrauch (EV) der Fahrzeugklassen pro 100 km

Elektrofahrzeuge

Klasse	Fahrzeug	Batteriespeicher in kWh	Reichweite in km bei 80% Nutzlast	Reichweite in km bei 100% Nutzlast	EV 100% Nutzlast in kWh pro 100 km
eLGV	Ford E-Transit Kastenwagen LKW 350 (135 kW) L4 H3	68,00	n. a.	181,33	37,500
E-LKW 16t Kühler	16t Volta Zero Lang-Reichweite (gekühlt)	225,00	200,00	160,00	140,625
E-LKW 16t	16t Ambient Volta Zero Lang-Reichweite	225,00	200,00	160,00	140,625
E-LKW 19t	Mercedes-Benz eActros 300 4x2	315,00	300,00	240,00	131,250
E-LKW 27t	Mercedes-Benz eActros 400 6x2	420,00	400,00	320,00	131,250

Dieselfahrzeuge

Klasse	Fahrzeug	Motorleistung in kW	Reichweite in km bei 80% Nutzlast	Reichweite in km bei 100% Nutzlast	EV 100% Nutzlast in L pro 100 km
Diesel LGV	Ford Transit Kastenwagen 2,0 TDCi EcoBlue 350 (125kW) L4 H3	125,00	n. a.	678,34	11,793
LKW 12 t	Mercedes-Benz Atego 1223 L/nR 4X2	170,00	n. a.	n. a.	21,000
LKW 18 t	Mercedes-Benz Actros 1835 L/nR 4X2	260,00	n. a.	n. a.	25,000
LKW 26 t	Mercedes-Benz Actros 2542 L/nR 6X2	310,00	n. a.	n. a.	31,000
City-Sattelzug	City-Sattel (ohne Marke)	300,00	n. a.	n. a.	30,000
Gliederzug	Gliedertug (ohne Marke)	320,00	n. a.	n. a.	33,000

Berechnung Verhältnis Energieverbrauch	Energieverbrauch 100% Nutzlast in L pro 100 km	Energieverbrauch 0% Nutzlast in L pro 100 km	Verhältnis Energieverbrauch 0% zu 100% Nutzlast	Quelle
Euro-5 Sattelzug 4C	31,400	21,300	67,83%	e. B. anhand Wittenbrink, P. (2015), S. 9

Verhältnis EV 0% zu 100% Nutzlast	EV 0% Nutzlast in kWh pro 100 km	Quelle
n. a.	32,000	e. B. anhand Ford Motor Company Limited (2022a), S. 13
67,83%	95,392	e. B. anhand Volta Trucks AB (2022a); Wittenbrink (2015), S. 9
	95,392	e. B. anhand Volta Trucks AB (2022b); Geiger (2021); Wittenbrink (2015), S. 9
	89,033	e. B. anhand Daimler Truck AG (2023a); Geiger (2021); Wittenbrink (2015), S. 9
	89,033	e. B. anhand Daimler Truck AG (2023a); Geiger (2021); Wittenbrink (2015), S. 9

Verhältnis EV 0% zu 100% Nutzlast	EV 0% Nutzlast in L pro 100 km	Quelle
	8,000	e. B. anhand Ford Motor Company Limited (2016), S. 11/17; Wittenbrink (2015), S. 9
	14,245	e. B. anhand Fraunhofer-Institut für Materialfluss und Logistik (2017), S. 63; Wittenbrink (2015), S. 9; Daimler Truck AG (2022c)
67,83%	16,959	e. B. anhand Fraunhofer-Institut für Materialfluss und Logistik (2017), S. 63; Wittenbrink (2015); S. 9 Daimler Truck AG (2022d)
	21,029	e. B. anhand Fraunhofer-Institut für Materialfluss und Logistik (2017), S. 63; Wittenbrink (2015), S. 9; Daimler Truck AG (2022e)
	20,350	e. B. anhand Fraunhofer-Institut für Materialfluss und Logistik (2017), S. 63; Wittenbrink (2015), S. 9
	22,385	e. B. anhand Fraunhofer-Institut für Materialfluss und Logistik (2017), S. 63; Wittenbrink (2015), S. 9

Berechnung Energieverbrauch (EV) der Fahrzeugklassen pro km

Elektrofahrzeuge

Klasse	Fahrzeug	EV 100% Nutzlast in kWh pro km	EV 0% Nutzlast in kWh pro km	Quelle
eLGV	Ford E-Transit Kastenwagen LKW 350 (135 kW) L4 H3	0,375	0,320	e. B. anhand Ford Motor Company Limited (2022a), S. 13
E-LKW 16t Kühler	16t Volta Zero Lang-Reichweite (gekühlt)	1,406	0,954	e. B. anhand Volta Trucks AB (2022a); Wittenbrink (2015), S. 9
E-LKW 16t	16t Ambient Volta Zero Lang-Reichweite	1,406	0,954	e. B. anhand Volta Trucks AB (2022b); Geiger (2021); Wittenbrink (2015), S. 9
E-LKW 19t	Mercedes-Benz eActros 300 4x2	1,313	0,890	e. B. anhand Daimler Truck AG (2023a); Geiger (2021); Wittenbrink (2015), S. 9
E-LKW 27t	Mercedes-Benz eActros 400 6x2	1,313	0,890	e. B. anhand Daimler Truck AG (2023a); Geiger (2021); Wittenbrink (2015), S. 9

Dieselfahrzeuge

Klasse	Fahrzeug	EV 100% Nutzlast in kWh pro km	EV 0% Nutzlast in L pro km	Quelle
Diesel LGV	Ford Transit Kastenwagen 2,0 TDCi EcoBlue 350 (125kW) L4 H3	0,118	0,080	e. B. anhand Ford Motor Company Limited (2016), S. 11/17; Wittenbrink (2015), S. 9
LKW 12 t	Mercedes-Benz Atego 1223 L/nR 4X2	0,210	0,142	e. B. anhand Fraunhofer-Institut für Materialfluss und Logistik (2017), S. 63; Wittenbrink (2015), S. 9
LKW 18 t	Mercedes-Benz Actros 1835 L/nR 4X2	0,250	0,170	e. B. anhand Fraunhofer-Institut für Materialfluss und Logistik (2017), S. 63; Wittenbrink (2015), S. 9
LKW 26 t	Mercedes-Benz Actros 2542 L/nR 6X2	0,310	0,210	e. B. anhand Fraunhofer-Institut für Materialfluss und Logistik (2017), S. 63; Wittenbrink (2015), S. 9
City-Sattelzug	City-Sattel (ohne Marke)	0,300	0,204	e. B. anhand Fraunhofer-Institut für Materialfluss und Logistik (2017), S. 63; Wittenbrink (2015), S. 9
Gliederzug	Gliedertug (ohne Marke)	0,330	0,224	e. B. anhand Fraunhofer-Institut für Materialfluss und Logistik (2017), S. 63; Wittenbrink (2015), S. 9

Anhang 2: Daten und Berechnung der Eingangsvariablen UCC-Konzept

Grunddaten Cityporto	Quelle
Anzahl Lieferungen	52.000,00 Vaghi & Percoco (2011), S. 167
Anzahl aufgezeichneter Touren	1.892,00 Vaghi & Percoco (2011), S. 167
Durchschnittliche Kilometer pro Tour Cityporto	25 Vaghi & Percoco (2011), S. 167
Durchschnittliche Kilometer pro Tour vor Cityporto	34 Vaghi & Percoco (2011), S. 167
Differenz Anzahl Touren vor und Cityporto	12 Vaghi & Percoco (2011), S. 167
Analysezeitraum Cityporto in Jahren	15 Interporto Padova S.p.a (2021b), S. 16
Anzahl Lieferungen im Analysezeitraum	1.120.000,00 Interporto Padova S.p.a (2021b), S. 16

Berechnung weiterer Eingangsvariablen	Quelle
Monate pro Jahr	12
Wochen pro Monat	4,3 Brenke & Müller (2013), S. 5
Arbeitstage pro Woche	5
Arbeitstage pro Monat	21,50 e. B. anhand Brenke & Müller (2013), S. 5
Anzahl Lieferungen pro Tour Cityporto	27,48 e. B. anhand Vaghi & Percoco (2011), S. 167
Durchschnittliche Anzahl Lieferungen pro Jahr im Analysezeitraum	74.667,00 e. B. anhand Interporto Padova S.p.a (2021b), S. 16
Anzahl Touren pro Tag eLGV Cityporto	11,00 e. B.
Anzahl Touren pro Tag Diesel LGV vor Cityporto	23,00 e. B. anhand Vaghi & Percoco (2011), S. 167
Anzahl Lieferungen pro Tour vor Cityporto	12,58 e. B.
Anzahl Touren pro Jahr eLGV Cityporto Analysezeitraum	**2.717,00** e. B.
Anzahl Touren pro Jahr Diesel LGV vor Cityporto	**5.934,00** e. B.
Durchschnittliches Gewicht pro Lieferung in kg	27,59 e. B. anhand Interporto Padova S.p.a (2021b), S. 18
Transportiertes Gewicht pro Tour in kg Cityporto	**758,20** e. B.
Transportiertes Gewicht pro Tour in kg vor Cityporto	**347,12** e. B.
Transportiertes Gewicht pro Jahr in t	**2.059,82** e. B.
Kilometer pro Jahr eLGV Cityporto	**67.925,00** e. B. anhand Vaghi & Percoco (2011), S. 167
Kilometer pro Jahr Diesel-LGV vor Cityporto	**201.756,00** e. B. anhand Vaghi & Percoco (2011), S. 167

Anhang 3: Daten und Berechnung der Eingangsvariablen Nachtlogistik-Konzept

Grunddaten GENALOG		Quelle
Tourdaten		
Durchschnittliche Kilometer pro Liefertrip	120,00	
Anteil der Kilometer im Stadtgebiet in %	65,00%	
Durchschnittliche Anzahl Stopps pro Tour	4	Fraunhofer-Institut für Materialfluss und Logistik (2017), S. 62
Anzahl zu beliefernder Filialen	400	
Durschnittlicher Zeitbedarf am Lager in Stunden	1,08	
Durschnittlicher Zeitbedarf pro Stop in Stunden Tagbeliefe	0,67	
Durschnittlicher Zeitbedarf pro Stop in Stunden Nachtbeli	0,50	Fraunhofer-Institut für Materialfluss und Logistik (2017), S. 51
Durchschnittliche Auslastung LKW bei Tourbeginn in % Tag	80,00%	Fraunhofer-Institut für Materialfluss und Logistik (2017), S. 62
Mengengerüst		
Durchschnittliche Anzahl Stops pro Woche (ungekühlt)	1.000,00	
Durchschnittliche Anzahl Stops pro Woche (gekühlt)	1.600,00	
Ladeeinheiten (LE)	Paletten	Fraunhofer-Institut für Materialfluss und Logistik (2017), S. 62
Durchschnittliche Anzahl LE pro Woche (ungekühlt)	7.000,00	
Durchschnittliche Anzahl LE pro Woche (gekühlt)	10.000,00	
Anzahl Arbeitstage pro Woche	6,00	
Anzahl Filialen die in der Nacht belieferbar sind in %	25,00%	Fraunhofer-Institut für Materialfluss und Logistik (2017), S. 67
Fuhrpark	in %	LE-Kapazität je Fahrzeug
Anteil LKW 12t/16t in %	30,00%	18/16
Anteil LKW 18t/19t in %	10,00%	18
Anteil LKW 26t/27t in %	30,00%	20 Fraunhofer-Institut für Materialfluss und
Anteil City-Sattelzug in %	20,00%	27 Logistik (2017), S. 62
Anteil Gliederzug in %	10,00%	34

Berechnung weiterer Eingangsvariablen		Quelle
Monate pro Jahr	12,00	
Wochen pro Monat	4,30	Brenke & Müller (2013), S. 5
Arbeitstage pro Jahr	309,00	e. B. anhand Brenke & Müller (2013), S. 5;
Durchschnittliches Gehalt Berufskraftfahrer pro Monat	2.499,00 €	e. B. anhand DVZ (2020) S. 6
Durchschnittliche Wochenarbeitsstunden Berufskraftfahrer	41,21	e. B. anhand DVZ (2020) S. 13 f.
Durchschnittliches Gehalt Berufskraftfahrer pro Arbeitsstu	14,10 €	e. B. anhand DVZ und Brenke & Müller (2013)
Nachtzuschlag Berufskraftfahrer in %	25,00%	Schimpf & Melz (2016), S. 489
Durchschnittliches Gehalt Berufskraftfahrer pro Arbeitsstu	17,63 €	e. B. anhand Schimpf & Melz (2016); DVZ (2020); Brenke & Müller (2013)
Durschnittlicher Geschwindigkeit innerorts Tagbeliefer un	39,19	e. B. anhand HERE Technologies, BVL.digital (2020)
Durchschnittlicher Geschwindigkeit innerorts Nachtbeliefer	45,77	
Durchschnittliche Geschwindigkeit außerorts Tagbelieferun	78,32	BASt (2016), S. 38
Durchschnittliche Geschwindigkeit außerorts Nachtbeliefer	78,55	
Durchschnittliche Kilometer innerorts	78,00	
Durchschnittliche Kilometer außerorts	42,00 €	e. B. anhand Fraunhofer-Institut für Materialfluss und Logistik (2017), S. 62
Durchschnittliche Kilometer innerorts pro Filialstopp	19,50	
Durchschnittliche LE pro Tag pro Filiale (ungekühlt)	2,92	
Durchschnittliche LE pro Tag pro Filiale (gekühlt)	4,17	
Durchschnittliche Anzahl LE pro Tag (ungekühlt)	1.167,00 €	e. B. anhand Fraunhofer-Institut für Materialfluss und Logistik (2017), S. 62
Durchschnittliche Anzahl LE pro Tag (gekühlt)	1.667,00	
Durchschnittliche Anzahl LE pro Tag gesamt	2.834,00	
KFZ-Steuer Diesel-LKW	individuell je Fahrzeug	Fraunhofer-Institut für Materialfluss und Logistik (2017), S. 62
KFZ-Steuer Elektrofahrzeuge bis 2030 (Steuerbefreiung)	- €	§ 3d Abs. 1 KraftStG
Steuersatz Kraftfahrzeuganhänger	373,24 €	§ 9 Abs. 5 KraftStG
Batterietausch nach ...km	500.000,00	Fraunhofer-Institut für Materialfluss und Logistik (2017), S. 64
Motor+Getriebetausch nach ...km	1.182.867,00	Richter (2022)
Batteriespeicher E-LKW in kWh	individuell je Fahrzeug	siehe Anhang 1
Motorleistung Diesel-LKW in kW	individuell je Fahrzeug	
Kosten Batterie E-LKW pro kWh	261,00 €	Link et al. (2021), S. 32
Kosten Motor+Getriebe Diesel-LKW pro kW	71,00 €	
Wartungskosten Diesel-LKW	individuell je Fahrzeug	
Wartungskosten Elektro-LKW zu vergleichbarem Diesel-LK	70,00%	Fraunhofer-Institut für Materialfluss und Logistik (2017), S. 63 f.
Reifenkosten LKW	individuell je Fahrzeug	

Berechnungen der Fahrzeuge für den Status Quo

Berechnung Fahrzeuge vor Nachtbelieferungskonzept	Kapazität in LE (80%)	Anzahl Fahrzeuge	Gesamtkapazität LE je Fahrzeugklasse	Anzahl Fahrzeuge in %
LKW 12t	14,00	51,00	714,00	30%
LKW 18t	14,00	17,00	238,00	10%
LKW 26t	16,00	51,00	816,00	30%
City-Sattelzug	21,00	34,00	714,00	20%
Gliederzug	27,00	17,00	459,00	10%
Gesamt		170,00	2.941,00	100%

e. B. anhand Fraunhofer-Institut für Materialfluss und Logistik (2017), S. 62

Auftteilung Fahrzeuge Ausgangszustand

Aufteilung der Fahrzeuge auf gekühlte LE vor Nachtbelieferungskonzept	Verfügbare LE-Kapazität	LE pro Tag (gekühlt)	Anzahl Touren bzw. Fahrzeugbedarf pro Tag (gekühlt)	Anzahl LE pro Tour (gekühlt)	Auslastung der LE-Kapazität pro Tour in %
LKW 12t	714,00	357,25	26,00	13,74	77,78%
LKW 18t	238,00	238,00	17,00	14,00	77,78%
LKW 26t	816,00	357,25	23,00	15,53	80,00%
City-Sattelzug	714,00	357,25	18,00	19,85	74,07%
Gliederzug	459,00	357,25	14,00	25,52	76,47%
Gesamt- & Mittelwerte für gekühlte LE	2.941,00	1.667,00	98,00		77,22%

Aufteilung der Fahrzeuge auf ungekühlte LE vor Nachtbelieferungskonzept	Verfügbare LE-Kapazität LE pro Tag (ungekühlt)	Anzahl Touren bzw. Fahrzeugbedarf pro Tag (ungekühlt)	Anzahl LE pro Tour (ungekühlt)	Auslastung der LE-Kapazität pro Tour in %
LKW 12t	350,00	387,50	25,00	13,50	77,78%
LKW 18t	-	-	-	-
LKW 26t	448,00	412,50	26,00	15,87	79,33%
City-Sattelzug	336,00	336,00	16,00	21,00	77,78%
Gliederzug	81,00	81,00	3,00	27,00	79,41%
Gesamt- & Mittelwerte für ungekühlte LE	1.215,00	1.167,00	70,00		78,57%
Gesamt- & Mittelwerte für das Gesamtszenario vor der Nachtbelieferung		168,00			78,90%

Auftteilung der Fahrzeuge auf gekühlte LE vor Nachtbelieferungskonzept	Verwendete Nutzlast pro Tour in kg	Anzahl Filialen pro Tour (gekühlt)	km pro Tour innerorts	km pro Tour (gekühlt)	km pro Tag	km pro Jahr	Nutzlast pro Jahr in t
LKW 12t	3.694,44	3,00	78,00	58,50	100,50	807.417,00	29.681,17
LKW 18t	6.611,11	3,00	51,00	58,50	100,50	527.926,50	34.728,17
LKW 26t	10.000,00	4,00	92,00	78,00	120,00	852.840,00	71.070,00
City-Sattelzug	10.740,74	5,00	90,00	97,50	139,50	775.899,00	59.740,00
Gliederzug	18.352,94	6,00	84,00	117,00	159,00	697.834,00	79.394,82
Gesamt- & Mittelwerte für gekühlte LE		4,20	395,00		619,50	3.661.916,50	274.614,16

Auftteilung der Fahrzeuge auf ungekühlte LE vor Nachtbelieferungskonzept	Verwendete Nutzlast pro Tour in kg	Anzahl Filialen pro Tour (ungekühlt)	km pro Tour innerorts	km pro Tour (ungekühlt)	km pro Tag	km pro Jahr	Nutzlast pro Jahr in t
LKW 12t	3.694,44	5,00	125,00	97,50	139,50	1.077.637,50	28.535,58
LKW 18t	-	-	-	-	-	-	-
LKW 26t	9.915,37	5,00	130,00	97,50	139,50	1.120.743,00	79.664,06
City-Sattelzug	11.277,78	7,00	112,00	136,50	178,50	882.504,00	55.757,33
Gliederzug	19.058,82	9,00	27,00	175,50	217,50	201.622,50	17.667,53
Gesamt- & Mittelwerte für ungekühlte LE		5,20	394,00		675,00	3.282.507,00	181.626,51
Gesamt- & Mittelwerte für das Gesamtszenario vor der Nachtbelieferung		4,70	789,00			6.944.423,50	456.242,67

Berechnungen der Fahrzeuge für den Tagbetrieb im Nachtlogistikkonzept 1

Anzahl Filialen die in der Nacht belieferbar sind		
Durchschnittliche Anzahl LE pro Tag (ungekühlt) Nachtbetrieb	292,00	100,00 e. B. anhand Fraunhofer-Institut für Materialfluss und Logistik (2017), S. 67
Durchschnittliche Anzahl LE pro Tag (gekühlt) Nachtbetrieb	417,00	e. B. anhand verfügbarer Daten
Durchschnittliche Anzahl LE pro Tag gesamt Nachtbetrieb	709,00	
Durchschnittliche Anzahl LE pro Tag (ungekühlt) Tagbetrieb	875,00	
Durchschnittliche Anzahl LE pro Tag (gekühlt) Tagbetrieb	1.250,00	e. B. anhand verfügbarer Daten
Durchschnittliche Anzahl LE pro Tag gesamt Tagbetrieb	2.125,00	

Berechnung Fahrzeuge für Tagbetrieb im Nachtbelieferungsszenario 1

	Kapazität in LE (80%)	Anzahl Fahrzeuge	Gesamtkapazität LE je Fahrzeugklasse	Anzahl LE je Fahrzeugklasse	Anzahl Fahrzeuge in %
LKW 12t	14,00	39,00	546,00	546,00	30%
LKW 18t	14,00	13,00	182,00	182,00	10%
LKW 26t	16,00	39,00	624,00	624,00	30%
City-Sattelzug	21,00	26,00	546,00	546,00	20%
Gliederzug	27,00	13,00	351,00	351,00	10%
Gesamt		130,00	2.249,00	2.249,00	100% e. B. anhand verfügbarer Daten

Aufteilung der Fahrzeuge auf gekühlte LE Tagbetrieb im Nachtbelieferungsszenario 1

	Verfügbare LE-Kapazität	LE pro Tag (gekühlt)	Anzahl Touren bzw. Fahrzeugbedarf pro Tag (gekühlt)	Anzahl LE pro Tour (gekühlt)	Auslastung der LE-Kapazität pro Tour in %
LKW 12t	546,00	267,00	20,00	13,35	77,78%
LKW 18t	182,00	267,00	13,00	14,00	77,78%
LKW 26t	624,00	267,00	17,00	15,71	80,00%
City-Sattelzug	546,00	267,00	13,00	20,54	77,78%
Gliederzug	351,00	267,00	10,00	26,70	79,41%
Gesamt- & Mittelwerte für gekühlte LE	2.249,00	1.250,00	73,00		78,55%

Aufteilung der Fahrzeuge auf ungekühlte LE Tagbetrieb im Nachtbelieferungsszenario 1

	Verfügbare LE-Kapazität	LE pro Tag (ungekühlt)	Anzahl Touren bzw. Fahrzeugbedarf pro Tag (ungekühlt)	Anzahl LE pro Tour (ungekühlt)	Auslastung der LE-Kapazität pro Tour in %
LKW 12t	266,00	264,67	19,00	13,93	77,78%
LKW 18t	-	-	-	-	-
LKW 26t	352,00	264,67	17,00	15,57	77,84%
City-Sattelzug	273,00	264,67	13,00	20,36	75,40%
Gliederzug	81,00	81,00	3,00	27,00	79,41%
Gesamt- & Mittelwerte für ungekühlte LE	977,00	875,00	52,00		77,61%
Gesamt- & Mittelwerte für den Tagbetrieb im Nachtbelieferungsszenario		2.125,00	125,00		76,08%

Aufteilung der Fahrzeuge auf gekühlte LE Tagbetrieb im Nachtbelieferungsszenario 1

	Verwendete Nutzlast pro Tour in kg	Anzahl Filialen pro Tag (gekühlt)	Anzahl Filialen pro Tour (gekühlt)	km pro Tour innerorts	km pro Tour (gekühlt)	km pro Jahr	Nutzlast pro Jahr in t
LKW 12t	3.694,44	3,00	60,00	58,50	100,50	621.090,00	22.831,67
LKW 18t	6.611,11	3,00	39,00	58,50	100,50	403.708,50	26.556,83
LKW 26t	10.000,00	4,00	68,00	78,00	120,00	630.360,00	52.530,00
City-Sattelzug	11.277,78	5,00	65,00	97,50	139,50	560.371,50	45.302,83
Gliederzug	19.058,82	6,00	60,00	117,00	159,00	491.310,00	58.891,76
Gesamt- & Mittelwerte für gekühlte LE		4,20	292,00		123,90	2.706.840,00	206.113,10

Aufteilung der Fahrzeuge auf ungekühlte LE Tagbetrieb im Nachtbelieferungsszenario 1

	Verwendete Nutzlast pro Tour in kg	Anzahl Filialen pro Tour (ungekühlt)	km pro Tour innerorts	km pro Tour (ungekühlt)	km pro Jahr	Nutzlast pro Jahr in t
LKW 12t	3.694,44	5,00	95,00	97,50	139,50	819.004,50	21.690,08
LKW 18t	-					
LKW 26t	9.790,39	5,00	85,00	97,50	139,50	732.793,50	51.113,75
City-Sattelzug	10.593,52	7,00	91,00	136,50	178,50	737.694,50	43.919,96
Gliederzug	19.058,82	9,00	27,00	175,50	217,50	261.422,50	17.667,53
Gesamt- & Mittelwerte für ungekühlte LE		5,20	298,00		135,00	2.470.455,00	134.391,33
Gesamt- & Mittelwerte im Tagbetrieb im Nachtbelieferungsszenario		4,70	500,00			5.177.295,00	340.504,42

Berechnungen der Fahrzeuge für den Nachtbetrieb im Nachtlogistikkonzept 1 und dessen Gesamtwerte

Berechnung Fahrzeuge für Nachtbetrieb im Nachtbelieferungsszenario 1

	Kapazität in LE (100%)	Anzahl Fahrzeuge	Gesamtkapazität LE je Fahrzeugklasse	Anzahl Fahrzeuge	Gesamtkapazität LE je Fahrzeugklasse in %
E-LKW 16t	16,00	18,00	288,00	288,00	42,86%
E-LKW 19t	18,00	6,00	108,00	108,00	14,29%
E-LKW 27t	20,00	18,00	360,00	360,00	42,86%
Gesamt	42,00		756,00	756,00	100% u. a. anhand verfügbarer Daten

Aufteilung der Fahrzeuge auf gekühlte LE Nachtbetrieb im Nachtbelieferungsszenario 1

	Verfügbare LE-Kapazität	LE pro Tag (gekühlt)	Anzahl Touren bzw. Fahrzeugbedarf pro Tag (gekühlt)	Anzahl LE pro Tour (gekühlt)	Auslastung der LE-Kapazität pro Tour in %
E-LKW 16t Kühler	288,00	154,50	10,00	15,45	93,75%
E-LKW 19t	108,00	108,00	6,00	18,00	100,00%
E-LKW 27t	360,00	154,50	8,00	19,31	95,00%
Gesamt- & Mittelwerte für gekühlte LE	756,00	417,00	24,00		96,25%

Aufteilung der Fahrzeuge auf ungekühlte LE Nachtbetrieb im Nachtbelieferungsszenario 1

	Verfügbare LE-Kapazität	LE pro Tag (ungekühlt)	Anzahl Touren bzw. Fahrzeugbedarf pro Tag (ungekühlt)	Anzahl LE pro Tour (ungekühlt)	Auslastung der LE-Kapazität pro Tour in %
E-LKW 16t	128,00	97,33	7,00	13,90	87,50%
E-LKW 19t					0,00%
E-LKW 27t	200,00	194,67	10,00	19,47	95,00%
Gesamt- & Mittelwerte für ungekühlte LE	328,00	292,00	17,00		91,25%
Gesamt- & Mittelwerte für den Nachtbetrieb im Nachtbelieferungsszenario 1	709,00		41,00		93,75%
Gesamt- & Mittelwerte Gesamt im Nachtbelieferungsszenario 1	2.834,00		166,00		85,93%

Aufteilung der Fahrzeuge auf gekühlte LE Nachtbetrieb im Nachtbelieferungsszenario 1

	Verwendete Nutzlast pro Tour in kg	Anzahl Filialen pro Tour (gekühlt)	km pro Tour innerorts (gekühlt)	km pro Tour pro Tag	km pro Jahr	Nutzlast pro Jahr in t
E-LKW 16t Kühler	5.625,00	4,00	40,00	120,00	370.800,00	17.381,25
E-LKW 19t	7.585,67	4,00	78,00	120,00	222.480,00	14.063,84
E-LKW 27t	12.814,01	5,00	40,00	139,50	344.844,00	31.676,24
Gesamt- & Mittelwerte für gekühlte LE	6.256,25	4,33	104,00		938.124,00	63.121,33

Aufteilung der Fahrzeuge auf ungekühlte LE Nachtbetrieb im Nachtbelieferungsszenario 1

	Verwendete Nutzlast pro Tour in kg	Anzahl Filialen pro Tour (ungekühlt)	km pro Tour innerorts	km pro Tour pro Tag (ungekühlt)	km pro Jahr	Nutzlast pro Jahr in t
E-LKW 16t		5,00	35,00	97,50	301.738,50	13.532,27
E-LKW 19t						
E-LKW 27t	12.814,01	7,00	70,00	136,50	553.305,50	39.596,30
Gesamt- & Mittelwerte für ungekühlte LE		6,00	105,00	178,50	853.303,50	53.127,57
Gesamt- & Mittelwerte für den Nachtbetrieb im Nachtbelieferungsszenario 1		5,17	209,00		1.791.427,50	116.248,90
Gesamt- & Mittelwerte Gesamt im Nachtbelieferungsszenario 1		4,93	799,00		6.968.722,50	456.753,32

Berechnungen der Fahrzeuge für den Tagbetrieb im Nachtlogistikkonzept 2

Berechnung Fahrzeuge für Tagbetrieb im Nachtbelieferungsszenario 2

	Kapazität in LE (80%)	Anzahl Fahrzeuge	Gesamtkapazität LE je Fahrzeugklasse	Anzahl Fahrzeuge in %	Anzahl Fahrzeuge nach Kategorie in %
LKW 12t	14,00	22,00	308,00	16,92%	
E-LKW 16R	13,00	17,00	221,00	13,08%	30,00%
LKW 18t	14,00	7,00	98,00	5,38%	
E-LKW 19R	14,00	6,00	84,00	4,62%	10,00%
LKW 26t	16,00	21,00	336,00	16,15%	
E-LKW 27t	16,00	18,00	288,00	13,85%	30,00%
City-Sattelzug	21,00	26,00	546,00	20,00%	20,00%
Gliederzug	27,00	13,00	351,00	10,00%	10,00%
Gesamt	130,00		2.232,00	100%	

e. B. anhand verfügbarer Daten

Aufteilung der Fahrzeuge auf gekühlte LE Tagbetrieb im Nachtbelieferungsszenario 2

	Verfügbare LE-Kapazität	LE pro Tag (gekühlt)	Anzahl Touren bzw. Fahrzeugbedarf pro Tag (gekühlt)	Anzahl LE pro Tour (gekühlt)	Auslastung der LE-Kapazität pro Tour in %
LKW 12t	308,00	-	-	-	
E-LKW 16R	221,00	-	-	-	
LKW 18t	98,00	-	-	-	
E-LKW 19R	84,00	84,00	6,00	14,00	77,78%
LKW 26t	336,00	292,67	19,00	15,40	80,00%
E-LKW 27t	288,00	288,00	18,00	16,00	80,00%
City-Sattelzug	546,00	292,67	14,00	20,90	77,78%
Gliederzug	351,00	292,67	11,00	26,61	79,41%
Gesamt- & Mittelwerte für gekühlte LE	2.232,00	1.250,00	68,00		78,99%

Aufteilung der Fahrzeuge auf ungekühlte LE Tagbetrieb im Nachtbelieferungsszenario 2

	Verfügbare LE-Kapazität	LE pro Tag (ungekühlt)	Anzahl Touren bzw. Fahrzeugbedarf pro Tag (ungekühlt)	Anzahl LE pro Tour (ungekühlt)	Auslastung der LE-Kapazität pro Tour in %
LKW 12t	308,00	235,00	17,00	13,82	77,78%
E-LKW 16R	221,00	221,00	17,00	13,00	81,25%
LKW 18t	98,00	98,00	7,00	14,00	77,78%
E-LKW 19R	-	-	-	-	
LKW 26t	32,00	32,00	2,00	16,00	80,00%
E-LKW 27t	-	-	-	-	
City-Sattelzug	252,00	235,00	12,00	19,58	74,07%
Gliederzug	54,00	54,00	2,00	27,00	79,41%
Gesamt- & Mittelwerte für ungekühlte LE	965,00	875,00	57,00		78,38%
Gesamt- & Mittelwerte für den Tagbetrieb im Nachtbelieferungsszenario 2	2.125,00		125,00		78,69%

Aufteilung der Fahrzeuge auf gekühlte LE Tagbetrieb im Nachtbelieferungsszenario 2

Aufteilung der Fahrzeuge auf gekühlte LE Tagbetrieb im Nachtbelieferungsszenario 2	Verwendete Nutzlast pro Tour in kg	Anzahl Filialen pro Tour (gekühlt)	Anzahl Filialen pro Tag (gekühlt)	km pro Tour innerorts	km pro Tour pro Tag	km pro Jahr	Nutzlast pro Jahr in t
LKW 12t	-	-	-	-	-	-	-
E-LKW 16t	-	-	-	-	-	-	-
LKW 18t	-	-	-	-	-	-	-
E-LKW 19t	5.899,97	4,00	24,00	78,00	120,00	222.480,00	10.938,54
LKW 26t	10.000,00	4,00	76,00	78,00	120,00	704.520,00	58.710,00
E-LKW 27t	10.790,75	4,00	72,00	78,00	120,00	667.440,00	60.018,14
City-Sattelzug	11.277,78	6,00	84,00	117,00	159,00	687.894,00	48.707,67
Gliederzug	19.058,82	7,00	77,00	136,50	178,50	606.721,50	64.780,94
Gesamt- & Mittelwerte für gekühlte LE		5,00	333,00		139,50	2.888.995,50	243.235,29

Aufteilung der Fahrzeuge auf ungekühlte LE Tagbetrieb im Nachtbelieferungsszenario 2

Aufteilung der Fahrzeuge auf ungekühlte LE Tagbetrieb im Nachtbelieferungsszenario 2	Verwendete Nutzlast pro Tour in kg	Anzahl Filialen pro Tour (ungekühlt)	Anzahl Filialen pro Tag (ungekühlt)	km pro Tour innerorts	km pro Tour pro Tag	km pro Jahr	Nutzlast pro Jahr in t
LKW 12t	3.694,44	3,00	51,00	58,50	100,50	527.926,50	19.406,92
E-LKW 16t	5.809,38	3,00	51,00	58,50	100,50	527.926,50	30.516,65
LKW 18t	6.611,11	3,00	21,00	58,50	100,50	217.381,50	14.299,83
E-LKW 19t	-	-	-	-	-	-	-
LKW 26t	10.000,00	4,00	8,00	78,00	120,00	74.160,00	6.180,00
E-LKW 27t	-	-	-	-	-	-	-
City-Sattelzug	10.740,74	5,00	60,00	97,50	139,50	517.266,00	39.826,67
Gliederzug	19.058,82	6,00	12,00	117,00	159,00	98.262,00	11.778,35
Gesamt- & Mittelwerte für ungekühlte LE		4,00	203,00		120,00	1.962.922,50	122.008,42
Gesamt- & Mittelwerte für den Tagbetrieb im Nachtbelieferungsszenario 2		4,50	536,00		120,00	4.851.918,00	365.243,70

Berechnungen der Fahrzeuge für den Nachtbetrieb im Nachtlogistikkonzept 2 und dessen Gesamtwerte

Aufteilung der Fahrzeuge auf gekühlte LE Nachtbetrieb im Nachtbelieferungsszenario 2	Verfügbare LE-Kapazität	LE pro Tag (gekühlt)	Anzahl Touren bzw. Fahrzeugbedarf pro Tag (gekühlt)	Anzahl LE pro Tour (gekühlt)	Auslastung der LE-Kapazität pro Tour in %
siehe oben bei Nachtbelieferungsszenario 1	755,00	417,00		24,00	96,25%
Aufteilung der Fahrzeuge auf ungekühlte LE Nachtbetrieb im Nachtbelieferungsszenario 2	Verfügbare LE-Kapazität	LE pro Tag (ungekühlt)	Anzahl Touren bzw. Fahrzeugbedarf pro Tag (ungekühlt)	Anzahl LE pro Tour (ungekühlt)	Auslastung der LE-Kapazität pro Tour in %
siehe oben bei Nachtbelieferungsszenario 1	328,00	292,00		17,00	91,25%
Gesamt- & Mittelwerte für den Nachtbetrieb im Nachtbelieferungsszenario 2		705,00		41,00	93,75%

Aufteilung der Fahrzeuge auf gekühlte LE Nachtbetrieb im Nachtbelieferungsszenario 2	Verwendete Nutzlast pro Tour in kg	Anzahl Filialen pro Tour (gekühlt)	Anzahl Filialen pro Tag (gekühlt)	km pro Tour innerorts	km pro Tour pro Tag	km pro Jahr	Nutzlast pro Jahr in t
siehe oben bei Nachtbelieferungsszenario 1			2.834,00	4,33	104,00	938.124,00	63.121,33
Aufteilung der Fahrzeuge auf ungekühlte LE Nachtbetrieb im Nachtbelieferungsszenario 2	Verwendete Nutzlast pro Tour in kg	Anzahl Filialen pro Tour (ungekühlt)	Anzahl Filialen pro Tag (ungekühlt)	km pro Tour innerorts	km pro Tour pro Tag	km pro Jahr	Nutzlast pro Jahr in t
siehe oben bei Nachtbelieferungsszenario 1			6,00	5,17	105,00	853.303,50	53.127,57
Gesamt- & Mittelwerte für den Nachtbetrieb im Nachtbelieferungsszenario 2			209,00			1.791.427,50	116.248,90
Gesamt- & Mittelwerte Gesamt im Nachtbelieferungsszenario 2			745,00	4,83		6.643.345,50	481.492,60

Anhang 4: Daten und Berechnung der Eingangsvariablen Unterirdisches Logistiksystem

Grunddaten Cargo Sous Terrain (CST)		Quelle
EV Feinverteilung CST mit Diesel LKW in TJ	150,00	Maibach et al. (2016), S. 71 f.
EV Feinverteilung vor CST mit Diesel LKW in TJ	200,00	
Umrechnungsfaktor TJ in kWh	277.777,78	Hainke (2023)
Umrechnungsfaktor 1L Diesel in kWh	9,80	Electrify-BW e.V. (2017)
Durchschnittliches Gewicht pro Transport CST in kg	5.000,00	Maibach et al. (2016), S. 43
Durchschnittliches Gewicht pro Transport vor CST in kg	2.500,00	Maibach et al. (2016), S. 40
Anzahl City-Hubs im Zürcher Stadtgebiet	3,00	Maibach et al. (2016), S. 18/43
Anzahl Touren pro Tag kleinster Hub	1.163,00	Maibach et al. (2016), S. 43
Anzahl Touren pro Tag größter Hub	1.242,00	
Anzahl tkm für die Feinverteilung CST	93.000.000,00	Maibach et al. (2016), S. 68
Durchschnittliche CO₂ Emissionen pro Jahr Systembetrieb vor CST in kg	36.000.000,00	Maibach et al. (2016), S. 69 f.
Durchschnittliche CO₂ Emissionen pro Jahr Systembetrieb CST in kg	20.500.000,00	
Prozentualer Anteil Nahrungsmittel (Kühlung notwendig)	25,00%	Maibach et al. (2016), S. 38 f.
Prozentualer Anteil sonstige Güter (ohne Kühlung)	75,00%	

Berechnung Eingangsvariablen		Quelle
Monate pro Jahr	12	
Wochen pro Monat	4,3	Brenke & Müller (2013), S. 5
Arbeitstage pro Woche	5	
Arbeitstage pro Monat	21,50	e. B. anhand Brenke & Müller (2013), S. 5
Durchschnittliche Anzahl Touren pro Tag je City-Hub	1.203,00	e. B. anhand Maibach et al. (2016), S. 43
Durchschnittliche Anzahl Touren pro Tag alle City-Hubs	3.609,00	
Durchschnittliche Anzahl Touren pro Jahr	931.122,00	e. B. anhand Maibach et al. (2016), S. 43; Brenke & Müller (2013), S. 5
Durchschnittliches transportiertes Gewicht Feinverteilung CST pro Jahr in t	4.655.610,00	e. B.*
Durchschnittliche Kilometer pro Tour innerstädtisch CST	19,98	e. B.
Durchschnittliche Kilometer pro Jahr innerstädtisch CST	18.600.000,00	e. B.
Durchschnittliche Kilometer pro Jahr innerstädtisch CST für Nahrungsmittel	4.650.000,00	e. B.
Durchschnittliche Kilometer pro Jahr innerstädtisch CST für sonstige Güter	13.950.000,00	e. B.
Prozentual höherer Gesamtenergieverbrauch Feinverteilung vor CST zu CST mit jeweils Diesel LKW	33,33%	e. B. anhand Maibach et al. (2016), S. 71 f.
EV Feinverteilung CST mit Diesel LKW bei 5t Nutzlast in L pro km	0,2169	e. B. anhand Anhang 1; Wittenbrink (2015), S. 9
EV Feinverteilung vor CST mit Diesel LKW bei 2,5t Nutzlast in L pro km	0,1780	e. B. anhand Anhang1; Wittenbrink (2015), S. 9
EV Feinverteilung CST mit Diesel LKW bei 5t Nutzlast gesamt in L Diesel	4.034.123,27	
EV Feinverteilung CST mit Diesel LKW bei 5t Nutzlast gesamt in kWh Energie	39.534.408,02	
EV Feinverteilung vor CST mit Diesel LKW bei 2,5t Nutzlast gesamt in kWh Energie	52.712.544,02	e. B.
EV Feinverteilung vor CST mit Diesel LKW bei 2,5t Nutzlast gesamt in L Diesel	5.378.831,02	
Durchschnittliche Kilometer pro Jahr vor CST innerorts	30.217.525,81	
Durchschnittliche Anzahl Touren pro Jahr vor CST	1.862.244,00	
Durchschnittliche Kilometer pro Tour vor CST innerorts	16,23	

*entspricht näherungsweise dem von Maibach et al. (2016), S. 46 als realistisch eingeschätztem Potenzial von ca. 4,5 Mio. Tonnen

Anhang 5: Kriterienhierarchie des Entscheidungsproblems

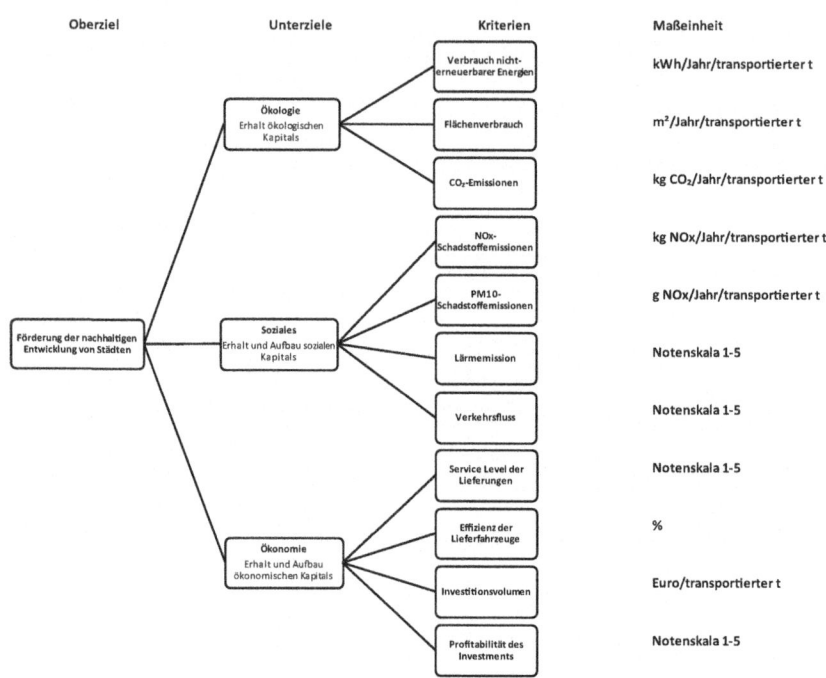

Oberziel	Unterziele	Kriterien	Maßeinheit
	Ökologie — Erhalt ökologischen Kapitals	Verbrauch nicht-erneuerbarer Energien	kWh/Jahr/transportierter t
		Flächenverbrauch	m²/Jahr/transportierter t
		CO_2-Emissionen	kg CO_2/Jahr/transportierter t
Förderung der nachhaltigen Entwicklung von Städten	Soziales — Erhalt und Aufbau sozialen Kapitals	NOx-Schadstoffemissionen	kg NOx/Jahr/transportierter t
		PM10-Schadstoffemissionen	g NOx/Jahr/transportierter t
		Lärmemission	Notenskala 1-5
		Verkehrsfluss	Notenskala 1-5
	Ökonomie — Erhalt und Aufbau ökonomischen Kapitals	Service Level der Lieferungen	Notenskala 1-5
		Effizienz der Lieferfahrzeuge	%
		Investitionsvolumen	Euro/transportierter t
		Profitabilität des Investments	Notenskala 1-5

Anhang 6: Detaillierte Berechnung des Energieverbrauchs Nachtlogistikkonzepte

Berechnungen des jährlichen Energieverbrauchs für das Ausgangsszenario

Berechnung EV der Fahrzeuge für gekühlte LE vor Nachtbelieferungskonzept

	Nutzlast pro Tour in kg	Anzahl Filialen pro Tour	Nutzlast pro Filiale in kg	Distanz außerorts für Weg bis Filiale 1 und Leerfahrt in km	Distanz pro Filiale in km	Distanz bis Filiale 1 in km	EV NL-IST bis Filiale 1	EV bis Filiale 1 in L
LKW 12t	3.694,44	3,00	1.231,48				0,195	7,90
LKW 18t	6.611,11	3,00	2.203,70				0,232	9,40
LKW 26t	10.000,00	4,00	2.500,00	21,00	19,50	40,50	0,290	11,75
City-Sattelzug	10.740,74	5,00	2.148,15				0,275	11,14
Gliederzug	18.352,94	6,00	3.058,82				0,305	12,35
Gesamtwert für gekühlte LE								

Berechnung EV der Fahrzeuge ungekühlte LE vor Nachtbelieferungskonzept

	Nutzlast pro Tour in kg	Anzahl Filialen pro Tour	Nutzlast pro Filiale in kg	Distanz außerorts für Weg bis Filiale 1 und Leerfahrt in km	Distanz pro Filiale in km	Distanz bis Filiale 1 in km	EV NL-IST bis Filiale 1	EV bis Filiale 1 in L
LKW 12t	3.694,44	5,00	738,89				0,195	7,90
LKW 18t	9.915,87	5,00	1.983,17					
LKW 26t	11.277,78	7,00	1.611,11	21,00	19,50	40,50	0,289	11,72
City-Sattelzug	19.058,82	9,00	2.117,65				0,279	11,28
Gliederzug							0,308	12,48

Gesamtwert für ungekühlte LE & Gesamtwert beide LE

Weitere Berechnungen

EV bis Filiale 3 in L	EV NL-IST bis Filiale 4	EV bis Filiale 4 in L	EV NL-IST bis Filiale 5	EV bis Filiale 5 in L
3,119	0,230	4,489	0,218	4,247
3,713	0,232	4,526	0,251	4,893
4,878				
4,805	0,264	5,157		
5,420				

EV bis Filiale 5 in L	EV NL-IST bis Filiale 6	EV bis Filiale 6 in L
2,983	0,237	4,629
4,409		
4,596	0,225	4,386
5,278	0,261	5,096

EV NL-IST bis Filiale 6	EV bis Filiale 6 in L	EV Leerfahrt zum Depot in L	EV gesamt pro Tour in L
2,991	2,991		17,469
3,561	3,561		20,796
4,416	4,416		30,798
4,274	4,274		34,071
4,701	4,701		42,837

EV NL-IST bis Filiale 7	EV bis Filiale 7 in L	EV NL-IST bis Filiale 7
		4,177
	0,214	4,913
	0,252	

EV NL-IST bis Filiale 3 in L	EV NL-IST bis Filiale 4	EV bis Filiale 4 in L	EV NL-IST bis Filiale 5
3,393	0,163	3,188	0,153
	0,242	4,718	0,226
	0,246	4,805	0,236
	0,280	5,461	0,271
0,243		4,730 "	0,233

Anzahl Touren pro Jahr / EV gesamt pro Jahr in L

Anzahl Touren pro Jahr	EV gesamt pro Jahr in L
8.034,00	140.343,36
5.253,00	109.241,63
7.107,00	218.884,24
5.562,00	189.504,48
4.326,00	185.313,75

843.287,46 e. B. anhand verfügbarer Daten

EV NL-IST bis Filiale 8	EV bis Filiale 8 in L	EV NL-IST bis Filiale 9	EV bis Filiale 9 in L	EV bis Filiale 9 in L

EV Leerfahrt zum Depot	EV gesamt pro Tour in L	Anzahl Touren pro Jahr	EV gesamt pro Jahr in L
2,991	24,049	7.725,00	185.776,50
4,416	35,623	8.034,00	286.198,38
4,274	43,756	4.944,00	216.327,55
4,701	58,677	927,00	54.393,43

742.696,26 e. B. anhand verfügbarer Daten

1.585.983,73

Berechnungen des jährlichen Energieverbrauchs im Nachtlogistikkonzept 1

Berechnung EV der Fahrzeuge gekühlte LE im Tagbetrieb Nachtbelieferungskonzept 1

	Nutzlast pro Tour in kg	Anzahl Filialen pro Tour	Nutzlast pro Filiale in kg	Distanz außerorts für Weg bis Filiale 1 und Leerfahrt in km	Distanz pro Filiale in km	Distanz bis Filiale 1 in km	EV NL-IST bis Filiale 1	EV bis Filiale 1 in L
LKW 12t	3.694,44	3,00	1.231,48				0,195	7,90
LKW 18t	6.611,11	3,00	2.203,70				0,232	9,40
LKW 26t	10.000,00	4,00	2.500,00	21,00	19,50	40,50	0,290	11,75
City-Sattelzug	11.277,78	5,00	2.255,56				0,279	11,28
Gliederzug	19.058,82	6,00	3.176,47				0,308	12,48
Gesamtwert für gekühlte LE								

Berechnung EV der Fahrzeuge ungekühlte LE im Tagbetrieb Nachtbelieferungskonzept 1

	Nutzlast pro Tour in kg	Anzahl Filialen pro Tour	Nutzlast pro Filiale in kg	Distanz außerorts für Weg bis Filiale 1 und Leerfahrt in km	Distanz pro Filiale in km	Distanz bis Filiale 1 in km	EV NL-IST bis Filiale 1	EV bis Filiale 1 in L
LKW 12t	3.694,44	5,00	738,89				0,195	7,90
LKW 18t								
LKW 26t	9.730,39	5,00	1.946,08	21,00	19,50	40,50	0,288	11,66
City-Sattelzug	10.933,52	7,00	1.561,93				0,276	11,19
Gliederzug	19.058,82	9,00	2.117,65				0,308	12,48
Gesamtwert für ungekühlte LE & Gesamtwert beide LE								

Berechnung EV der Fahrzeuge gekühlte LE im Nachtbetrieb Nachtbelieferungskonzept 1

	Nutzlast pro Tour in kg	Anzahl Filialen pro Tour	Nutzlast pro Filiale in kg	Distanz außerorts für Weg bis Filiale 1 und Leerfahrt in km	Distanz pro Filiale in km	Distanz bis Filiale 1 in km	EV NL-IST bis Filiale 1	EV bis Filiale 1 in L
E-LKW 18t Kühler	5.625,00	4,00	1.406,25				1,378	55,81
E-LKW 19t	7.595,67	4,00	1.896,42	21,00	19,50	40,50	1,313	53,16
E-LKW 27t	12.814,01	5,00	2.562,80				1,291	52,30
Gesamtwert für gekühlte LE								

Berechnung EV der Fahrzeuge ungekühlte LE im Nachtbetrieb Nachtbelieferungskonzept 1

	Nutzlast pro Tour in kg	Anzahl Filialen pro Tour	Nutzlast pro Filiale in kg	Distanz außerorts für Weg bis Filiale 1 und Leerfahrt in km	Distanz pro Filiale in km	Distanz bis Filiale 1 in km	EV NL-IST bis Filiale 1	EV bis Filiale 1 in L
E-LKW 18t	6.256,25	5,00	1.251,25				1,350	54,66
E-LKW 19t								
E-LKW 27t	12.814,01	7,00	1.830,57	21,00	19,50	40,50	1,291	52,30
Gesamtwert für ungekühlte LE & Gesamtwert beide LE								

Fortsetzung: EV bis Filiale 2 – Filiale 6

EV NL-IST bis Filiale 2 in L	EV bis Filiale 2	EV NL-IST bis Filiale 3	EV bis Filiale 3 in L
0,177	3.465	0,160	3.119
0,211	4.120	0,190	3.711
0,270	5.267	0,250	4.878
0,261	5.680	0,246	4.805
0,291	5.684	0,278	5.430

EV NL-IST bis Filiale 2	EV bis Filiale 2	EV NL-IST bis Filiale 3	EV bis Filiale 3 in L
0,184	3.597	0,174	3.393
0,274	5.335	0,258	5.026
0,268	5.223	0,257	5.014
0,299	5.825	0,289	5.644

EV NL-IST bis Filiale 2 in kWh	EV bis Filiale 2 in kWh	EV NL-IST bis Filiale 3 in kWh	EV bis Filiale 3 in kWh
1,272	24.803	1,166	22.796
1,207	23.536	1,101	21.478
1,711	23.638	1,131	22.054

EV NL-IST bis Filiale 2 in kWh	EV bis Filiale 2 in kWh	EV NL-IST bis Filiale 3 in kWh	EV bis Filiale 3 in kWh
1,271	24.776	1,191	23.232
1,234	24.065	1,177	22.948

EV NL-IST bis Filiale 4 in L	EV bis Filiale 4	EV NL-IST bis Filiale 5	EV bis Filiale 5 in L	EV NL-IST bis Filiale 6	EV bis Filiale 6
0,230	4.489				
0,232	4.526	0,218	4.247	0,237	4.629
0,264	5.157	0,251	4.893		

EV NL-IST bis Filiale 4 in L	EV bis Filiale 4	EV NL-IST bis Filiale 5	EV bis Filiale 5 in L	EV NL-IST bis Filiale 6	EV bis Filiale 6
0,163	3.188	0,153	2.983		
0,242	4.718	0,226	4.409	0,225	4.386
0,280	5.461	0,271	5.278	0,261	5.096

EV NL-IST bis Filiale 4 in kWh	EV bis Filiale 4 in kWh	EV NL-IST bis Filiale 5 in kWh	EV bis Filiale 5 in kWh	EV gesamt pro Tour in kWh	EV bis Filiale 6 in kWh
1,060	20.669			144,05	20.032
0,996	19.419			136,29	18.697
1,051	20.490	0,971	18.926	156,09	18.697

EV NL-IST bis Filiale 4 in kWh	EV bis Filiale 4 in kWh	EV NL-IST bis Filiale 5 in kWh	EV bis Filiale 5 in kWh	EV Leerfahrt zum Depot in kWh	EV bis Filiale 6 in kWh
1,112	21.689	1,033	20.145		
1,120	21.830	1,062	20.713	1,005	19.596

EV Leerfahrt zum Depot in L	EV gesamt pro Tour in L	Anzahl Touren pro Jahr	EV gesamt pro Jahr in L
2,991	17,469	6.182,00	107.956,43
3,561	20,796	4.017,00	83.537,72
4,416	30,798	5.253,00	161.784,00
4,274	34,236	4.017,00	137.445,79
4,701	42,964	3.090,00	132.757,66
			623.481,60 e. B. anhand verfügbarer Daten

EV NL-IST bis Filiale 7	EV bis Filiale 7 in L	EV NL-IST bis Filiale 8	EV bis Filiale 8 in L	EV NL-IST bis Filiale 9	EV bis Filiale 9 in L	Leerfahrt zum Depot in L	EV gesamt pro Depot in L	Anzahl Touren pro Jahr	Anzahl Touren pro Jahr	EV gesamt pro Jahr in L
							2,991	24,049	5.871,00	141.190,44
0,214	4,177						4,416	35,563	5.253,00	186.814,95
0,252	4,913						4,274	43,663	4.017,00	175.393,42
			4,730	0,293	4,548		4,701	58,677	927,00	54.393,43
										557.792,24 e. B. anhand verfügbarer Daten
										1.181.273,84

Anzahl Touren pro Jahr	EV gesamt pro Jahr in kWh
3.090,00	445.110,19
1.854,00	252.672,83
2.472,00	385.842,60
	1.083.626,63 e. B. anhand verfügbarer Daten

EV NL-IST bis Filiale 7	EV bis Filiale 7 in kWh	EV Leerfahrt zum Depot in kWh	EV gesamt pro Tour in kWh	Anzahl Touren pro Jahr	EV gesamt pro Jahr in kWh
			85,10	2.163,00	184.067,33
0,948	18,479	18,697	122,26	3.090,00	377.790,02 e. B. anhand verfügbarer Daten
					561.858,35 1.645.484,98

Berechnungen des jährlichen Energieverbrauchs im Nachtlogistikkonzept 2

Berechnung EV der Fahrzeuge gekühlte LE im Tagbetrieb Nachtbelieferungskonzept 2	Nutzlast pro Tour in kg	Anzahl FIL. pro Tour	Nutzlast pro Fil. in kg	Distanz außerorts für Weg bis Filiale 1 und Leerfahrt in km	Distanz pro Filiale in km	Distanz bis Filiale 1 in km	EV NL-IST bis Filiale 1	EV bis Fil. 1 in L/kWh
LKW 12t								
E-LKW 16t								
LKW 18t								
E-LKW 19t	5.899,97	4,00	1.474,99	21,00			1,219	49,36
LKW 26t	10.000,00	4,00	2.500,00				0,290	11,75
E-LKW 27t	10.790,75	4,00	2.697,69		19,50	40,50	1,228	49,74
City-Sattelzug	11.277,78	6,00	1.879,63				0,279	11,28
Gliederzug	19.058,82	7,00	2.722,69				0,308	12,48

Berechnung EV der Fahrzeuge ungekühlte LE im Tagbetrieb Nachtbelieferungskonzept 2	Nutzlast pro Tour in kg	Anzahl FIL. pro Tour	Nutzlast pro Fil. in kg	Distanz außerorts für Weg bis Filiale 1 und Leerfahrt in km	Distanz pro Filiale in km	Distanz bis Filiale 1 in km	EV NL-IST bis Filiale 1	EV bis Fil. 1 in L/kWh
LKW 12t	3.694,44	3,00	1.231,48				0,195	7,90
E-LKW 16t	5.809,38	3,00	1.936,46				1,321	53,52
LKW 18t	6.611,11	3,00	2.203,70	21,00			0,232	9,40
E-LKW 19t								
LKW 26t	10.000,00	4,00	2.500,00		19,50	40,50	0,290	11,75
E-LKW 27t								
City-Sattelzug	10.740,74	5,00	2.148,15				0,275	11,14
Gliederzug	19.058,82	6,00	3.176,67				0,308	12,48

Berechnung EV der Fahrzeuge gekühlte LE im Nachtbetrieb Nachtbelieferungskonzept 2
siehe oben

Berechnung EV der Fahrzeuge ungekühlte LE im Nachtbetrieb Nachtbelieferungskonzept 2
siehe oben

EV NL-ST bis Filiale 2	EV bis Fil. 2 in L/kWh	EV NL-ST bis Filiale 3	EV bis Fil. 3 in L/kWh	EV NL-ST bis Filiale 4	EV bis Fil. 4 in L/kWh	EV NL-ST bis Filiale 5	EV bis Fil. 5 in L/kWh	EV NL-ST bis Filiale 6	EV bis Fil. 6 in L/kWh	EV NL-ST bis Filiale 7	EV bis Fil. 7 in L/kWh
	22,164		20,563								
	5,267		4,878								
	22,301		20,654								
1,137	5,188	1,055	4,944	0,241	4,700	0,229	4,456	0,216	4,212		
0,270	5,774	0,250	5,539	0,272	5,304	0,260	5,070	0,248	4,835	0,236	4,600
1,144		1,059									
0,266		0,254									
0,296		0,284									

EV NL-ST bis Filiale 2	EV bis Fil. 2 in L/kWh	EV NL-ST bis Filiale 3	EV bis Fil. 3 in L/kWh	EV NL-ST bis Filiale 4	EV bis Fil. 4 in L/kWh	EV NL-ST bis Filiale 5	EV bis Fil. 5 in L/kWh	EV NL-ST bis Filiale 6	EV bis Fil. 6 in L/kWh	EV Leerfahrt zum Depot in L/kWh	EV gesamt pro Tour in L/kWh
0,177	3,461	0,160	3,119							2,991	17,469
1,199	23,38	1,076	20,99							20,032	117,920
0,211	4,12	0,190	3,71							3,561	20,796
0,270	5,27	0,250	4,88	0,230	4,49					4,416	30,798
0,261	5,08	0,246	4,80	0,232	4,53	0,218	4,25			4,274	34,071
0,294	5,73	0,280	5,46	0,266	5,19	0,252	4,91	0,238	4,64	4,701	43,116

EV Leerfahrt zum Depot in L/kWh	EV gesamt pro Tour in L/kWh	Anzahl Touren pro Jahr	gesamt pro Jahr in L/kWh
18.697	110.780	1.854,00	205.386,08
4.416	26.309	5.871,00	154.459,73
18.697	111.389	5.562,00	619.543,47
4.274	39.055	4.326,00	168.954,07
4.701	48.303	3.399,00	164.181,35 e. B. anhand verfügbarer Daten

Anzahl Touren pro Jahr	EV gesamt pro Jahr in L/kWh
5.253,00	91.762,97
5.253,00	619.434,33
2.163,00	44.981,85
618,00	19.033,41
3.708,00	126.336,32
618,00	26.645,59 e. B. anhand verfügbarer Daten

Anhang 7: Berechnung des Kriteriums „Energieverbrauch nicht-erneuerbar"

Konzeption	Vorher <-> Nachher	Prozentuale Reduktion pro Tour	EV in L/kWh pro km	km pro Jahr	EV in L/kWh pro Jahr	EV nicht-erneuerbar in kWh	Reduktion pro EV nicht-erneuerbar in kWh pro Jahr	Transportiertes Gewicht pro Jahr in t	EV nicht-erneuerbar Gewicht pro Tonne	Reduzierung EV nicht-erneuerbar in kWh pro Jahr pro Tonne
Konzeption 1: UCC anhand CitÁporto	Vorher: Diesel LGV	58,66%	0,095	201.756,00	19.098,93	187.189,54			90,87	
	Nachher: eLGV	95,61%	0,573	67.925,00	25.307,93	14.071,21	173.698,33	2.059,62	6,85	84,04
Konzeption 2: Nachtlogistik anhand GEMALOG	Vorher:									
	LKW 12t	77,78%			326.120,26	3.195.978,58				
	LKW 18t	77,78%			109.241,63	1.070.567,95				
	LKW 26t	79,66%			525.082,62	4.948.809,69				
	City-Sattelzug	75,93%			425.852,04	3.977.153,98				
	Gliederzug	77,94%			239.707,18	2.349.130,33				
	Mittel- & Gesamtwerte	77,82%			1.585.983,73	15.542.640,53			34,03	
	Nachher:									
	LKW 12t	77,78%			249.146,88	2.441.639,40				
	LKW 18t	77,78%			85.537,72	838.669,61				
	LKW 26t	78,52%			548.596,95	5.426.256,70				
	City-Sattelzug	76,59%	Detaillierte Berechnung EV in Anhang 6		332.639,21	3.095.624,36				
	Gliederzug	79,42%			187.151,09	1.834.080,86				
	E-LKW 18t	90,63%			629.177,53	348.622,70				
	E-LKW 9t	100,00%			252.673,83	140.486,65				
	E-LKW 27t	95,00%			765.655,62	424.580,29				
	Mittel- & Gesamtwerte	84,51%			2.226.758,82	12.491.373,27	3.051.267,26	456.753,32	22,35	6,68
Konzeption 3: Nachtlogistik anhand GEMALOG mit Einsatz der E-LKW auch am Tag	Vorher:									
	LKW 12t	77,78%			326.120,26	3.195.978,58				
	LKW 18t	77,78%			109.241,63	1.070.567,95				
	LKW 26t	79,66%			525.082,62	4.948.809,69				
	City-Sattelzug	75,93%	Detaillierte Berechnung EV in Anhang 6		425.852,04	3.977.153,98				
	Gliederzug	77,94%			239.707,18	2.349.130,33				
	Mittel- & Gesamtwerte	77,82%			1.585.983,73	15.542.640,53			34,03	
	Nachher:									
	LKW 12t	77,78%			91.762,97	899.277,08				
	LKW 18t	77,78%			44.982,65	440.822,10				
	LKW 26t	80,00%			175.485,14	1.700.152,77				
	City-Sattelzug	75,93%	Detaillierte Berechnung EV in Anhang 6		295.290,39	2.893.845,81				
	Gliederzug	79,42%			190.826,94	1.870.103,97				
	E-LKW 18t	87,50%			1.248.611,86	694.228,19				
	E-LKW 9t	88,89%			458.099,92	254.681,31				
	E-LKW 27t	89,28%			1.383.177,10	769.046,47				
	Mittel- & Gesamtwerte	82,07%			5.978.851,02	52.712.544,02	6.000.402,61	456.753,32	20,85	51,56
Konzeption 4: Unterschiedliches Logistiksystem anhand Cargo Sous Terrain	Vorher: 12t	52,63%	0,1380	36.217.525,81	6.198.507,66	52.712.544,02			11,92	
	Nachher:									
	E-LKW 18t Kühler	83,33%	1,3309	4.650.000,00		3.440.810,26		4.655.650,00		
	E-LKW 18t	69,93%	1,2702	13.950.000,00	17.729.778,80	9.852.197,01				
	Mittel- & Gesamtwerte	76,63%		18.600.000,00	23.908.286,47	13.293.007,28	42.966.347,01		2,86	8,47

Anhang 8: Detaillierte Berechnung des Flächenverbrauchs Nachtlogistikkonzepte

Berechnungen des jährlichen Flächenverbrauchs für das Ausgangsszenario

Aufteilung der Fahrzeuge auf gekühlte LE vor Nachtbelieferungskonzept

	km pro Tour pro Tag	li	si	tl	ts	di	wi	TAi	Flächenverbrauch pro Jahr in m²
LKW 12t	100,50	8,763		5,11		100.500,00	2,300	1.387.038,32	11.143.465.840,50
LKW 18t	100,50	11,220		5,11		100.500,00	2,480	1.495.620,29	7.856.493.405,04
LKW 26t	120,00	11,876	3,000	6,28	6	120.000,00	2,480	1.785.831,56	12.691.904.930,69
City-Sattelzug	139,50	16,500		7,44		139.500,00	2,550	2.134.720,01	11.873.312.668,72
Gliederzug	159,00	18,750		8,61		159.000,00	2,550	2.433.177,27	10.525.924.878,99
Gesamt- & Mittelwerte für gekühlte LE	619,50								54.091.101.723,93

Aufteilung der Fahrzeuge auf ungekühlte LE vor Nachtbelieferungskonzept

	km pro Tour pro Tag	li	si	tl	ts	di	wi	TAi	Flächenverbrauch pro Jahr in m²
LKW 12t	139,50	8,763		7,44		139.500,00	2,300	1.925.301,32	14.872.952.668,37
LKW 18t	-	11,220		1,62					-
LKW 26t	139,50	11,876	3,000	7,44	6	139.500,00	2,480	2.076.034,52	16.678.861.317,70
City-Sattelzug	178,50	16,500		9,77		178.500,00	2,550	2.731.535,79	13.504.712.960,76
Gliederzug	217,50	18,750		12,10		217.500,00	2,550	3.328.420,99	3.085.446.261,52
Gesamt- & Mittelwerte für ungekühlte LE	675,00								48.141.973.208,36
Gesamt- & Mittelwerte für das Gesamtszenario vor der Nachtbelieferung									**102.233.074.932,29**

Berechnungen des jährlichen Flächenverbrauchs im Nachtlogistikkonzept 1

Aufteilung der Fahrzeuge auf gekühlte LE Tagbetrieb im Nachtbelieferungsszenar

	km pro Tour pro Tag	li	si	tl	ts	di	wi	TAi	Flächenverbrauch pro Jahr in m²
LKW 12t	100,50	8,763		5,11		100.500,00	2,300	1.387.038,32	8.571.896.800,38
LKW 18t	100,50	11,220		5,11		100.500,00	2,480	1.495.620,29	6.007.906.771,50
LKW 26t	120,00	11,876	3,000	6,28	6	120.000,00	2,480	1.785.831,56	9.380.973.209,64
City-Sattelzug	139,50	16,500		7,44		139.500,00	2,550	2.134.720,01	8.575.170.260,74
Gliederzug	159,00	18,750		8,61		159.000,00	2,550	2.433.177,27	7.518.517.770,70
Gesamt- & Mittelwerte für gekühlte LE	123,90								40.054.464.762,97

Aufteilung der Fahrzeuge auf ungekühlte LE Tagbetrieb im Nachtbelieferungsszer

	km pro Tour pro Tag	li	si	tl	ts	di	wi	TAi	Flächenverbrauch pro Jahr in m²
LKW 12t	139,50	8,763		7,44		139.500,00	2,300	1.925.301,32	11.303.444.027,96
LKW 18t	-	11,220		-			2,480		-
LKW 26t	139,50	11,876	3,000	7,44	6	139.500,00	2,480	2.076.034,52	10.905.409.323,11
City-Sattelzug	178,50	16,500		9,77		178.500,00	2,550	2.731.535,79	10.972.579.280,62
Gliederzug	217,50	18,750		12,10		217.500,00	2,550	3.328.420,99	3.085.446.261,52
Gesamt- & Mittelwerte für ungekühlte LE	135,00								36.266.878.893,21
Gesamt- & Mittelwerte für den Tagbetrieb im Nachtbelieferungsszenario									**76.321.343.656,19**

Berechnung Fahrzeuge für Nachtbetrieb im Nachtbelieferungsszenario 1

E-LKW 16t

E-LKW 19t

E-LKW 27t

Gesamt

Aufteilung der Fahrzeuge auf gekühlte LE Nachtbetrieb im Nachtbelieferungsszen	km pro Tour pro Tag	li	si	tl	ts	di	wi	TAi	Flächenverbrauch pro Jahr in m²
E-LKW 16t Kühler	120,00	9,311		5,322		120.000,00	2,550	1.836.167,08	5.673.756.286,28
E-LKW 19t	120,00	11.600	3,000	5,324	6	120.000,00	2,500	1.800.194,32	3.337.560.272,54
E-LKW 27t	139,50	11.900		6,250		139.500,00	2,500	2.092.732,81	5.173.235.507,92
Gesamt- & Mittelwerte für gekühlte LE									14.184.552.066,75

Aufteilung der Fahrzeuge auf ungekühlte LE Nachtbetrieb im Nachtbelieferungssz	km pro Tour pro Tag	li	si	tl	ts	di	wi	TAi	Flächenverbrauch pro Jahr in m²
E-LKW 16t	139,50	9,289		6,248		139.500,00	2,550	2.134.545,80	4.617.022.575,05
E-LKW 19t		11.600	3,000		6		2,500		
E-LKW 27t	178,50	11.900		8,102		178.500,00	2,500	2.677.801,80	8.274.407.570,05
Gesamt- & Mittelwerte für ungekühlte LE									12.891.430.145,10
Gesamt- & Mittelwerte für den Nachtbetrieb im Nachtbelieferungsszenario 1									27.075.982.211,84
Gesamt- & Mittelwerte Gesamt im Nachtbelieferungsszenario 1									103.397.325.868,03

Berechnungen des jährlichen Flächenverbrauchs im Nachtlogistikkonzept 2

Aufteilung der Fahrzeuge auf gekühlte LE Tagbetrieb im Nachtbelieferungsszen	km pro Tour pro Tag	li	si	tl	ts	di	wi	TAi	Flächenverbrauch pro Jahr in m²
LKW 12t		8,763					2,300		
E-LKW 16t		9,289					2,550		
LKW 18t		11.220					2,480		
E-LKW 19t	120,00	11.600	3,000	6,277	6	120.000,00	2,500	1.800.229,10	3.337.624.753,72
LKW 26t	120,00	11.876		6,277		120.000,00	2,480	1.785.831,56	10.484.617.116,66
E-LKW 27t	120,00	11.900		6,277		120.000,00	2,500	1.800.233,81	10.012.900.444,62
City-Sattelzug	159,00	16.500		8,605		159.000,00	2,550	2.433.127,90	10.525.711.291,50
Gliederzug	178,50	18.750		9,770		178.500,00	2,550	2.731.591,85	9.284.680.684,82
Gesamt- & Mittelwerte für gekühlte LE	139,50								43.645.534.291,33

Aufteilung der Fahrzeuge auf ungekühlte LE Tagbetrieb im Nachtbelieferungsszen	km pro Tour pro Tag	li	si	tl	ts	di	wi	TAi	Flächenverbrauch pro Jahr in m²
LKW 12t	100,50	8,763		5,112		100.500,00	2,300	1.387.038,32	7.286.112.280,32
E-LKW 16t	100,50	9,289		5,112		100.500,00	2,550	1.537.810,21	8.078.117.028,10
LKW 18t	100,50	11.220		5,112		100.500,00	2,480	1.495.620,29	3.235.026.696,19
E-LKW 19t		11.600	3,000		6		2,500		
LKW 26t	120,00	11.876		6,277		120.000,00	2,480	1.785.831,56	1.103.643.907,02
E-LKW 27t		11.900					2,500		
City-Sattelzug	139,50	16.500		7,441		139.500,00	2,550	2.134.720,01	7.915.541.779,15
Gliederzug	159,00	18.750		8,605		159.000,00	2,550	2.433.177,27	1.503.703.554,14
Gesamt- & Mittelwerte für den Tagbetrieb im Nachtbelieferungsszenario 2	120,00								29.122.145.244,92
									72.767.679.536,25

Aufteilung der Fahrzeuge auf gekühlte LE Nachtbetrieb im Nachtbelieferungsszen siehe oben bei Nachtbelieferungsszenario 1	km pro Tour pro Tag	li	si	tl	ts	di	wi	TAi	Flächenverbrauch pro Jahr in m²
									14.184.552.066,75

Aufteilung der Fahrzeuge auf ungekühlte LE Nachtbetrieb im Nachtbelieferungsszen siehe oben bei Nachtbelieferungsszenario 1	km pro Tour pro Tag	li	si	tl	ts	di	wi	TAi	Flächenverbrauch pro Jahr in m²
									12.891.430.145,10
Gesamt- & Mittelwerte für den Nachtbetrieb im Nachtbelieferungsszenario 2									27.075.982.211,84
Gesamt- & Mittelwerte Gesamt im Nachtbelieferungsszenario 2									99.843.661.748,09

Anhang 9: Berechnung des Kriteriums „Flächenverbrauch (FV)"

Konzeption	Vorher <-> Nachher	ll	sl	rl	ts	dl	vrl	FAl	Anzahl Tonnen pro Jahr	Beanspruchte Verkehrsfläche in m² pro Jahr	Zusätzliche Lager-Flächen & Umschlagsstandorte	Reduzierung beanspruchte Verkehrsfläche in m² pro Jahr	Transportiertes Gewicht pro Jahr in t	Beanspruchte Verkehrsfläche in m² pro Jahr pro Tonne	Reduzierung beanspruchte Verkehrsfläche in m² pro Jahr pro Tonne
Konzeption 1: UCC anhand Citypunto	**Vorher:**														
	Diesel LGV	6.704		3,50		34.000,00	2,474	168.258,71	5.594,00	986.694.538,83				484.839,57	
	Nachher:														
	elGV	6.704	1,00	3,50	2	25.000,00	2,474	123.766,71	2.717,00	336.274.148,18		662.410.390,65	2.059,82	168.253,77	321.585,80
Konzeption 2: Nachtlogistik anhand GENALOG	**Vorher:**						Detaillierte Berechnung FV in Anhang 8								
	Nachher:														
	LKW 12t									19.875.340.828,34					
	LKW 18t									6.007.906.721,50					
	LKW 26t						Detaillierte Berechnung FV in Anhang 8			20.286.382.592,75					
	City-Sattelzug									18.547.748.541,37					
	Gliederzug									10.608.994.032,22					
	E-LKW 18t									10.267.778.861,33					
	E-LKW 18t									3.337.560.272,54					
	E-LKW 27t									13.447.643.077,98					
	Gesamtwerte									103.997.325.868,03	-	1.164.250.535,74	456.753,32	226.374,55	2.548,97
Konzeption 3: Nachtlogistik anhand GENALOG Einsatz der E-LKW auch am Tag	**Nachher:**														
	LKW 12t									7.286.112.280,32					
	LKW 18t									3.225.026.696,19					
	LKW 18t									11.588.761.023,67					
	City-Sattelzug						Detaillierte Berechnung FV in Anhang 8			18.441.253.070,65					
	Gliederzug									10.788.384.238,96					
	E-LKW 18t									14.368.895.889,43					
	E-LKW 18t									6.675.185.026,26					
	E-LKW 27t									23.400.543.522,60					
	Gesamtwerte									95.843.461.748,09		2.389.413.194,20	456.753,32	218.594,28	5.231,30
Konzeption 4: Unterirdisches Logistiksystem anhand Cargo Sous Terrain	**Vorher:**														
	LKW 12t	8.760		3,50	6	16.226,41	2.300	224.043,23	1.862.344,00	417.223.169.231,59				89.617,29	
	Nachher:														
	E-LKW 16t Kühler	9.311	6,00	3,50	6	19.975,90	2.550	305.767,92	232.786,50	71.176.809.612,45					
	E-LKW 16t	9.289		3,50	6	19.975,90	2.550	305.767,72	698.341,50	213.530.291.718,00					
	Gesamtwert								991.122,00	284.707.101.330,45		132.516.067.905,14	4.655.630,00	61.153,55	28.463,74

Konzeption	Vorher <-> Nachher	EV in L/kWh pro Jahr	CO₂-Ausstoß in kg pro Jahr (WTW) Transport	CO₂-Ausstoß in kg pro Jahr Systembetrieb	Reduzierung CO₂-Ausstoß in kg pro Jahr	Transportiertes Gewicht pro Jahr in t	CO₂-Ausstoß in kg pro Jahr in Jahr pro t (WTW)	Reduzierung CO₂-Ausstoß in kg pro Jahr pro t (WTW)
Konzeption 1: UCC anhand Cityporto	Vorher: Diesel LGV	19.098,93	60.161,64	n. a.		2.059,82	29,21	
	Nachher: eLGV	25.307,93	11.084,87	n. a.	49.076,76		5,38	23.826
	Vorher:							
	LKW 12 t	326.120,26	1.027.278,83					
	LKW 18 t	109.241,63	344.111,13					
	LKW 26 t	505.082,62	1.591.010,26					
	City-Satelizug	405.832,04	1.278.370,92					
	Gliederzug	239.707,18	755.077,61					
	Gesamtwert	1.585.983,73	4.995.848,74	n. a.		456.753,32	10,94	
Konzeption 2: Nachtlogistik anhand GENALOG	Nachher:							
	LKW 12 t	249.146,88	784.812,66					
	LKW 18 t	83.537,72	263.143,80					
	LKW 26 t	348.598,95	1.098.086,69					
	City-Satelizug	312.839,21	985.443,51					
	Gliederzug	187.151,09	589.525,93					
	E-LKW 16t	629.177,53	275.579,76					
	E-LKW 19t	252.673,83	110.671,14					
	E-LKW 27t	763.633,62	334.471,53					
	Gesamtwert	2.826.758,82	4.441.735,01	n. a.	554.113,73		9,72	1,21

Konzeption	Vorher <-> Nachher	EV in L/kWh pro Jahr	CO₂-Ausstoß in kg pro Jahr (WTW) Transport	CO₂-Ausstoß in kg pro Jahr Systembetrieb	Reduzierung CO₂-Ausstoß in kg pro Jahr	Transportiertes Gewicht pro Jahr in t	CO₂-Ausstoß in kg pro Jahr pro t (WTW)	Reduzierung CO₂-Ausstoß in kg pro Jahr pro t (WTW)
	Vorher:							
	LKW 12 t	326.120,26	1.027.278,83					
	LKW 18 t	109.241,63	344.111,13					
	LKW 26 t	505.082,62	1.591.010,26					
	City-Sattelzug	405.832,04	1.278.370,92					
	Gliederzug	239.707,18	755.077,61					
	Gesamtwert	1.585.983,73	4.995.848,74	n. a.			10,94	
Konzeption 3: Nachtlogistik anhand GENALOG mit Einsatz der E-LKW auch am Tag	Nachher:							2,48
	LKW 12 t	91.762,97	289.053,35					
	LKW 18 t	44.981,85	141.692,82					
	LKW 26 t	173.493,14	546.503,39					
	City-Sattelzug	295.290,39	930.164,72			456.753,32		
	Gliederzug	190.826,94	601.104,85					
	E-LKW 16t	1.248.611,86	546.891,99					
	E-LKW 19t	458.059,92	200.630,24					
	E-LKW 27t	1.383.177,10	605.831,57					
	Gesamtwert	3.861.872,93		n. a.	1.133.975,81		8,46	
	Vorher:							
	LKW 12t	5.378.831,02	16.943.317,72	36.000.000,00			11,37	
Konzeption 4: Unterirdisches Logistiksystem anhand Cargo Sous Terrain	Nachher:							4,719
	E-LKW 16t Kühler	6.188.507,66	2.710.566,36					
	E-LKW 16t	17.719.778,80	7.761.263,12			4.655.610,00		
	Mittel- & Gesamtwerte	23.908.286,47	10.471.829,47	20.500.000,00	21.971.488,25		6,65	

Konzeption	Vorher <-> Nachher	EV in kWh pro Jahr	km pro Jahr	NOx-Ausstoß in kg pro Jahr	Reduzierung NOx-Ausstoß in kg pro Jahr	Transportiertes Gewicht pro Jahr t	NOx-Ausstoß in kg pro Jahr pro t	Reduzierung NOx-Ausstoß in kg pro Jahr pro t
Konzeption 1: UCC anhand Cityporto	**Vorher:** Diesel LGV	n.a.	201.756,00	114,96			0,056	
	Nachher: eLGV	25.307,93	n.a.	8,98	105,98	2.059,82	0,004	0,051
	Vorher:							
	LKW 12 t	n.a.	1.885.654,50	4.901,14				
	LKW 18 t	n.a.	527.926,50	1.372,61				
	LKW 26 t	n.a.	1.973.583,00	5.131,32				
	City-Sattelzug	n.a.	1.658.403,00	4.311,85				
	Gliederzug	n.a.	889.456,50	2.312,59				
	Gesamtwert		6.934.423,50	18.029,50			0,039	
Konzeption 2: Nachlogistik anhand GENALOG	**Nachher:**							
	LKW 12 t	n.a.	1.440.094,50	3.744,25		456.753,32		
	LKW 18 t	n.a.	403.708,50	1.049,64				
	LKW 26 t	n.a.	1.363.153,50	3.544,20				
	City-Sattelzug	n.a.	1.277.406,00	3.321,26				
	Gliederzug	n.a.	692.932,50	1.801,62				
	E-LKW 16t	629.177,53	n.a.	223,36				
	E-LKW 19t	252.673,83	n.a.	89,70				
	E-LKW 27t	763.633,62	n.a.	271,09				
	Gesamtwert		5.177.295,00	14.045,11	3.984,39		0,031	0,009

Konzeption	Vorher <-> Nachher	EV in kWh pro Jahr	NOx-Ausstoß in kg pro Jahr	Reduzierung NOx-Ausstoß in kg pro Jahr	Transportiertes Gewicht pro Jahr in t	NOx-Ausstoß in kg pro Jahr pro t	Reduzierung NOx-Ausstoß in kg pro Jahr pro t
	Vorher:						
	LKW 12 t	n. a.	1.885.054,50	4.901,14			
	LKW 18 t	n. a.	527.926,50	1.372,61			
	LKW 26 t	n. a.	1.973.583,00	5.131,32			
	City-Sattelzug	n. a.	1.658.403,00	4.311,85			
	Gliederzug	n. a.	889.456,50	2.312,59			
	Gesamtwert		6.934.423,50	18.029,50		0,039	
Konzeption 3: Nachtlogistik anhand GENALOG mit Einsatz der E-LKW auch am Tag	Nachher:						
	LKW 12 t	n. a.	527.926,50	1.372,61			
	LKW 18 t	n. a.	217.381,50	565,19			
	LKW 26 t	n. a.	778.680,00	2.024,57			
	City-Sattelzug	n. a.	1.205.100,00	3.133,26			
	Gliederzug	n. a.	704.983,50	1.832,96			
	E-LKW 16t	1.248.611,86	n. a.	443,26	456.753,32		
	E-LKW 19t	458.059,92	n. a.	162,61			
	E-LKW 27t	1.383.177,10	n. a.	491,03			
	Gesamtwert		10.025,48	8.004,02		0,022	0,018
Konzeption 4: Unterirdisches Logistiksystem anhand Cargo Sous Terrain	Vorher:						
	LKW 12t	n. a.	30.217.525,81	78.565,57		0,02	
	Nachher:						
	E-LKW 16t Kühler	6.188.507,66	2.196,92		4.655.610,00		
	E-LKW 16t	17.719.778,80	6.290,52				
	Mittel- & Gesamtwerte	23.908.286,47	8.487,44	70.078,13		0,00	0,015

Konzeption	Vorher <-> Nachher	EV in L/kWh pro Jahr	km pro Jahr	PM10-Ausstoß in g pro Jahr	Reduzierung PM10-Ausstoß in g pro Jahr	Transportiertes Gewicht pro Jahr in t	PM10-Ausstoß in g pro Jahr pro t	Reduzierung PM10-Ausstoß in g pro Jahr pro t
Konzeption 1: UCC anhand Cityporto	Vorher: Diesel LGV	n. a.	201.756,00	48.461,79			23,5271	
	Nachher: eLGV	25.307,93	67.925,00	16.028,99	32.432,80	2.059,82	7,7817	15,745
	Vorher:							
	LKW 12 t	n. a.	1.885.054,50	686.536,85				
	LKW 18 t	n. a.	527.926,50	192.270,83				
	LKW 26 t	n. a.	1.973.583,00	718.778,93				
	City-Sattelzug	n. a.	1.658.403,00	603.990,37				
	Gliederzug	n. a.	889.456,50	323.940,06				
	Gesamtwert		6.934.423,50	2.525.517,04			5,5293	
Konzeption 2: Nachtlogistik anhand GENALOG	Nachher:							
	LKW 12 t	n. a.	1.440.094,50	524.482,42		456.753,32		
	LKW 18 t	n. a.	403.708,50	147.030,64				
	LKW 26 t	n. a.	1.363.153,50	496.460,50				
	City-Sattelzug	n. a.	1.277.406,00	465.231,27				
	Gliederzug	n. a.	692.932,50	252.366,02				
	E-LKW 16t	629.177,53	672.538,50	245.129,66				
	E-LKW 19t	252.673,83	222.480,00	81.446,75				
	E-LKW 27t	763.633,62	896.409,00	326.127,08				
	Gesamtwert		6.968.722,50	2.538.274,34	-	12.757,30	5,5572	0,028

Konzeption	Vorher <-> Nachher	EV in L/kWh pro Jahr	km pro Jahr	PM10-Ausstoß in g pro Jahr	Reduzierung PM10-Ausstoß in g pro Jahr	Transportiertes Gewicht pro Jahr in t	PM10-Ausstoß in g pro Jahr pro t	Reduzierung PM10-Ausstoß in g pro Jahr pro t
	Vorher:							
	LKW 12t	n.a.	1.885.054,50	686.536,85				
	LKW 18t	n.a.	527.926,50	192.270,83				
	LKW 26t	n.a.	1.973.583,00	718.778,93				
	City-Sattelzug	n.a.	1.658.403,00	603.990,37				
	Gliederzug	n.a.	889.456,50	323.940,06				
	Gesamtwert		6.934.423,50	2.525.517,04			5,5293	
Konzeption 3: Nachtlogistik anhand GENALOG mit Einsatz der E-LKW auch am Tag	Nachher:							
	LKW 12t	n.a.	527.926,50	192.270,83				
	LKW 18t	n.a.	217.381,50	79.170,34				
	LKW 26t	n.a.	778.680,00	283.595,26				
	City-Sattelzug	n.a.	1.205.100,00	438.897,42				
	Gliederzug	n.a.	704.983,50	256.754,99				
	E-LKW 16t	1.248.611,86	1.200.465,00	438.554,90		456.753,32		
	E-LKW 19t	458.059,92	444.960,00	162.515,20				
	E-LKW 27t	1.383.177,10	1.563.849,00	569.359,51				
	Gesamtwert		6.643.945,50	2.421.118,45	104.398,59		5,3007	0,229
Konzeption 4: Unterirdisches Logistiksystem anhand Cargo Sous Terrain	Vorher:							
	LKW 12t	n.a.	30.217.525,81	11.005.222,90			2,36	
	Nachher:							
	E-LKW für Kühler	6.188.507,66	4.650.000,00	1.709.558,06				
	E-LKW für	17.719.778,80	13.950.000,00	5.121.908,23		4.655.610,00		
	Mittel- & Gesamtwerte	23.908.286,47	18.600.000,00	6.831.466,29	4.173.756,61		1,47	0,887

Anhang 13: Bestimmung des Kriteriums „Verkehrssicherheit (VS)"

Konzeption	Einschätzung des Effekts auf die Verkehrssicherheit auf Basis von Literatur	Quelle	Punktzahl
Konzeption 1: UCC anhand Cityporto	Nutzfahrzeugunfälle mit Personenschaden innerorts pro Jahr: 11.758 LGV Unfälle mit Personenschaden innerorts pro Jahr: 7.055 Hauptverursacher des Unfalls Fahrer LGV: 60% Reduzierung LGV- Touren pro Jahr durch Cityporto: 3.217 Reduzierung Güterverkehrsströme = Rückgang Anzahl Unfälle innerorts	DESTATIS (2022b): S. 7 ff. e. B. anhand Anhang 2	4
Konzeption 2 & 3: Nachtlogistik anhand GENALOG	Nutzfahrzeugunfälle mit Personenschaden innerorts pro Jahr: 11.758 HGV Unfälle mit Personenschaden innerorts pro Jahr: 4.703 Hauptverursacher des Unfalls Fahrer HGV: 60% Reduzierung HGV-Touren pro Jahr durch Nachtlogistik-1: 618 Geringeres Verkehrsaufkommen in der Nacht -> Geringeres Unfallrisiko	DESTATIS (2022b): S. 7 ff. e. B. anhand Anhang 2 Fraunhofer-Institut für Materialfluss und Logistik (2017), S. 67	4
Konzeption 4: Unterirdisches Logistiksystem anhand Cargo Sous Terrain	Geringere Verkehrsmenge -> geringeres Staurisiko Geringere Geschwindigkeitsdifferenz PKW-LKW -> geringeres Staurisiko Geringerer Tagesgang -> geringeres Staurisiko Dadurch: Verringerung der Unfälle mit Beteiligung HGV Entlastung von Unfallschwerpunkten durch neues Feinverteilsystem -> gering	Maibach et al. (2016), S. 40	4

Anhang 14: Bestimmung des Kriteriums „Lärmemissionen (LÄ)"

Konzeption	Einschätzung des Effekts auf die Lärmemissionen auf Basis von Literatur	Quelle	Punktzahl
Konzeption 1: UCC anhand Cityporto	Durchschnittliche Geschwindigkeit bei Liefertouren innerorts: 20-23 km/h Diesel-PKW: Antriebsgeräusch überwiegt bis 30 km/h Erforderliche Lautstärke Elektrofahrzeuge: 56 db(A) ab 20 km/h Lautstärke Elektro-LKW: mindestens 8 db(A) leiser beim Liefertrip	Kadjik et. al (2017), S. 48 f. Umweltbundesamt (2013), S. 2 Burgert (2021) DVZ (2017)	4
Konzeption 2 & 3: Nachtlogistik anhand GENALOG	Diesel-PKW: Antriebsgeräusch überwiegt ab 60 km/h Durchschnittlich gemessener db(A) in der Nachtbelieferung: -> nicht lauter in der Nacht 39 db(A) Kerngebiet & urbanes Gebiet -> unter Mittelungspegel TA-Lärm [45 db(A)] 49 db(A) Gewerbegebiet > unter Mittelungspegel TA-Lärm [50 db(A)]	Umweltbundesamt (2013), S. 2 Fraunhofer-Institut für Materialfluss und Logistik (2017), S. 76 Fraunhofer-Institut für Materialfluss und Logistik (2017), S. 25	4
	Erforderliche Lautstärke Elektrofahrzeuge: 56 db(A) ab 20 km/h Lautstärke Elektro-LKW gegenüber Diesel-LKW: mindestens 8 db(A) leiser beim Liefertrip Standardlieferung entfällt für Filliale bei Nachtlogistik 1 bei anderen Filialen weniger Lärm durch E-LKW -> deutlich weniger Lärm am Tag	Burgert (2021) DVZ (2017) Fraunhofer-Institut für Materialfluss und Logistik (2017), S. 25	5
Konzeption 4: Unterirdisches Logistiksystem anhand Cargo Sous Terrain	Geringere Verkehrsnachfrage dank besser koordinierter City-Logistik -> Reduzierung Lärmemission Punktuell jedoch mehr Lärm -> Verladelärm rund um die Uhr an den Hubs Stark abhängig von Standorten der City-Hubs von CST Zwei City-Hubs abgelegen von Wohngebieten -> kein Einfluss auf städtischen Lärm; Ein City-Hub unmittelbare Umgebung Wohngebiete -> Lärm durch Güterumschlag kann sie betreffen Verkehrslärm durch CST geringer als bei Straße/Schiene -> Verlagerung oberirdischer Transport in den Untergrund City-Hubs -> Verkehrsaufkommen gewisse Zusatzbelastung, aber durch Entlastung an anderen Standorten (Feinverteilung) wettgemacht	CST Daten, S. 73 f.	4

Anhang 15: Bestimmung des Kriteriums „Verkehrsfluss (VF)"

Konzeption	Einschätzung des Effekts auf die durchschnittliche Geschwindigkeit von Fahrzeugen im urbanen Raum	Quelle	Punktzahl
Konzeption 1: UCC anhand Cityporto	Durchschnittliche Geschwindigkeit bei Liefertouren innerorts vorher: 20-23 km/h Reduzierung LGV-Touren pro Tag: 12 Leichte Reduzierung Güterverkehrsströme am Tag: leichter Anstieg in km/h der Fahrzeuge innerhalb von Ortschaften (Annahme)	Kadjik et. al (2017), S. 48 f. e. B. anhand Anhang 2	4
Konzeption 2 & 3: Nachtlogistik anhand GENALOG	1 HGV = 3 PKW Reduzierung Touren am Tag in HGV/PKW-Einheiten: 40 HGV/ 120 PKW Leichte Reduzierung Güterverkehrsströme am Tag: leichter Anstieg in km/h der Fahrzeuge innerhalb von Ortschaften (Annahme)	Maibach et al. (2016), S. 73 f. e. B. Anhand Anhang 3	4
Konzeption 4: Unterirdisches Logistiksystem anhand Cargo Sous Terrain	Entlastung des Gesamtverkehrs nicht signifikant Entlastung des städtischen Straßennetzes durch notwendige Bündelung von Fahrten: weniger Fahrten & Reduzierung Fahrleistung Geringere Verkehrsmenge & Geschwindigkeitsdifferenz PW-LKW & Tagesgang -> geringeres Staurisiko Synergie zwingende Erfolgsvorraussetzung -> hohes Potenzial zur Reduktion der Fahrtenanzahl im städtischen Netz	Maibach et al. (2016), S. 49	4

Anhang 16: Bestimmung des Kriteriums „Service-Level (SL)"

Konzeption	Einschätzung des Effekts auf die Kundenzufriedenheit mit dem Service (Pünktlichkeit, Verfolgbarkeit, Schadensfreiheit der W. Quelle		Punktzahl
Konzeption 1: UCC anhand Cityporto	EDI Schnittstelle mit Kunden für Dokumentenversand Lieferung bekommt eigene Kennung und CityPorto Barcode Lieferungskennung und -code im System aktiviert GPS-Tool sendet Code und Position an Server	Morana (2014), S. 31	5
	Sendungsverfolgbarkeit für alle Kunden online Kunde sehr zufrieden mit Service -> Partnerschaften angestrebt & etabliert	Morana (2014), S. 31; Interporto Padova S.p.A. (2021a), S. 12 Morana (2014), S. 31	
Konzeption 2 & 3: Nachtlogistik anhand GENALOG	Während gesamter Testphase keine Beschwerden durch Kunden Erhöhte Flexibilität bei Belieferung	Fraunhofer-Institut für Materialfluss und Logistik (2017), S. 77	5
	Positive Rückmeldungen durch Kunden Hohe Warenverfügbarkeit, zu Ladenbeginn gefüllte Regale, LKW freies parken möglich	Fraunhofer-Institut für Materialfluss und Logistik (2017), S. 79 f.	
	Effizienteres Verräumen der Waren für Filialen ohne Kunden in den Gängen Höhere Servicequalität & Versorgungsqualität -> höhere Kundenzufriedenheit und Kundenbindung	Fraunhofer-Institut für Materialfluss und Logistik (2017), S. 25	
	Bei Nachtlogistik-2 -> viel weniger Filialen belieferbar, Kundenzufriedenheit überhaupt nicht gewährleistet		1
Konzeption 4: Unterirdisches Logistiksystem anhand Cargo Sous Terrain	verschiedene Dienstleistungen angeboten: Frachtüberwachung, Onlinebuchung, firmenübergreifender Datenaustausch Steigerung der Zuverlässigkeit für die Nutzer:	Maibach et al. (2016), S. 20	5
	Entlastung der Straßen erhöht Zuverlässigkeit auf Autobahnen und Stadteinfahrten Senkung der Logistikkosten für die Nutzer:	Maibach et al. (2016), S. 56	
	Kontinuierliche Lieferung, Puffer- und Lagermöglichkeit (z. B. an den Hubs), Nutzung Synergie mit anderen Nutzern Erhöhte Erreichbarkeit der Kunden		
	Produzenten können die Kunden besser erreichen, indem Sie näher an sie heranrücken (Ansiedlung an der CST-Achse)	Maibach et al. (2016), S. 57	

Anhang 17: Berechnung des Kriteriums „Fahrzeugeffizienz (FE)"

Konzeption	Vorher <-> Nachher	max. Nutzlast Fahrzeugklasse in kg	verwendete Nutzlast Fahrzeug-klasse pro Tour in kg	verwendete Nutzlast Fahrzeug-klasse pro Tour in %
Konzeption 1: UCC anhand Cityporto	Vorher:			
	Diesel LGV	898,00	347,12	38,66%
	Nachher:			
	eLGV	793,00	758,20	95,61%
Konzeption 2: Nachtlogistik anhand GENALOG	Vorher:			
	LKW 12 t			77,78%
	LKW 18 t			77,78%
	LKW 26 t	Detaillierte Berechnung FE in Anhang 3		79,66%
	City-Sattelzug			75,93%
	Gliederzug			77,94%
	Mittelwert			77,82%
	Nachher:			
	LKW 12 t			77,78%
	LKW 18 t			77,78%
	LKW 26 t			78,92%
	City-Sattelzug	Detaillierte Berechnung FE in Anhang 3		76,59%
	Gliederzug			79,41%
	E-LKW 16t			90,63%
	E-LKW 19t			100,00%
	E-LKW 27t			95,00%
	Mittelwert			84,51%
Konzeption 3: Nachtlogistik anhand GENALOG mit Einsatz der E-LKW auch am Tag	Vorher:			
	LKW 12 t			77,78%
	LKW 18 t			77,78%
	LKW 26 t	Detaillierte Berechnung FE in Anhang 3		79,66%
	City-Sattelzug			75,93%
	Gliederzug			77,94%
	Mittelwert			77,82%
	Nachher:			
	LKW 12 t			77,78%
	LKW 18 t			77,78%
	LKW 26 t			80,00%
	City-Sattelzug	Detaillierte Berechnung FE in Anhang 3		75,93%
	Gliederzug			79,41%
	E-LKW 16t			87,50%
	E-LKW 19t			88,89%
	E-LKW 27t			89,26%
	Mittelwert			82,07%
Konzeption 4: Unterirdisches Logistiksystem anhand Cargo Sous Terrain	Vorher:			
	LKW 12t	4.750,00	2.500,00	52,63%
	Nachher:			
	E-LKW 16t Kühler	6.000,00	5.000,00	83,33%
	E-LKW 16t	7.150,00	5.000,00	69,93%
	Mittelwert			76,63%

Anhang 18: Berechnung des Kriteriums „Investitionsvolumen (IV)"

Kostenfaktoren		Quelle
Kosten Ladestation 150kW	79.100,00 €	Link et al. (2021), S. 35 f.; Nationale Plattform Zukunft der Mobilität (2021), S. 11
Kosten Ladestation 350kW	223.000,00 €	Link et al. (2021), S. 35 f.; Nationale Plattform Zukunft der Mobilität (2021), S. 11
Kosten Logistikfläche pro m² in Euro	1.220,00 €	Bürger (2021)
Kosten Systemhalle Stahl + Ausstattung pro m² in Euro	162,50 €	e. B. anhand Kostencheck (o. D.) und Hausjournal (o. D. a)
Kosten Hallenaufbau pro m² in Euro	89,58 €	e. B. anhand Kostencheck (o. D.) und Hausjournal (o. D. a)
Kosten Fundament + Bodenplatte pro m² in Euro	297,73 €	e. B. anhand Hausjournal (o. D. b)
Kosten Bauantrag in Prozent an den Gesamtbaukosten	5,00%	e. B. anhand Hausjournal (o. D. c)

Einflussfaktoren auf das Investitionsvolumen		Quelle
Übernahme Mehrkosten Nutzfahrzeuge mit alternativen Antrieben in %	80,00%	Bundesministerium für Verkehr und digitale Infrastruktur (2021), S. 2 f.
Übernahme Investitionskosten in Ladeinfrastruktur in %	80,00%	Bundesministerium für Verkehr und digitale Infrastruktur (2021), S. 2 f.

Fahrzeugklasse	Mehrkosten Fahrzeugklasse	Kostenübernahme	Kosten für ein Fahrzeug
	15.071,10 €	12.056,88 €	61.116,22 €
Typ der Ladestation	**Kosten Ladestation**	**Kostenübernahme**	**Kosten Ladestation final**
350kW	223.000,00 €	178.400,00 €	44.600,00 €
Fläche UCC in m²	**Kosten Logistikfläche**	**Kosten Systemhalle + Ausstattung**	**Kosten Aufbau**
1000	1.220.000,00 €	162.500,00 €	89.583,33 €
Fahrzeugklasse	**Mehrkosten Fahrzeugklasse**	**Kostenübernahme**	**Kosten für ein Fahrzeug**
E-LKW 16t	146.000,00 €	116.800,00 €	119.200,00 €
E-LKW 19t	200.000,00 €	160.000,00 €	140.000,00 €
E-LKW 27t	240.000,00 €	192.000,00 €	168.000,00 €
Typ der Ladestation	**Kosten Ladestation**	**Kostenübernahme**	**Kosten Ladestation final**
150kW	79.100,00 €	63.280,00 €	15.820,00 €
Fahrzeugklasse	**Mehrkosten Fahrzeugklasse**	**Kostenübernahme**	**Kosten für ein Fahrzeug**
E-LKW 16t	146.000,00 €	116.800,00 €	119.200,00 €
E-LKW 19t	200.000,00 €	160.000,00 €	140.000,00 €
E-LKW 27t	240.000,00 €	192.000,00 €	168.000,00 €
Typ der Ladestation	**Kosten Ladestation**	**Kostenübernahme**	**Kosten Ladestation final**
350kW	223.000,00 €	178.400,00 €	44.600,00 €

Konzeption				Gesamtkosten Investition	Transportiertes Gewicht pro Jahr in t	Gesamtkosten pro Tonne
Konzeption 1: UCC anhand Cityporto	Anzahl Fahrzeuge	Gesamtkosten Fahrzeuge				
	9	550.045,98 €				
	Anzahl Ladestationen	Gesamtkosten Ladestation		2.748.747,12 €	2.059,82	1.334,46 €
	9	401.400,00 €				
	Kosten Fundament + Bodenplatte	Kosten Bauantrag	Gesamtkosten Halle			
	297.727,27 €	27.490,53 €	1.797.301,14 €			
Konzeption 2: Nachtlogistik anhand GENALOG	Anzahl Fahrzeuge	Gesamtkosten Fahrzeuge		Gesamtkosten Investition	Transportiertes Gewicht pro Jahr in t	Gesamtkosten pro Tonne
	17,00	2.026.400,00 €				
	6,00	840.000,00 €		6.539.020,00 €	456.753,32	14,32 €
	18,00	3.024.000,00 €				
	Anzahl Ladestationen	Gesamtkosten Ladestation				
	41,00	648.620,00 €				
Konzeption 3: Nachtlogistik anhand GENALOG mit Einsatz der E-LKW auch am Tag	Anzahl Fahrzeuge	Gesamtkosten Fahrzeuge		Gesamtkosten Investition	Transportiertes	Gesamtkosten
	17,00	2.026.400,00 €				
	6,00	840.000,00 €		7.719.000,00 €	456.753,32	16,90 €
	18,00	3.024.000,00 €				
	Anzahl Ladestationen	Gesamtkosten Ladestation				
	41,00	1.828.600,00 €				
Konzeption 4: Unterirdisches Logistiksystem anhand Cargo Sous Terrain				Gesamtkosten Investition	Transportiertes Gewicht pro Jahr in t	Gesamtkosten pro Tonne
				3.550.000.000,00 €	4.655.610,00	762,52 €

Anhang 19: Bestimmung des Kriteriums „Profitabilität (P)"

Relevante Faktoren zur Berechnung der jährlichen Profitabilität		Quelle
Abschreibung der Anschaffungskosten LGV in Jahren	6,00	Bundesministerium der Finanzen (2023a); AfA-Tabelle für die allgemein verwendbaren Anlagegüter, 4.2.1
Abschreibung der Anschaffungskosten LKW in Jahren	9,00	Bundesministerium der Finanzen (2023a); AfA-Tabelle für die allgemein verwendbaren Anlagegüter, 4.2.3 Lastkraftwagen
Abschreibung der Anschaffungskosten Ladesäulen in Jahren	10,00	Bundesministerium der Finanzen (2023b);
Abschreibung der Anschaffungskosten Stahlhalle in Jahren	20,00	AfA-Tabelle für die allgemein verwendbaren Anlagegüter, 1.4 Kühlhallen
Strompreis für Industrie in Euro pro kWh (2023)	0,280 €	e. B. anhand BDEW (2022) und VBW e. V. & Prognos AG (2022), S. 14 ff.
Strompreis für Industrie in Euro pro kWh (langfristige Prognose)	0,175 €	e. B. anhand Link et al. (2021), S. 35 f.
Dieselpreis in Euro pro L (November 2022)	1,970 €	ADAC (2023a)
Kostendeckung durch Umsatz Cityporto	75,00%	Morana (2014), S.
KFZ-Steuer Elektrofahrzeuge bis 2030	- €	§ 3d Abs. 1 KraftStG
KFZ-Steuer pro Dieselfahrzeug	556,00 €	§ 9 Abs. 4&5 KraftStG
KFZ-Steuer pro Anhänger	373,00 €	
Kosten Batterie E-LKW pro kWh	261,00 €	Link et al. (2021), S. 32
Kosten Motor+Getriebe Diesel-LKW pro kW	71,00 €	

Konzeption 1: UCC anhand Cityporto

	Investition Fahrzeuge pro Jahr	Betriebskosten eLGV pro Jahr	Investition Ladesäulen pro Jahr
Kosten	91.674,33 €	7.081,16	40.140,00 €
Nutzen			

Konzeption 2: Nachtlogistik anhand GENALOG

	Investition Fahrzeuge pro Jahr*	Wartungskosten Nachtbelieferungs- szenario pro Jahr***	Betriebskosten Nachtbelieferungs- szenario pro Jahr***	Batterie & Motor+Getriebe Kosten pro Jahr	KFZ-Steuer Nachtbelieferungs- szenario pro Jahr**	Investition Lade- säulen pro Jahr**
Kosten*	654.488,89 €	1.130.763,68 €	2.614.740,24 €	394.772,41 €	78.043,30 €	64.862,00 €
	Investition Fahrzeuge pro Jahr*	Wartungskosten Ausgangszustand pro Jahr***	Betriebskosten Ausgangszustand pro Jahr***	Motor+Getriebe Kosten pro Jahr	KFZ-Steuer Ausgangszustand pro Jahr***	
Nutzen	524.444,44 €	1.213.582,05 €	3.124.387,94 €	111.144,47 €	105.074,70 €	

Konzeption 3: Nachtlogistik anhand GENALOG mit Einsatz der E-LKW auch am Tag

	Investition Fahrzeuge pro Jahr*	Wartungskosten Nachtbelieferungs- szenario pro Jahr***	Betriebskosten Nachtbelieferungs- szenario pro Jahr***	Batterie & Motor+Getriebe Kosten pro Jahr	KFZ-Steuer Nachtbelieferungs- szenario pro Jahr**	Investition Lade- säulen pro Jahr**
Kosten*	654.488,89 €	1.029.738,76 €	2.108.925,48 €	615.527,63 €	78.043,30 €	182.860,00 €
	Investition Fahrzeuge pro Jahr*	Wartungskosten Ausgangszustand pro Jahr***	Betriebskosten Ausgangszustand pro Jahr**	Motor+Getriebe Kosten pro Jahr	KFZ-Steuer Ausgangszustand pro Jahr***	
Nutzen	524.444,44 €	1.213.582,05 €	3.124.387,94 €	111.144,47 €	105.074,70 €	

Konzeption 4: Unterirdisches Logistiksystem anhand Cargo Sous Terrain

Kosten	
Nutzen	

* Für einen ganzheitlichen ökonomischen Bewertung zwischen E- und Diesel-LKW werden die Gesamtnutzenkosten TCO (Total Cost of Ownership) verwendet, die einen ganzheitlichen Kostenvergleich beider Antriebstypen ermöglicht. Es werden alle investitionsbedingten Kosten für Erwerb (CAPEX) sowie Nutzung (OPEX) über dessen gesamte Haltedauer herangezogen, (vgl. Link et al. (2021), S. 31)

** Berechnung der CAPEX, bestehend aus den Investitionskosten für die Fahrzeuge und Ladeinfrastruktur, welche für die Ermittlung der jährlichen Kosten linear auf die in den Abschreibungstabellen für allgemein verwendbare Anlagegüter (AfA-Tabelle AV) angegebene betriebsgewöhnliche Nutzungsdauer aufgeteilt wird. (vgl. Link et al. (2021), S. 31) -> e. B. anhand Anhang 20

*** Berechnung der jährlichen OPEX, bestehend aus den EV-Kosten, Wartungskosten, Abnutzungskosten der Batterie bei E-LKW (Tausch nach 500.000km) & Motor+Getriebe bei Diesel-LKW (Tausch nach 500.000km) sowie zu entrichtenden Kraftfahrzeug-Steuern. (vgl. Link et al. (2021), S. 31) -> detaillierte Berechnung siehe Anhang 20

Betriebskosten Lade-säulen pro Jahr	Investition Stahl-halle pro Jahr	Gesamtkosten pro Jahr	Kosten-Nutzen	Punktzahl
52.182,00 €	28.865,06 €	219.942,55 €		
	Euro pro Lieferung	Gesamtkosten pro Jahr	1,33	4,00
	3,93 €	293.256,73 €		
Betriebskosten Lade-säulen pro Jahr***	Gehaltskosten Fahrer pro Jahr	Gesamtkosten pro Jahr	Kosten-Nutzen	
84.320,60 €	5.292.087,95 €	10.314.079,07 €		
	Gehaltskosten Fahrer pro Jahr	Gesamtkosten pro Jahr	1,00	3,00
	5.189.362,29 €	10.267.995,90 €		
Betriebskosten Lade-säulen pro Jahr***	Gehaltskosten Fahrer pro Jahr	Gesamtkosten pro Jahr	Kosten-Nutzen	
237.718,00 €	5.018.083,01 €	9.925.385,07 €		
	Gehaltskosten Fahrer pro Jahr	Gesamtkosten pro Jahr	1,03	4,00
	5.189.362,29 €	10.267.995,90 €		
		Gesamtkosten pro Jahr	Kosten-Nutzen	
			1,00	4,00

Anhang 20: Detaillierte Berechnung des Kriteriums „Profitabilität (P)" für das Nachtlogistikkonzept

Berechnung Kosten pro Jahr Ausgangszustand

Aufteilung der Fahrzeuge auf gekühlte LE vor Nachtbelieferungskonzept

	Wartungskosten pro 100km	Reifenkosten pro 100km	Wartung & Reifenkosten pro Jahr	KFZ-Steuer je Fahrzeug	KFZ-Steuer pro Jahr	Motorleistung in kW
LKW 12t	11,00 €	3,50 €	117.075,47 €	534,00 €	13.884,00 €	170,00
LKW 18t	13,50 €	3,50 €	89.747,51 €	665,00 €	11.305,00 €	260,00
LKW 26t	13,70 €	3,80 €	149.247,00 €	665,00 €	15.295,00 €	310,00
City-Sattelzug	15,50 €	4,50 €	155.179,80 €	665,00 €	11.982,60 €	300,00
Gliederzug	14,00 €	5,50 €	134.127,63 €	665,00 €	9.319,80 €	320,00
Gesamt- & Mittelwerte für gekühlte LE			645.377,40 €		61.786,40 €	

Aufteilung der Fahrzeuge auf ungekühlte LE vor Nachtbelieferungskonzept

	Wartungskosten pro 100km	Reifenkosten pro 100km	Wartungs & Reifenkosten pro Jahr	KFZ-Steuer je Fahrzeug	KFZ-Steuer pro Jahr	Motorleistung in kW
LKW 12t	11,00 €	3,50 €	156.257,44 €	534,00 €	13.350,00 €	170,00
LKW 18t	13,50 €	3,50 €	- €	665,00 €	- €	260,00
LKW 26t	13,70 €	3,80 €	196.130,03 €	665,00 €	17.290,00 €	310,00
City-Sattelzug	15,50 €	4,50 €	176.500,80 €	665,00 €	10.651,20 €	300,00
Gliederzug	14,00 €	5,50 €	39.316,39 €	665,00 €	1.997,10 €	320,00
Gesamt- & Mittelwerte für ungekühlte LE			568.204,66 €		43.288,30 €	
			1.213.582,05 €		105.074,70 €	

Motor+Getriebekosten	km bis zum Austausch Getriebe	Kosten pro km Motor+Getriebe	Kosten pro Jahr
12.070,00 €		0,010 €	8.238,90 €
18.460,00 €		0,016 €	8.238,90 €
22.010,00 €	1.182.867,00	0,019 €	15.869,08 €
21.300,00 €		0,018 €	13.971,69 €
22.720,00 €		0,019 €	13.211,62 €
Gesamt- & Mittelwerte für gekühlte LE			59.530,19 €

Motor+Getriebekosten	km bis zum Austausch Getriebe	Kosten pro km Motor+Getriebe	Kosten pro Jahr
12.070,00 €		0,010 €	10.996,24 €
18.460,00 €		0,016 €	- €
22.010,00 €	1.182.867,00	0,019 €	20.854,04 €
21.300,00 €		0,018 €	15.891,33 €
22.720,00 €		0,019 €	3.872,68 €
Gesamt- & Mittelwerte für die Nachtbelieferung			51.614,29 €
			111.144,47 €

Zeit Lager in Std.	Zeit Filiale in Std.	Zeit pro Tour Filialen in Std.	km pro Tour innerorts in Std.	km pro Tour innerorts	Zeit innerorts in Std.	km pro Tour außerorts	Zeit außerorts in Std.	Zeit pro Tour in Std.	Gehaltskosten pro Tour	Anzahl Touren pro Jahr	Gehaltskosten pro Jahr
1,08	0,67	3,00	2,00	58,50	1,49			5,11	72,11 €	8.034,00	579.308,64 €
		3,00	2,00	58,50	1,49	42,00	0,54	5,11	72,11 €	5.253,00	378.778,73 €
		4,00	2,67	78,00	1,99			6,28	88,53 €	7.107,00	629.171,15 €
		5,00	3,33	97,50	2,49			7,44	104,95 €	5.562,00	583.725,79 €
		6,00	4,00	117,00	2,99			8,61	121,37 €	4.326,00	525.050,38 €
											2.696.038,70 €
1,08	0,67	5,00	3,33	97,50	2,49			7,44	104,95 €	7.725,00	810.735,82 €
								1,62	22,84 €	-	- €
		5,00	3,33	97,50	2,49	42,00	0,54	7,44	104,95 €	8.034,00	843.165,26 €
		7,00	4,67	136,50	3,48			9,77	137,79 €	4.946,00	681.244,23 €
		9,00	6,00	175,50	4,48			12,10	170,63 €	927,00	158.178,29 €
											2.493.323,60 €
											5.189.362,29 €

Berechnung Kosten pro Jahr für Nachtlogistikkonzept 1

Aufteilung der Fahrzeuge auf gekühlte LE Tagbetrieb im Nachtbelieferungsszenar	Wartungskosten pro 100km	Reifenkosten pro 100km	Wartungs- & Reifenkosten pro Jahr	KFZ-Steuer je Fahrzeug	KFZ-Steuer pro Jahr	Motorleistung in kW
LKW 12t	11,00 €	3,50 €	90.058,05 €	534,00 €	10.680,00 €	170,00
LKW 18t	13,50 €	3,50 €	68.630,45 €	665,00 €	8.645,00 €	260,00
LKW 26t	13,70 €	3,80 €	110.313,00 €	665,00 €	11.305,00 €	310,00
City-Sattelzug	15,50 €	4,50 €	112.074,30 €	665,00 €	8.654,10 €	300,00
Gliederzug	14,00 €	5,50 €	95.805,45 €	665,00 €	6.657,00 €	320,00
Gesamt- & Mittelwerte für gekühlte LE			476.881,25 €		45.941,10 €	

Aufteilung der Fahrzeuge auf ungekühlte LE Tagbetrieb im Nachtbelieferungsszer	Wartungskosten pro 100km	Reifenkosten pro 100km	Wartungs- & Reifenkosten pro Jahr	KFZ-Steuer je Fahrzeug	KFZ-Steuer pro Jahr	Motorleistung in kW
LKW 12t	11,00 €	3,50 €	118.755,65 €	534,00 €	10.146,00 €	170,00
LKW 18t	13,50 €	3,50 €	- €	665,00 €	- €	260,00
LKW 26t	13,70 €	3,80 €	128.238,86 €	665,00 €	11.305,00 €	310,00
City-Sattelzug	15,50 €	4,50 €	143.406,90 €	665,00 €	8.654,10 €	300,00
Gliederzug	14,00 €	5,50 €	39.316,39 €	665,00 €	1.997,10 €	320,00
Gesamt- & Mittelwerte für ungekühlte LE			429.717,80 €		32.102,20 €	
Gesamt- & Mittelwerte für den Tagbetrieb im Nachtbelieferungsszenario			906.599,05 €		78.043,30 €	

Aufteilung der Fahrzeuge auf gekühlte LE Nachtbetrieb im Nachtbelieferungsszen	Wartungskosten pro 100km	Reifenkosten pro 100km	Wartungs- & Reifenkosten pro Jahr	KFZ-Steuer je Fahrzeug	KFZ-Steuer pro Jahr	Batteriespeicher in kWh
E-LKW 16t Kühler	7,70 €	3,50 €	41.529,60 €	n.a	n.a.	225,00
E-LKW 19t	9,45 €	3,50 €	28.811,16 €	n.a	n.a.	315,00
E-LKW 27t	9,59 €	3,80 €	46.174,61 €	n.a	n.a.	420,00
Gesamt- & Mittelwerte für gekühlte LE			116.515,37 €			

Aufteilung der Fahrzeuge auf ungekühlte LE Nachtbetrieb im Nachtbelieferungssz	Wartungskosten pro 100km	Reifenkosten pro 100km	Wartungs- & Reifenkosten pro Jahr	KFZ-Steuer je Fahrzeug	KFZ-Steuer pro Jahr	Batteriespeicher in kWh
E-LKW 16t	7,70 €	3,50 €	33.794,71 €	n.a.	n.a.	225,00
E-LKW 19t	9,45 €	3,50 €	- €	n.a.	n.a.	315,00
E-LKW 27t	9,59 €	3,80 €	73.854,55 €	n.a.	n.a.	420,00
Gesamt- & Mittelwerte für ungekühlte LE			107.649,27 €			
Gesamt- & Mittelwerte für den Nachtbetrieb im Nachtbelieferungsszenario 1			224.164,64 €			
Gesamt- & Mittelwerte Gesamt im Nachtbelieferungsszenario 1			1.130.763,68 €		78.043,30 €	

Aufteilung der Fahrzeuge auf gekühlte LE Tagbetrieb im Nachtbelieferungsszenar

	Motor+Getriebekosten	km bis zum Austausch	Getriebe Kosten pro km	Motor+Getriebe Kosten pro Jahr
LKW 12t	12.070,00 €		0,010 €	6.337,62 €
LKW 18t	18.460,00 €		0,016 €	6.300,34 €
LKW 26t	22.010,00 €	1.182.867,00	0,019 €	11.729,32 €
City-Sattelzug	21.300,00 €		0,018 €	10.090,66 €
Gliederzug	22.720,00 €		0,019 €	9.436,87 €
Gesamt- & Mittelwerte für gekühlte LE				**43.894,80 €**

Aufteilung der Fahrzeuge auf ungekühlte LE Tagbetrieb im Nachtbelieferungsszer

	Motor+Getriebekosten	km bis zum Austausch	Getriebe Kosten pro km	Motor+Getriebe Kosten pro Jahr
LKW 12t	12.070,00 €		0,010 €	8.357,14 €
LKW 18t	18.460,00 €		0,016 €	-
LKW 26t	22.010,00 €	1.182.867,00	0,019 €	13.635,33 €
City-Sattelzug	21.300,00 €		0,018 €	12.911,71 €
Gliederzug	22.720,00 €		0,019 €	3.872,68 €
Gesamt- & Mittelwerte für ungekühlte LE				**38.776,86 €**
Gesamt- & Mittelwerte für den Tagbetrieb im Nachtbelieferungsszenario				**82.671,66 €**

Berechnung Fahrzeuge für Nachtbetrieb im Nachtbelieferungsszenario 1

- E-LKW 16t
- E-LKW 19t
- E-LKW 27t
- Gesamt

Aufteilung der Fahrzeuge auf gekühlte LE Nachtbetrieb im Nachtbelieferungsszen

	Batteriekosten	km bis zum Austausch	Batteriekosten pro km	Batteriekosten pro Jahr
E-LKW 16t Kühler	58.725,00 €	500.000,00	0,12 €	43.550,46 €
E-LKW 19t	82.215,00 €		0,16 €	36.582,39 €
E-LKW 27t	109.620,00 €		0,22 €	75.603,60 €
Gesamt- & Mittelwerte für gekühlte LE				**155.736,44 €**

Aufteilung der Fahrzeuge auf ungekühlte LE Nachtbetrieb im Nachtbelieferungssz

	Batteriekosten	km bis zum Austausch	Batteriekosten pro km	Batteriekosten pro Jahr
E-LKW 16t	58.725,00 €	500.000,00	0,12 €	35.439,19 €
E-LKW 19t	82.215,00 €		0,16 €	-
E-LKW 27t	109.620,00 €		0,22 €	120.925,11 €
Gesamt- & Mittelwerte für ungekühlte LE				**156.364,30 €**
Gesamt- & Mittelwerte für den Nachtbetrieb im Nachtbelieferungsszenario 1				**312.100,74**
Gesamt- & Mittelwerte Gesamt im Nachtbelieferungsszenario 1				**394.772,41**

Zeit Lager in Std.	Zeit Filiale in Std.	Filialen pro Tour	Zeit Filialen in Std.	km pro Tour innerorts	Zeit innerorts in Std.	km pro Tour außerorts	Zeit außerorts in Std.	Zeit pro Tour in Std.	Gehaltskosten pro Tour	Anzahl Touren pro Jahr	Gehaltskosten pro Jahr
1,08	0,67	3,00	2,00	58,50	1,49			5,11	72,11 €	6.180,00	445.622,03 €
		3,00	2,00	58,50	1,49			5,11	72,11 €	4.017,00	289.654,32 €
		4,00	2,67	78,00	1,99	42,00	0,54	6,28	88,53 €	5.253,00	465.039,54 €
		5,00	3,33	97,50	2,49			7,44	104,95 €	4.017,00	421.582,63 €
		6,00	4,00	117,00	2,99			8,61	121,37 €	3.090,00	375.035,99 €
											1.996.934,52 €

Zeit Lager in Std.	Zeit Filiale in Std.	Filialen pro Tour	Zeit Filialen in Std.	km pro Tour innerorts	Zeit innerorts in Std.	km pro Tour außerorts	Zeit außerorts in Std.	Zeit pro Tour in Std.	Gehaltskosten pro Tour	Anzahl Touren pro Jahr	Gehaltskosten pro Jahr
1,08	0,67	5,00	3,33	97,50	2,49			7,44	104,95 €	5.871,00	616.159,23 €
		5,00	3,33	97,50	2,49	42,00	0,54	7,44	104,95 €	5.253,00	551.300,36 €
		7,00	4,67	136,50	3,48			9,77	137,79 €	4.017,00	553.510,94 €
		9,00	6,00	175,50	4,48			12,10	170,63 €	927,00	158.176,29 €
											1.879.146,81 €
											3.876.083,32 €

Gehaltskosten

Zeit Lager in Std.	Zeit Filiale in Std.	Filialen pro Tour	Zeit Filialen in Std.	km pro Tour innerorts	Zeit innerorts in Std.	km pro Tour außerorts	Zeit außerorts in Std.	Zeit pro Tour in Std.	Gehaltskosten pro Tour	Anzahl Touren pro Jahr	Gehaltskosten pro Jahr
1,08	0,50	4,00	2,00	78,00	1,70			5,32	93,83 €	3.090,00	289.944,56 €
		4,00	2,00	78,00	1,70	42,00	0,53	5,32	93,86 €	1.854,00	174.018,81 €
		5,00	2,50	97,50	2,13			6,25	110,19 €	2.472,00	272.384,84 €
											736.348,21 €

Zeit Lager in Std.	Zeit Filiale in Std.	Filialen pro Tour	Zeit Filialen in Std.	km pro Tour innerorts	Zeit innerorts in Std.	km pro Tour außerorts	Zeit außerorts in Std.	Zeit pro Tour in Std.	Gehaltskosten pro Tour	Anzahl Touren pro Jahr	Gehaltskosten pro Jahr
1,08	0,50	5,00	2,50	97,50	2,13			6,25	110,16 €	2.163,00	238.275,98 €
		5,00	2,50	97,50	2,13	42,00	0,53	6,25			
		7,00	3,50	136,50	2,98			8,10	142,84 €	3.090,00	441.380,44 €
											679.656,42 €
											1.416.004,63 €
											5.292.087,95 €

Berechnung Kosten pro Jahr für Nachtlogistikkonzept 2

Aufteilung der Fahrzeuge auf gekühlte LE Tagbetrieb im Nachtbelieferungsszenar...

	Wartungskosten pro 100km	Reifenkosten pro 100km	Wartungs & Reifenkosten pro Jahr	KFZ-Steuer je Fahrzeug	KFZ-Steuer pro Jahr	Leistung/Batteriespeicher
LKW 12t	11,00 €	3,50 €	- €	534,00 €	- €	170,00
E-LKW 16t	7,70 €	3,50 €	- €	-	- €	225,00
LKW 18t	13,50 €	3,50 €	- €	665,00 €	- €	260,00
E-LKW 19t	9,45 €	3,50 €	28.811,16 €	-	- €	315,00
LKW 26t	13,70 €	3,80 €	123.291,00 €	665,00 €	12.635,00 €	310,00
E-LKW 27t	9,59 €	3,80 €	89.370,22 €	665,00 €	- €	420,00
City-Sattelzug	15,50 €	4,50 €	137.566,80 €	665,00 €	9.319,80 €	300,00
Gliederzug	14,00 €	5,50 €	118.310,69 €	665,00 €	7.322,70 €	320,00
Gesamt- & Mittelwerte für gekühlte LE			497.349,87 €		29.277,50 €	

Aufteilung der Fahrzeuge auf ungekühlte LE Tagbetrieb im Nachtbelieferungsszer...

	Wartungskosten pro 100km	Reifenkosten pro 100km	Wartungs & Reifenkosten pro Jahr	KFZ-Steuer je Fahrzeug	KFZ-Steuer pro Jahr	Leistung/Batteriespeicher
LKW 12t	11,00 €	3,50 €	76.549,34 €	534,00 €	9.078,00 €	170,00
E-LKW 16t	7,70 €	3,50 €	59.127,77 €	-	- €	225,00
LKW 18t	13,50 €	3,50 €	36.954,86 €	665,00 €	4.655,00 €	260,00
E-LKW 19t	9,45 €	3,50 €	- €	-	- €	315,00
LKW 26t	13,70 €	3,80 €	12.978,00 €	665,00 €	1.330,00 €	310,00
E-LKW 27t	9,59 €	3,80 €	- €	-	- €	420,00
City-Sattelzug	15,50 €	4,50 €	103.453,20 €	665,00 €	7.998,40 €	300,00
Gliederzug	14,00 €	5,50 €	19.161,09 €	665,00 €	1.331,40 €	320,00
Gesamt- & Mittelwerte für ungekühlte LE			308.224,26 €		24.382,80 €	

	Wartungskosten pro 100km	Reifenkosten pro 100km	Wartungs & Reifenkosten pro Jahr		KFZ-Steuer pro Jahr	Batteriespeicher in kWh
Gesamt- & Mittelwerte für den Tagbetrieb im Nachtbelieferungsszenario 2			805.574,12 €		53.660,30 €	

Aufteilung der Fahrzeuge auf gekühlte LE Nachtbetrieb im Nachtbelieferungssz...

	Wartungskosten pro 100km	Reifenkosten pro 100km	Wartungs & Reifenkosten pro Jahr
siehe oben bei Nachtbelieferungsszenario 1			116.515,37 €

Aufteilung der Fahrzeuge auf ungekühlte LE Nachtbetrieb im Nachtbelieferungssz...

	Wartungskosten pro 100km	Reifenkosten pro 100km	Wartungs & Reifenkosten pro Jahr
siehe oben bei Nachtbelieferungsszenario 1			107.649,27 €

			Batteriespeicher in kWh
Gesamt- & Mittelwerte für den Nachtbetrieb im Nachtbelieferungsszenario 2			224.164,64
Gesamt- & Mittelwerte Gesamt im Nachtbelieferungsszenario 2		1.029.738,76	53.660,30

Aufteilung der Fahrzeuge auf gekühlte LE Tagbetrieb im Nachtbelieferungsszenar

	Motor-/Batteriekosten	km bis zum Tausch/Batteriekosten pro km	Motor-/Batteriekosten pro km	Motor-/Batteriekosten pro Jahr
LKW 12t	12.070,00	1.182.867,00	0,010 €	- €
E-LKW 16t	58.725,00	500.000,00	0,117 €	- €
LKW 18t	18.460,00	1.182.867,00	0,016 €	- €
E-LKW 19t	82.215,00	500.000,00	0,164 €	36.582,39 €
LKW 26t	22.010,00	1.182.867,00	0,019 €	13.109,24 €
E-LKW 27t	109.620,00	500.000,00	0,219 €	146.329,55 €
City-Sattelzug	21.300,00	1.182.867,00	0,018 €	12.385,89 €
Gliederzug	22.720,00	1.182.867,00	0,019 €	11.653,65 €
Gesamt- & Mittelwerte für gekühlte LE				**220.060,71 €**

Aufteilung der Fahrzeuge auf ungekühlte LE Tagbetrieb im Nachtbelieferungsszer

	Motor-/Batteriekosten	km bis zum Tausch/Batteriekosten pro km	Motor-/Batteriekosten pro km	Motor-/Batteriekosten pro Jahr
LKW 12t	12.070,00	1.182.867,00	0,010 €	5.386,97 €
E-LKW 16t	58.725,00	500.000,00	0,117 €	62.004,97 €
LKW 18t	18.460,00	1.182.867,00	0,016 €	3.392,49 €
E-LKW 19t	82.215,00	500.000,00	0,164 €	- €
LKW 26t	22.010,00	1.182.867,00	0,019 €	1.379,92 €
E-LKW 27t	109.620,00	500.000,00	0,219 €	- €
City-Sattelzug	21.300,00	1.182.867,00	0,018 €	9.314,46 €
Gliederzug	22.720,00	1.182.867,00	0,019 €	1.887,37 €
Gesamt- & Mittelwerte für ungekühlte LE				**83.366,18 €**

Gesamt- & Mittelwerte für den Tagbetrieb im Nachtbelieferungsszenario 2				**303.426,89 €**

Aufteilung der Fahrzeuge auf gekühlte LE Nachtbetrieb im Nachtbelieferungsszer

	Batteriekosten	km bis zum Austausch	Batteriekosten pro km	Batteriekosten pro Jahr
siehe oben bei Nachtbelieferungsszenario 1				155.736,44 €

Aufteilung der Fahrzeuge auf ungekühlte LE Nachtbetrieb im Nachtbelieferungss

	Batteriekosten	km bis zum Austausch	Batteriekosten pro km	Batteriekosten pro Jahr
siehe oben bei Nachtbelieferungsszenario 1				156.364,30

Gesamt- & Mittelwerte für den Nachtbetrieb im Nachtbelieferungsszenario 2				**312.100,74**
Gesamt- & Mittelwerte Gesamt im Nachtbelieferungsszenario 2				**615.527,63**

Zeit Lager in Std.	Zeit Filiale in Std.	Filialen pro Tour	Zeit Filialen in Std.	km pro Tour innerorts	Zeit innerorts in Std.	km pro Tour außerorts	Zeit außerorts in Std.	Zeit pro Tour in Std.	Gehaltskosten pro Tour	Anzahl Touren pro Jahr	Gehaltskosten pro Jahr
											- €
											- €
											- €
											- €
1,08	0,67	4,00	2,67	78,00	1,99	42,00	0,54	6,28	88,53 €	1.854,00	164.131,69 €
		4,00	2,67	78,00	1,99			6,28	88,53 €	5.871,00	519.750,08 €
		4,00	2,67	78,00	1,99			6,28	88,53 €	5.562,00	492.394,81 €
		6,00	4,00	117,00	2,99			8,61	121,37 €	4.326,00	525.050,38 €
		7,00	4,67	136,50	3,48			9,77	137,79 €	3.399,00	468.355,41 €
											2.169.682,28 €

Zeit Lager in Std.	Zeit Filiale in Std.	Filialen pro Tour	Zeit Filialen in Std.	km pro Tour innerorts	Zeit innerorts in Std.	km pro Tour außerorts	Zeit außerorts in Std.	Zeit pro Tour in Std.	Gehaltskosten pro Tour	Anzahl Touren pro Jahr	Gehaltskosten pro Jahr
		3,00	2,00	58,50	1,49			5,11	72,11 €	5.253,00	378.778,73 €
		3,00	2,00	58,50	1,49			5,11	72,11 €	5.253,00	378.778,73 €
		3,00	2,00	58,50	1,49			5,11	72,11 €	2.163,00	155.967,71 €
											- €
1,08	0,67	4,00	2,67	78,00	1,99	42,00	0,54	6,28	88,53 €	618,00	54.710,53 €
											- €
		5,00	3,33	97,50	2,49			7,44	104,95 €	3.708,00	389.153,20 €
		6,00	4,00	117,00	2,99			8,61	121,37 €	618,00	75.007,20 €
											1.432.396,10 €

Zeit Lager in Std.	Zeit Filiale in Std.	Filialen pro Tour	Zeit Filialen in Std.	km pro Tour innerorts	Zeit innerorts in Std.	km pro Tour außerorts	Zeit außerorts in Std.	Zeit pro Tour in Std.	Gehaltskosten pro Tour	Anzahl Touren pro Jahr	Gehaltskosten pro Jahr
											3.602.078,38 €

Zeit Lager in Std.	Zeit Filiale in Std.	Filialen pro Tour	Zeit Filialen in Std.	km pro Tour innerorts	Zeit innerorts in Std.	km pro Tour außerorts	Zeit außerorts in Std.	Zeit pro Tour in Std.	Gehaltskosten pro Tour	Anzahl Touren pro Jahr	Gehaltskosten pro Jahr
											679.656,42
											736.340,21 €

											1.416.004,63
											5.018.083,01

Anhang 21: Dateneingabe Visual PROMETHEE

Drei Dimensionen	EV ne	CO2	FV	NOx	PM10	VS	LÄ	VF	SL	FE	IV	P
Unit	kWh/Jahr/t	kg/Jahr/t	m³/Jahr/t	kg/Jahr/t	g/Jahr/t	5-point	5-point	5-point	5-point	%	Euro/t	5-point
Cluster/Group	♦	♦	♦	●	●	●	●	●	■	■	■	■
Preferences												
Min/Max	max	max	max	max	max	max	max	max	max	max	min	max
Weight	11,11	11,11	11,11	6,67	6,67	6,67	6,67	6,67	8,33	8,33	8,33	8,33
Preference Fn.	V-shape	V-shape	V-shape	V-shape	V-shape	Usual	Usual	Usual	Usual	Linear	V-shape	Usual
Thresholds	absolute	absolute	absolute	absolute	absolute	absolute	absolute	absolute	absolute	absolute	absolute	absolute
- Q: Indifference	n/a	n/a	n/a	n/a	n/a	n/a	n/a	n/a	n/a	2,50	n/a	n/a
- P: Preference	6,50	3,506	7780,27	0,009	0,924	n/a	n/a	n/a	n/a	7,88	€ 748,21	n/a
- S: Gaussian	n/a	n/a	n/a	n/a	n/a	n/a	n/a	n/a	n/a	n/a	n/a	n/a
Statistics												
Minimum	6,68	1,213	-2548,97	0,009	-0,028	4,00	4,00	4,00	1,00	76,63	€ 14,32	3,00
Maximum	84,04	23,826	160766,71	0,051	15,745	4,00	5,00	4,00	5,00	95,61	€ 1.334,46	4,00
Average	28,14	8,060	40958,29	0,023	4,211	4,00	4,25	4,00	4,00	84,70	€ 532,05	3,75
Standard Dev.	32,37	9,188	69219,53	0,016	6,668	0,00	0,43	0,00	1,73	6,91	€ 554,62	0,43
Evaluations												
UCC	84,04	23,826	160766,71	0,051	15,745	good	good	good	very good	95,61	€ 1.334,46	good
NaLog 1	6,68	1,213	-2548,97	0,009	-0,028	good	good	good	very good	84,51	€ 14,32	average
NaLog 2	13,38	2,483	871,49	0,018	0,229	good	very good	good	very bad	82,07	€ 16,90	good
ULS	8,47	4,719	4743,91	0,015	0,897	good	good	good	very good	76,63	€ 762,52	good

Literatur

Literarische Quellen

Andes, L. (2019). *Methodensammlung zur Nachhaltigkeitsbewertung – Grundlagen, Indikatoren, Hilfsmittel.* Karlsruher Institut für Technologie KIT.

Arndt, W.-H. (2007). Modellierung im Wirtschaftsverkehr – Überblick über Modellansätze im Wirtschaftsverkehr. In C. Nobis & B. Lenz (Hrsg.), *Wirtschaftsverkehr: Alles in Bewegung? Studien zur Mobilitäts- und Verkehrsforschung* (S. 169–192). Verlag MetaGis Infosysteme.

Ballantyne, E., & Lindholm, M. (2014). Identifying the need for freight to be included in local authority transport planning. In J. Gonzalez-Feliu, J.-L. Routhier, & F. Semet (Hrsg.), *Sustainable urban logistics: Concepts, methods and information systems* (S. 37–48). Springer.

Banville, C., Landry, M., Martel, J. M., & Boulaire, C. (1998). A stakeholder approach to MCDA. *Systems Research and Behavioral Science, 15*(1), 15–32.

Baum, H., Thiele, P., & Schulz, W. (1996). *City Logistik Köln – Gesamtwirtschaftliche Bewertung mit Nutzen-Kosten-Analysen.* Industrie- und Handelskammer zu Köln.

Boudin, D., Morel, C., & Gardat, M. (2014). Supply chains and urban logistics platforms. In J. Gonzalez-Feliu, J.-L. Routhier, & F. Semet (Hrsg.), *Sustainable urban logistics: Concepts, methods and information systems* (S. 1–20). Springer.

Böhl, B., Mausa, I., Kloppe, U., & Brückner, B. (2007). Städtischer Liefer- und Ladeverkehr – eine Analyse der kommunalen Praktiken zur Entwicklung eines Instrumentariums für die StVO. In BASt (Hrsg.), *Berichte der Bundesanstalt für Straßenwesen Heft V 151.* Verlag für neue Wissenschaft GmbH.

Brenke, K., & Müller, K.-U. (2013). Gesetzlicher Mindestlohn: Kein verteilungspolitisches Allheilmittel. *DIW Wochenbericht, 80*(39), 3–17.

Browne, M., Allen, J., Nemoto, T., & Visser, J. (2010). Light goods vehicles in urban areas. *Procedia – Social and Behavioral Sciences, 2*(3), 5911–5919

Bundesanstalt für Straßenwesen (BASt). (2016). *Geschwindigkeiten auf Bundesautobahnen in den Jahren 2010 bis 2014.* Bergisch Bundesanstalt für Straßenwesen

© Der/die Herausgeber bzw. der/die Autor(en), exklusiv lizenziert an Springer Fachmedien Wiesbaden GmbH, ein Teil von Springer Nature 2024
A. Goudz und R. Pieszek, *Innovative Stadt-Logistik,*
https://doi.org/10.1007/978-3-658-44136-4

Bundesministerium für Verkehr und digitale Infrastruktur. (2021). *Richtlinie über die Förderung von leichten und schweren Nutzfahrzeugen mit alternativen, klimaschonenden Antrieben und dazugehöriger Tank- und Ladeinfrastruktur. Richtlinie KsNI.* Bundesministerium für Verkehr und digitale Infrastruktur.

BundesverBd Güterkraftverkehr Logistik und Entsorgung (BGL) e. V.(2021). *Klimaschutz in Logistik und Straßengüterverkehr.* ERLING Verlag GmbH & Co. KG.

Bundesvereinigung Logistik (BVL) Österreich, Bundesvereinigung Logistik (BVL) e. V. (2014). *Grünbuch – Nachhaltige Logistik in urbanen Räumen.* Eigenverlag Bundesvereinigung Logistik Österreich.

Crainic, T. G., Ricciardi, N., & Storchi, G. (2009). Models for evaluating and planning city logistics systems. *Transportation Science, 43,* 432–454.

Dablanc, L. (2014). Logistics sprawl and urban freight planning issues in a major gateway city. In J. Gonzalez-Feliu, J.-L. Routhier, & F. Semet (Hrsg.), *Sustainable urban logistics: Concepts, methods and information systems* (S. 49–69). Springer.

Deckert, C. (2016). CSR und Logistik – Spannungsfelder Green Logistics und City Logistik. In Schmidpeter, R. (Hrsg.), *Management-Reihe corporate social responsibility.* Springer Gabler.

Deutsche Verkehrs-Zeitung (DVZ). (2020). *Fahrerlöhne Report 2020.* DVV Media Group GmbH.

Erd, J. (2015). *Stand und Entwicklung von Konzepten zur City-Logistik.* Springer Fachmedien Wiesbaden.

Union, E. (2022). *Statistical pocketbook 2022 – EU Transport in figures.* Publications Office oft he European Union.

Fraunhofer-Institut für Materialfluss und Logistik IML. (2017). *Potenziale einer geräuscharmen Nachtlogistik – Ergebnisse und Handlungsempfehlungen des Forschungsprojekts GENALOG.* Fraunhofer.

Frenz, W. und Unnerstall, H. (1999). *Nachhaltige Entwicklung im Europarecht – Theoretische Grundlagen und rechtliche Ausformung.* Nomos-Verl.-Ges.

Geiger, C. (2013). Logistikdienstleister. In U. Clausen & C. Geiger (Hrsg.), *Verkehrs- und Transportlogistik* (2. Aufl., S. 61–70). Springer.

Geldermann, J., Zhang, R., & Rentz, O. (2003). Sensitivitätsanalysen für das Outranking-Verfahren PROMETHEE. In W. Habenicht, B. Scheubrein, & R. Scheibrein (Hrsg.), *Multi-Criteria- und Fuzzy-Systeme in Theorie und Praxis: Lösungsansätze für Entscheidungsprobleme mit komplexen Zielsystemen* (S. 127–151). Deutscher Universitätsverlag.

Geldermann, J., & Lerche, N. (2014). *Leitfaden zur Anwendung von Methoden der multikriteriellen Entscheidungsunterstützung.* Georg-August-Universität Göttingen.

Ghaffarpasand, O. Beddows, D., Ropkins, K., & Pope, F. (2020). Real-world assessment of vehicle air pollutant emissions subset by vehicle type, fuel and EURO class: New findings from the recent UK EDAR field campaigns, and implications for emissions restricted zones. *Science of The Total Environment, 734*(139416).

Grimble, R., & Wellard, K. (1997). Stakeholder methodologies in natural resource management: A review of principles, contexts, experiences and opportunities. *Agricultural Systems, 55*(2), 173–193.

Grunwald, A., & Kopfmüller J. (2022). *Nachhaltigkeit* (3. aktualisierte und erweiterte Aufl.). Campus.

Haller, S. (2010). *Dienstleistungsmanagement – Grundlagen – Konzepte – Instrumente* (4. aktualisierte Aufl.). Gabler I GWV Fachverlage GmbH.

von Hauff, M. (2014). *Nachhaltige Entwicklung – Grundlagen und Umsetzung* (2. aktualisierte Aufl.). Oldenbourg Wissenschaftsverlag GmbH.

Von Hauff, M. (1987). *Unsere gemeinsame Zukunft – Der Brundtland-Bericht der Weltkommission für Umwelt und Entwicklung.* Eggenkamp (Original: WCED: Our Common Future; Oxford 1987).

Kaupp, M. (1997). *City-Logistik als kooperatives Güterverkehrsmanagement.* Gabler, Deutscher Universitäts-Verlag.

Korby, W. (2005). *Fundamente: Kursthemen. Städtische Räume im Wandel.* Klett-Perthes Verlag.

Lawrence, S., Sokhi, R., & Ravindra, K. (2016). Quantification of vehicle fleet PM10 particulate matter emission factors from exhaust and non-exhaust sources using tunnel measurement techniques. *Environmental Pollution, 210,* 419–428.

Leonardi, J., Browne, M., Allen, J., Bohne, S., & Ruesch, M. (2014). Best practice factory for freight transport in Europe: Demonstrating how 'Good' urban freight cases are improving business profit and public sectors benefits. *Procedia – Social and Behavioral Sciences, 125,* 84–98

Lindholm, M. (2012). *Enabling sustainable development of urban freight from a local authority perspective.* Department of Technology Management and Economics, Chalmers University of Technology.

Link, S., Plötz, P., Griener, J., & Moll, C. (2021). *Lieferverkehr mit Batterie-Lkw: Machbarkeit 2021 – Fallbeispiel REWE Group – Region Nordost.* Fraunhofer-Institut für System- und Innovationsforschung ISI.

Maibach, M., Ickert, & L., Sutter, D. (2016). *Volkswirtschaftliche Aspekte und Auswirkungen des Projekts Cargo Sous Terrain (CST).* INFRAS – Forschung und Beratung.

Mareschal, B., & Brans, J. (2005). Promethee methods. In J. Figueira, S. Greco, & M. Ehrgott (Hrsg.), *Multiple criteria decision analysis – State of the art surveys* (S. 163–186). Springer Science + Business Media Inc.

Meadows, D. H., Meadows, D. L., Randers, J., Behrens, W. W. (1972). The Limits to Growth - a Report for the Club of Rome's Project on the Predicament of Mankind. New York: Universe Books.

Melo, S., & Costa, Á. (2010). Definition of a set of indicators to evaluate the performance of urban goods distribution initiatives. In C. Macharis & S. Melo (Hrsg.), *City distribution and urban freight transport – Multiple perspectives* (S. 120–147). Elgar.

Morana, J. (2014). Sustainable supply chain management in urban logistics. In J. Gonzalez-Feliu, J.-L. Routhier, & F. Semet (Hrsg.), *Sustainable urban logistics: Concepts, methods and information systems* (S. 21–35). Springer.

Nathanail, E., Mitropoulos, L., Karakikes, I., & Adamos, G. (2018). Sustainability framework for assessing urban freight transportation measures. *Logistics & Sustainable Transport, 9*(2), 16–36.

Petersohn, H. (2009). *Data Mining – Verfahren, Prozesse, Anwendungsarchitektur.* Oldenbourg Wissenschaftsverlag.

Porsche, L., Steinführer, A., & Sondermann, M. (2019). *Kleinstadtforschung in Deutschland – Stand, Perspektiven und Empfehlungen. Arbeitsberichte der ARL Bd. 28.* Verlag der Akademie für Raumforschung und Landesplanung (ARL).

Pufé, I. (2017). *Nachhaltigkeit* (3. überarbeitete und erweiterte Aufl.). UVK Verlagsgesellschaft mbH.

Quak, H. J. (2008). *Sustainability of urban freight transport – Retail distribution and local regulations in cities.* Erasmus Research Institute of Management (ERIM).

Quak, H. (2010). Urban freight transport: The challenge of sustainability. In C. Macharis & S. Melo (Hrsg.), *City distribution and urban freight transport – Multiple perspectives* (S. 37–55). Elgar.

Rink, D. (2018). Nachhaltige Stadt. In D. Rink & A. Haase (Hrsg.), *Handbuchstadtkonzepte. Analysen, Diagnosen, Kritiken und Visionen.* Budrich.

Rosenberger, K. (2021). Mobilitätsmuster im Personenwirtschaftsverkehr. In H. Flämig & C. Gertz (Hrsg.), *Harburger Berichte zur Verkehrsplanung 23.* Institut für Verkehrsplanung und Logistik TU Hamburg.

Rumscheidt, S. (2019). Die letzte Meile als Herausforderung für den Handel. *ifo Schnelldienst, 72*(1), 46–49.

Schimpf, A., & Melz, S. (2016). Angemessenheit von Zuschlägen für Nachtarbeit. *Monatsschrift für Deutsches Recht, 70*(9), 489–494.

Schnieder, M., Hinde, C., & West, A. (2020). Review and development of a land consumption evaluation method based on the time-area concept of last mile delivery using real delivery trip data. *Sustainability (Switzerland), 12*(24), 1–21.

Schubert, K., & Klein, M. (2020). *Das Politiklexikon – Begriffe. Fakten. Zusammenhänge* (7., aktualisierte und erweiterte Aufl.). Verlag J.H.W. Dietz Nachf.

Schulte, C. (2013). *Logistik – Wege zur Optimierung der Supply Chain* (6. überarbeitete und erweiterte Aufl.). Vahlen.

Schwerdtfeger, W. (1976). *Städtischer Lieferverkehr – Bestimmungsgründe, Umfang und Ablauf des Lieferverkehrs von Einzelhandels- und Dienstleistungsbetrieben.* Institut für Stadtbauwesen. TU Braunschweig.

Stewig, R. (1988). Landflucht und Verstädterung. In U. Steinbach & R. Robert (Hrsg.), *Der Nahe und Mittlere Osten* (S. 479–487). Springer Fachmedien Wiesbaden.

Strauß, S. (1997). City-Logistik: Ein Instrument zur Verringerung des städtischen Güterverkehrs. In Universität Kassel – Institut für Verkehrswesen FG Verkehrssysteme und -planung (Hrsg.), *Schriftenreihe Verkehr*, Heft 7. Papierflieger.

Taniguchi, E., Thompson, R. G., Yamada, T., & van Duin, R. (2001). *City logistics: Network modelling and intelligent transport systems.* Pergamon.

Taniguchi, E. (2014). Concepts of city logistics for sustainable and liveable cities. *Procedia – Social and Behavioral Sciences, 151*, 310–317.

Taniguchi, E., & Tamagawa, D. (2005). Evaluating city logistics measures considering the behavior of several stakeholders. *Journal of the Eastern Asia Society for Transportation Studies, 6*, 3062–3076.

Vaghi, C., & Percoco, M. (2011). City logistics in Italy: Success factors and environmental performance. In C. Macharis & S. Melo (Hrsg.), *City distribution and urban freight transport – Multiple perspectives* (S. 151–175). Elgar.

Visser, J., Allen, J., Browne, M., Holguín-Veras, J., & Ng, J. (2018). Light Commercial Vehicles (LCVs) in Urban Areas, Revisited. In E. Taniguchi, & R. Thompson (Hrsg.), *City logistics 1 – New opportunities and challenges.* ISTE Ltd.

Winter, K. (2013). Logistikdienstleistung. In U. Clausen & C. Geiger (Hrsg.), *Verkehrs- und Transportlogistik* (2. Aufl.). Springer.

Wittenbrink, P. (2015). *Green Logistics – Konzept, aktuelle Entwicklungen und Handlungsfelder zur Emissionsreduktion im Transportbereich.* Springer Gabler.

Wolpert, S. (2013). *City Logistik – Bestandsaufnahme relevanter Projekte des nachhaltigen Wirtschaftsverkehrs in Zentraleuropa.* Fraunhofer.

Internetquellen

ADAC. (2022). Ford Transit Kastenwagen 350 L4 2.0 EcoBlue Trend Allrad (ab 11/19). https://www.adac.de/rund-ums-fahrzeug/autokatalog/marken-modelle/ford/transit/7ge neration-facelift/308231/#technische-daten. Zugegriffen: 8. Dez. 2022.

ADAC. (2023). Spritpreis-Entwicklung: Benzin- und Dieselpreise seit 1950. https://www. adac.de/verkehr/tanken-kraftstoff-antrieb/deutschland/kraftstoffpreisentwicklung/#spritp reise-die-letzten-24-monate. Zugegriffen: 29. Jan. 2023.

Agora Verkehrswende. (2020). Städte in Bewegung. Zahlen, Daten, Fakten zur Mobilität in 35 deutschen Städten. https://www.agora-verkehrswende.de/fileadmin/Projekte/2020/ Staedteprofile/Agora-Verkehrswende_Bewegung_in_Staedten_1-2.pdf. Zugegriffen: 2. Febr. 2023.

Allen, J., Thorne, G., & Browne, M. (2007). BESTUFS – Praxisleitfaden für den städtischen Güterverkehr. https://www.eltis.org/sites/default/files/trainingmaterials/german_bestufs_ guide.pdf. Zugegriffen: 9. Okt. 2022.

Andruetto, C., Mårtensson, J., von Wieding, S., & Pernestål, A. (2014). A framework for holistic sustainability assessment of urban logistics concepts. https://ssrn.com/abstract= 4034714. Zugegriffen: 16. Nov. 2022.

Allianz pro Schiene e. V. (2021). Lkw-Verkehr in Deutschland erreicht Rekord. https://www. allianz-pro-schiene.de/presse/pressemitteilungen/lkw-verkehr-in-deutschland-erreicht-rekord/#:~:text=Dezember%202021.,6%20auf%2018%2C0%20Prozent.   Zugegriffen: 22. Okt. 2022.

Bayerische Staatskanzlei. (1998). Gemeindeordnung für den Freistaat Bayern (Gemeindeordnung – GO). https://www.gesetze-bayern.de/Content/Document/BayGO. Zugegriffen: 12. Sept. 2022.

BBSR. (o. J.a). Laufende Raumbeobachtung – Raumabgrenzungen: Gemeinden und Gemeindeverbände. https://www.bbsr.bund.de/BBSR/DE/forschung/raumbeobachtung/ Raumabgrenzungen/deutschland/gemeinden/gemeinden-gemeindeverbaende/gemein den.html. Zugegriffen: 12. Sept. 2022.

BBSR. (o. J. b). Laufende Raumbeobachtung – Raumabgrenzungen: Stadt- und Gemeindetypen in Deutschland. https://www.bbsr.bund.de/BBSR/DE/forschung/raumbeobacht ung/Raumabgrenzungen/deutschland/gemeinden/StadtGemeindetyp/StadtGemeindetyp. html. Zugegriffen: 12. Sept. 2022.

BDEW. (2022). BDEW-Strompreisanalyse Dezember 2022. https://www.bdew.de/service/ daten-und-grafiken/bdew-strompreisanalyse/. Zugegriffen: 16. Dez. 2022.

Bergische Universität Wuppertal. (2019). Verkehrswende im städtischen Güterverkehr – Wo stehen wir. https://www.gut.uni-wuppertal.de/de/aktuelles/ansicht/verkehrswende-im-sta edtischen-wirtschaftsverkehr-wo-stehen-wir/. Zugegriffen: 9. Okt. 2022.

BMZ. (2022a). Klimaabkommen von Paris. https://www.bmz.de/de/service/lexikon/klimaa bkommen-von-paris-14602. Zugegriffen: 18. Juli 2022.

BMZ. (2022b). Nachhaltigkeit (nachhaltige Entwicklung). https://www.bmz.de/de/service/lexikon/nachhaltigkeit-nachhaltige-entwicklung-14700. Zugegriffen: 26. Juli 2022.

BMDV. (2022). Amtliche Güterkraftverkehrsstatistik. https://www.bmdv.bund.de/SharedDocs/DE/Artikel/G/amtliche-gueterkraftverkehrsstatistik.html. Zugegriffen: 20. Okt. 2022.

BPA. (2022). Globale Nachhaltigkeitsstrategie – Nachhaltigkeitsziele verständlich erklärt. https://www.bundesregierung.de/breg-de/themen/nachhaltigkeitspolitik/nachhaltigkeits ziele-verstaendlich-erklaert-232174. Zugegriffen: 18. Juli 2022.

Bundesministerium für Umwelt, Naturschutz und nukleare Sicherheit (BMU), Umweltbundesamt (UBA). (2019). Nachhaltige Urbane Logistik. https://www.bmu.de/fileadmin/Daten_BMU/Pools/Broschueren/urbane_logistik.pdf. Zugegriffen: 17. Dez. 2021.

Bundesregierung. (2021). Beschlüsse für mehr Tempo beim Klimaschutz. https://www.bundesregierung.de/breg-de/themen/klimaschutz/globaler-klimaschutz-1974042. Zugegriffen: 17. Dez. 2021.

BundesverBd Paket & Expresslogistik e. V. (2018). KEP-Studie 2018 – Analyse des Marktes in Deutschland. https://www.biek.de/download.html?getfile=BIEK_KEP-Studie_2018.pdf. Zugegriffen: 22. Okt. 2022.

BundesverBd Paket & Expresslogistik e. V. (2022). KEP-Studie 2022 – Analyse des Marktes in Deutschland. https://www.biek.de/files/biek/downloads/papiere/BIEK_KEP-Studie_2022.pdf. Zugegriffen: 22. Okt. 2022.

Bundesvereinigung Logistik e. V. (2018). Emissionen in der Logistik. https://www.bvl.de/themenkreise/urbane-logistik/factsheet-emissionen-in-der-logistik. Zugegriffen: 27. Okt. 2022.

Burgert, T. (2021). Volvo: E-Lkw werden mit akustischen Signalen ausgestattet. https://www.verkehrsrundschau.de/nachrichten/nfz-fuhrpark/volvo-e-lkw-werden-mit-akustischen-signalen-ausgestattet-2969740. Zugegriffen: 16. Jan 2023.

Bürger. (2021). Ein Quadratmeter Logistikfläche kostet 1.220 €. https://www.portfolio-institutionell.de/ein-quadratmeter-logistik-in-deutschland-kostet-1-220-euro/. Zugegriffen: 9. Dez. 2022.

Carolwitz, H. K. (1732). Sylvicultura Oeconomica: Hausswirthliche Nachricht und Naturmässige Anweisung zur Wil-den Baum-Zucht. (Veröffentlichungen der Bibliothek „G. Agricola" der TU Bergakademie Freiberg).

Center Automotive Research (CAR). (2020). Mehr Autos in Deutschland unterwegs. https://www.car-future.com/de/research-results/. Zugegriffen: 18. Dez. 2021.

DAAD. (2022). Die Agenda 2030 und die SDGs. https://www.daad.de/de/der-daad/was-wir-tun/nachhaltigkeit/die-agenda-2030-und-die-sdgs/. Zugegriffen: 26. Juli 2022.

Daimler Truck AG. (2022a). Der E-Actros und seine Services. https://www.mercedes-benz-trucks.com/de_DE/emobility/world/our-offer/eactros-and-services.html. Zugegriffen: 14. Dez. 2022.

Daimler Truck AG. (2022b). Verteilerverkehr – Actros 1835 L 4x2. https://www.mercedes-benz-trucks.com/de_DE/buy/mercedes-benz-truck-experience/verteilerverkehr/actros-5-1835-l-4x2-pritschenaufbau.html. Zugegriffen: 14. Dez. 2022.

Daimler Truck AG. (2022c). Atego 1223 L/nR 4x2. https://toc.mercedes-benz-trucks.com/de/2713op7f. Zugegriffen: 14. Dez. 2022.

Daimler Truck AG. (2022d). Actros 1835 L/nR 4x2. https://toc.mercedes-benz-trucks.com/de/mvtejklr. Zugegriffen: 14. Dez. 2022.

Daimler Truck AG. (2022e). Actros 2542 L/nR 6x2. https://toc.mercedes-benz-trucks.com/de/0gvgfoww. Zugegriffen: 14. Dez. 2022.

DB Cargo AG. (2021). Pasta-Express: Wie Corona die Logistik verändert(e). https://www.dbcargo.com/rail-de-de/logistik-news/wie-corona-die-logistik-veraenderte-corona-pandemie-krise-6329824. Zugegriffen: 21. Okt. 2022.

DESTATIS. (o. D.). Straßenverkehr: EU-weite CO2-Emissionen seit 1990 um 29 % gestiegen. https://www.destatis.de/Europa/DE/Thema/Umwelt-Energie/CO2_Strassenverkehr.html. Zugegriffen: 27. Jan. 2023.

DESTATIS. (2022a). Gemeindeverzeichnis – Alle politisch selbständigen Gemeinden mit ausgewählten Merkmalen am 31.12.2021 (4. Quartal). https://www.destatis.de/DE/Themen/Laender-Regionen/Regionales/Gemeindeverzeichnis/Administrativ/Archiv/GVA uszugQ/AuszugGV4QAktuell.html. Zugegriffen: 12. Sept. 2022.

DESTATIS. (2022b). Verkehrsunfälle – Unfälle von Güterkraftfahrzeugen im Straßenverkehr 2020. https://www.destatis.de/DE/Themen/Gesellschaft-Umwelt/Verkehrsunfaelle/Publikationen/Downloads-Verkehrsunfaelle/unfaelle-gueterkraftfahrzeuge-5462410207004.pdf?__blob=publicationFile. Zugegriffen: 7. Jan. 2023.

DESTATIS. (2022c). Stromerzeugung im 3. Quartal 2022: 13,3 % mehr Kohlestrom als im Vorjahreszeitraum. https://www.destatis.de/DE/Presse/Pressemitteilungen/2022/12/PD22_518_433.html. Zugegriffen: 13. Dez. 2022.

Deutscher Wetterdienst, Extremwetterkongress. (2021). Was wir heute über das Extremwetter in Deutschland wissen – Stand der Wissenschaft zu extremen Wetterphänomenen im Klimawandel in Deutschland. https://www.dwd.de/DE/klimaumwelt/aktuelle_meldungen/210922/Faktenpapier-Extremwetterkongress_download.pdf;jsessionid=F186D72D2F1353FF163D78D5527C1551.live31093?__blob=publicationFile&v=1. Zugegriffen: 17. Dez. 2021.

Electrify-BW e. V. (2017). Leistung, Energie und Verbrauch. https://nachhaltigmobil.schule/leistung-energie-verbrauch/#:~:text=Benzin%20hat%20einen%20Heizwert%20von,oder%205%2C6%20Liter%20Diesel.. Zugegriffen: 13. Dez. 2022.

Europäische Union EU. (1996). Richtlinie 96/53/EG des Rates vom 25. Juli 1996 zur Festlegung der höchstzulässigen Abmessungen für bestimmte Straßenfahrzeuge im innerstaatlichen und grenzüberschreitenden Verkehr in der Gemeinschaft sowie zur Festlegung der höchstzulässigen Gewichte im grenzüberschreitenden Verkehr. https://eur-lex.europa.eu/legal-content/DE/TXT/?uri=CELEX%3A01996L0053-20190814. Zugegriffen: 20. Dez. 2022.

Ford Motor Company Limited. (2016). Technische Daten Ford Transit Kastenwagen. https://media.ford.com/content/dam/fordmedia/Europe/de/Produkte/Nutzfahrzeuge/Transit/Technische%20Daten_Ford_Transit_Kastenwagen.pdf. Zugegriffen: 8. Dez. 2022.

Ford Motor Company Limited. (2022a). FORD E-TRANSIT. https://www.ford.de/content/dam/guxeu/de/documents/brochures/commercial-vehicles/e-transit/BRO-ford_e_transit.pdf. Zugegriffen: 8. Dez. 2022.

Ford Motor Company Limited. (2022b). Ford E-Transit Kastenwagen LKW 350 (135 kW) L4 H3. https://www.ford.de/shop/konfigurieren/e-transit#/summary?catalogId=WAEDX-TTS-2022-TransitVanDEU202300&bodystyle=CA%23VA&capacity=A1FAC&capacity=SE%23FR&powertrain=DGACA_DR--B_EN-C2_TR-WA&series=ABML3&paint=PN3GZ&features=B3MABincluded&features=BSHDJ&features=AC--Cincluded. Zugegriffen: 8. Dez. 2022.

Geiger, T. (2021). Unterwegs im Mercedes-Benz eActros – Antriebswende bei den Lkws. https://www.elektroautomobil.com/newsbeitrag/fahrbericht-mercedes-eactros/. Zugegriffen: 14. Dez. 2022.

Hägler, M. (2020). Die Zahl der Autos in Deutschland steigt weiter. https://www.suedde utsche.de/wirtschaft/auto-deutschland-anzahl-staedte-1.4940232. Zugegriffen: 18. Dez. 2021.

Hainke, T. (2023). Wieviele Kilowattstunde sind 1 Terajoule? https://www.einheiten-umrech nen.de/einheiten-rechner.php?typ=energie. Zugegriffen: 1. Jan. 2022.

Hausjournal. (o. D.a). Industriehalle – Kosten und Praxisbeispiele. https://www.hausjournal. net/industriehalle-preise. Zugegriffen: 9. Dez. 2022.

Hausjournal. (o. D.b). Bodenplatte pro Quadratmeter – Kosten & Preisbeispiele. https:// www.hausjournal.net/bodenplatte-kosten-pro-quadratmeter. Zugegriffen: 9. Dez. 2022.

Hausjournal. (o. D.c). Hallenbau – Kosten & Praxisbeispiele. https://www.hausjournal.net/ hallenbau-kosten. Zugegriffen: 9. Dez. 2022.

Hebermehl, G., & Seibt, T. (2018). NEUER LKW MERCEDES ACTROS (2019) – Sparsamer, teilautonom, mit Außenspiegel-Kameras. https://www.auto-motor-und-sport. de/news/mercedes-actros-lkw-2019-bilder-daten-marktstart-preis-test/. Zugegriffen: 14. Dez. 2022.

HERE Technologies, BVL.digital. (2020). Accelerating Urban Logistics. https://go.engage. here.com/Accelerating-Urban-Logistics.html. Zugegriffen: 19. Dez. 2022.

Hinterhofer, M. (2014). Anteil der verkehrsbedingten PM10 und PM2,5 Emissionen aus Abrieb und Wiederaufwirbelung an der Feinstaubbelastung in Österreich. https://dig lib.tugraz.at/download.php?id=577a018e25412&location=browse. Zugegriffen: 5. Dez. 2022.

Interporto Padova S.p.A. (2021a). Cityporto Padova – A successful model of citylogi stic. https://www.interportopd.it/files/Presentazioni/Cityporto_Padova_EN_2022.pdf. Zugegriffen: 9. Dez. 2022.

Interporto Padova S.p.A. (2021b). History. https://www.interportopd.it/en/storia/. Zugegrif fen: 15. Jan. 2023.

Kadjik, G., Vermeulen, R., & Ligterink, N. (2017). NOx emissions of eighteen diesel light commercial vehicles. http://resolver.tudelft.nl/uuid:21191e19-2dc7-4468-8559-107 5ed6279f7. Zugegriffen: 4. Dez. 2022.

KBA. (2012). Immer mehr Transporter bis 3,5 Tonnen. https://www.kba.de/DE/Statistik/ Fahrzeuge/Bestand/Groessenklassen/2012/2012_b_groessenklassen_kleintransporter_ pdf.pdf?__blob=publicationFile&v=3. Zugegriffen: 15. Okt. 2022.

KBA. (2018a). Bestand an Kraftfahrzeugen und Kraftfahrzeuganhängern nach Zulassungs bezirken, 1. Januar 2018 (FZ 1). https://www.kba.de/SharedDocs/Downloads/DE/Sta tistik/Fahrzeuge/FZ1/fz1_2018_xls.xls?__blob=publicationFile&v=3. Zugegriffen: 15. Okt. 2022.

KBA. (2018b). Kleintransporter auf Wachstumskurs. https://www.kba.de/DE/Statistik/Fah rzeuge/Bestand/Groessenklassen/2018/2018_b_kurzbericht_groessenklassen_pdf.pdf?_ _blob=publicationFile&v=2. Zugegriffen: 15. Okt. 2022.

KBA. (2022a). Bestand an Kraftfahrzeugen und Kraftfahrzeuganhängern nach Zulassungs bezirken, 1. Januar 2022 (FZ 1). https://www.kba.de/SharedDocs/Downloads/DE/Sta tistik/Fahrzeuge/FZ1/fz1_2022.xlsx?__blob=publicationFile&v=5. Zugegriffen: 15. Okt. 2022.

KBA. (2022b). Güterbeförderung, Jahr 2021 (VD 4). https://www.kba.de/SharedDocs/Dow
nloads/DE/Statistik/Kraftverkehr/VD4/vd4_2021.xlsx?__blob=publicationFile&v=4.
Zugegriffen: 19. Okt. 2022.

Kostencheck. (o. D.). Halle mit 100 qm: Welche Kosten muss man rechnen? https://kosten
check.de/halle-100-qm-kosten. Zugegriffen: 9. Dez. 2022.

Lampen, A., & Schmidt, C. D. (2014). Stadtbegriff. https://www.uni-muenster.de/Staedtege
schichte/portal/einfuehrung/Definitionen.html. Zugegriffen: 12. Sept. 2022.

Landesregierung Brandenburg. (1998). Verfahrensrichtlinie zur Verleihung der Bezeichnung
„Stadt" gem. § 11 Abs. 2 Gemeindeordnung. https://bravors.brandenburg.de/verwaltun
gsvorschriften/vefrl_stadt. Zugegriffen: 12. Sept. 2022.

Landesregierung Brandenburg. (2007). Kommunalverfassung des Landes Brandenburg
(BbgKVerf). https://bravors.brandenburg.de/gesetze/bbgkverf#9. Zugegriffen: 12. Sept.
2022.

Landesregierung Schleswig-Holstein (2003). Gemeindeordnung für Schleswig-Holstein
(Gemeindeordnung – GO -). https://www.gesetze-rechtsprechung.sh.juris.de/jpo
rtal/portal/t/w9v/page/bsshoprod.psml?pid=Dokumentanzeige&showdoccase=1&js_
peid=Trefferliste&documentnumber=1&numberofresults=1&fromdoctodoc=yes&
doc.id=jlr-GemOSH2003V6P59&doc.part=X&doc.price=0.0#jlr-GemOSH2003pP11.
Zugegriffen: 12. Sept. 2022.

Macharis, C., Milan, L., & Verlinde, S. (2012). STRAIGHTSOL Deliverable D3.2 Stakeholders, criteria and weights. http://www.straightsol.eu/deliverables.htm. Zugegriffen: 31.
Okt. 2022.

Mareschal, B. (2013). Visual PROMETHEE. http://en.promethee-gaia.net/assets/vpmanual.
pdf, Zugegriffen: 5. Jan. 2023.

Mareschal, B. (2018). Preference functions and thresholds. http://www.promethee-gaia.net/
FR/assets/preffunctions.pdf. Zugegriffen: 5. Jan. 2023.

Ministerium des Inneren, für Digitalisierung und Kommunen Baden-Württemberg. (2020).
Gemeindeordnung für Baden-Württemberg (Gemeindeordnung – GemO). https://www.
landesrecht-bw.de/jportal/portal/t/nef/page/bsbawueprod.psml?pid=Dokumentanzeige&
showdoccase=1&js_peid=Trefferliste&documentnumber=1&numberofresults=1&fro
mdoctodoc=yes&doc.id=jlr-GemOBWV23IVZ&doc.part=X&doc.price=0.0#focusp
oint. Zugegriffen: 12. Sept. 2022.

Nationale Plattform Zukunft der Mobilität, Bundesministerium für Verkehr und digi-
tale Infrastruktur. (Hrsg.). (2021). AG5 – Ladeinfrastruktur für batterieelektrische
LKW. https://www.plattform-zukunft-mobilitaet.de/wp-content/uploads/2021/04/NPM_
AG5_Ladeinfrastruktur_ELkw.pdf. Zugegriffen: 18. Dez. 2022.

Richter, Z. (2022). how much does it cost to replace a semi-truck engine? https://ratings.fre
ightwaves.com/replace-semi-truck-engine/. Zugegriffen: 18. Dez. 2022.

Ruesch, M., Petz, C., Hegi, P., Haefeli, U., & Rütsche, P. (2013). Handbuch – Güter-
verkehrsplanung in städtischen Gebieten. https://www.rapp.ch/sites/default/files/uploads/
2018-06/RT-NFP54_Handbuch_Gueterverkehr.pdf. Zugegriffen: 2. Okt. 2022.

Sadler, L. (2022). Padua – Verkehrsberuhigte Zone. https://de.urbanaccessregulations.eu/cou
ntries-mainmenu-147/italy-mainmenu-81/veneto/padova-ar. Zugegriffen: 3. Jan. 2023.

Staatsministerium Baden-Württemberg. (2022). Tamm wird 315. Stadt im Land. https://
www.baden-wuerttemberg.de/de/service/presse/pressemitteilung/pid/tamm-wird-315-
stadt-im-land/. Zugegriffen: 12. Sept. 2022.

Statistisches Bundesamt. (2021a). 18 % weniger Fahrgäste in Bussen und Bahnen im 1. Halbjahr 2021. https://www.destatis.de/DE/Presse/Pressemitteilungen/2021/09/PD21_444_461.html. Zugegriffen: 18. Dez. 2021.

Statistisches Bundesamt. (2021b). 18 % weniger Fahrgäste in Bussen und Bahnen im 1. Halbjahr 2021. https://www.destatis.de/DE/Presse/Pressemitteilungen/2021/09/PD21_N054_13.html. Zugegriffen: 18. Dez. 2021.

TBV Kühlfahrzeuge GmbH. (o. D.). Kofferrohling ohne Fahrgestell. https://www.tbv-kuehlf ahrzeuge.de/fahrzeug/kuehlkoffer-marke-tbv-rohling-3/. Zugegriffen: 14. Dez. 2022.

Umweltbundesamt. (2021). Lärmwirkungen. https://www.umweltbundesamt.de/themen/ver kehr-laerm/laermwirkungen#gehorschaden-und-stressreaktionen. Zugegriffen: 28. Okt. 2022.

Umweltbundesamt (UBA). (2021a). Mobilität privater Haushalte. https://www.umweltbun desamt.de/daten/private-haushalte-konsum/mobilitaet-privater-haushalte#verkehrsleis tung-im-personentransport. Zugegriffen: 18. Dez. 2021.

Umweltbundesamt. (2022a). Feinstaub. https://www.umweltbundesamt.de/themen/luft/luf tschadstoffe-im-ueberblick/feinstaub#undefined. Zugegriffen: 27. Jan. 2023.

Umweltbundesamt. (2022b). Straßenverkehrslärm. https://www.umweltbundesamt.de/the men/verkehr-laerm/verkehrslaerm/strassenverkehrslaerm#gerauschbelastung-im-strass enverkehr. Zugegriffen: 26. Jan. 2023.

Umweltbundesamt. (2022c). CO_2-Emissionen pro Kilowattstunde Strom steigen 2021 wie-der an. https://www.umweltbundesamt.de/themen/co2-emissionen-pro-kilowattstunde-strom-steigen. Zugegriffen: 3. Dez. 2022.

Umweltbundesamt. (2022d). Spezifische Emissionsfaktoren für den deutschen Strommix. https://www.umweltbundesamt.de/themen/luft/emissionen-von-luftschadstoffen/spezif ische-emissionsfaktoren-fuer-den-deutschen. Zugegriffen: 4. Dez. 2022.

Umweltbundesamt. (2022e). Stickstoffoxid-Emissionen. https://www.umweltbundesamt.de/ daten/luft/luftschadstoff-emissionen-in-deutschland/stickstoffoxid-emissionen#entwic klung-seit-1990. Zugegriffen: 28. Jan. 2023.

United Nations. (2021). What is climate change? https://www.un.org/en/climatechange/ what-is-climate-change. Zugegriffen: 17. Dez. 2021.

UN, Department of Economic and Social Affairs. (2015). World urbanization prospects – The 2014 revision. https://population.un.org/wup/publications/files/wup2014-report.pdf. Zugegriffen: 6. Sept. 2022.

UrbiStat S.r.l. (2023). Mappe, analisi e statistiche sulla popolazione residente: Comune di Padova. https://ugeo.urbistat.com/AdminStat/it/it/demografia/popolazione/padova/280 60/4. Zugegriffen: 6. Jan. 2023.

VBW – Vereinigung der Bayerischen Wirtschaft e. V., Prognos AG. (2022). Strom-preisprognose. https://www.vbw-bayern.de/Redaktion/Frei-zugaengliche-Medien/Abteil ungen-GS/Wirtschaftspolitik/2022/Downloads/vbw_Strompreisprognose.pdf. Zugegrif-fen: 18. Dez. 2022.

VCD Verkehrsclub Deutschland e. V. (o. J.a). Verkehrslärm – Die bedeutendste Umwelt-beeinträchtigung im Wohnumfeld. https://www.vcd.org/themen/verkehrslaerm#:~: text=Ein%20für%20die%20Gesundheit%20verträglicher,des%20Ohres%20dauerhaft% 20zu%20zerstören. Zugegriffen: 28. Okt. 2022.

VCD Verkehrsclub Deutschland e. V. (o. J.b). Rollgeräusch – Reifen als Lärmquelle. https://www.vcd.org/themen/auto-umwelt/autokaufberatung/eu-reifenlabel/rollgerae usch. Zugegriffen: 8. Jan. 2023.

Vogel Communications Group GmbH & Co. KG. (2022). Volta erweitert Elektro-Lkw-Portfolio. https://www.next-mobility.de/volta-erweitert-elektro-lkw-portfolio-a-111 3411/. Zugegriffen: 14. Dez. 2022.

Volta Trucks AB. (2022a). Volta Zero mit gekühltem Laderaum. https://voltatrucks.com/de/ volta-zero-refrigerated. Zugegriffen: 14. Dez. 2022.

Volta Trucks AB. (2022b). Volta Zero mit ungekühltem Laderaum. https://voltatrucks.com/ de/volta-zero-ambient. Zugegriffen: 14. Dez. 2022.

World Bank. (2021). Urban population (% of total population) – Germany. https://data.wor ldbank.org/indicator/SP.URB.TOTL.IN.ZS?end=2020&locations=DE&most_recent_ value_desc=true&start=1960&view=chart. Zugegriffen: 17. Dez. 2021.

World Commission on Environment and Development (WCED) (1987). Our Common Future. Oxford: Oxford University Press.

Sonstige Quellen

IHK Region Stuttgart. (2020). *City-Logistik neu gedacht – Impulse für das Stuttgarter Rosensteinviertel.*

LNC LogisticNetwork Consultants GmbH, Fraunhofer-Institut für Materialfluss und Logistik IML. (Hrsg.). (2020). *Ergebnisbericht – Die Veränderungen des gewerblichen Lieferverkehrs und dessen Auswirkungen auf die städtische Logistik.*

OECD Organisation for Economic Co-Operation and Development. (2003). *Delivering the goods – 21st century challenges to urban goods transport.* https://doi.org/10.1787/978926 4102828-en.

TA Lärm. (1998). *Sechste Allgemeine Verwaltungsvorschrift zum Bundes-Immissionsschutzgesetz, Technische Anleitung zum Schutz gegen Lärm – TA Lärm vom 26. August 1998 (GMBl Nr. 26/1998 S. 503), geändert durch Verwaltungsvorschrift vom 01.06.2017 (BAnz AT 08.06.2017 B5).*

Zimmermann, J., Kuchenbecker, M., Manner-Romberg, & Initiative Logistikimmobilien Logix GmbH. (Hrsg.). (2021). *Logistik auf der letzten Meile – Reallabor Stadt (1. Aufl.).*

GPSR Compliance

The European Union's (EU) General Product Safety Regulation (GPSR) is a set of rules that requires consumer products to be safe and our obligations to ensure this.

If you have any concerns about our products, you can contact us on ProductSafety@springernature.com

In case Publisher is established outside the EU, the EU authorized representative is:

Springer Nature Customer Service Center GmbH
Europaplatz 3
69115 Heidelberg, Germany

The manufacturer's authorised representative in the EU is Springer
Nature Customer Service Centre GmbH, Europaplatz 3, 69115 Heidelberg,
Germany. If you have any concerns regarding our products, please
contact ProductSafety@springernature.com

Printed and bound by CPI Group (UK) Ltd, Croydon, CR0 4YY
28/04/2026
02098506-0002